DESPUÉS DE
FIDEL

DESPUÉS DE FIDEL

La historia secreta del régimen de Castro y quién lo sucederá

BRIAN LATELL

Traducción
María Angélica Meyer

GRUPO
EDITORIAL
norma

Bogotá, Barcelona, Buenos Aires, Caracas, Guatemala,
Lima, México, Panamá, Quito, San José,
San Juan, Santiago de Chile, Santo Domingo

Latell, Brian
Después de Fidel : la historia secreta del régimen de Castro
y quién lo sucederá / Brian Latell ; traducción María Angélica
Meyer. -- Bogotá : Grupo Editorial Norma, 2006.
432 p. ; 23 cm.
Título original : After Fidel, the inside story of Castro's
regime and Cuba's next leader.
ISBN 958-04-9598-X
1. Castro, Fidel, 1927- 2. Castro Ruz, Raúl, 1931- 3. Hermanos - Relaciones familiares
4. Jefes de estado - Cuba 5. Cuba - Política y gobierno - Revolución, 1959 6. Cuba -
Política y gobierno, 1959 I. Meyer, María Angélica, tr. II. Tít.
972.91073 cd 20 ed.
A1086469

CEP-Banco de la República-Biblioteca Luis Ángel Arango

Título original:
AFTER FIDEL
The Inside Story of Castro's Regime and Cuba's Next Leader
de Brian Latell
Originalmente publicado por PALGRAVE MACMILLAN™
175 Fifth Avenue, New York, N.Y. 10010 y
Houndmills, Basingstoke, Hampshire, England RG21 6XS
Copyright © 2005 por Brian Latell

Copyright © 2006 para Latinoamérica
por Editorial Norma S. A.
Apartado Aéreo 53550, Bogotá, Colombia.
http://www.norma.com
Reservados todos los derechos.
Prohibida la reproducción total o parcial de este libro,
por cualquier medio, sin permiso escrito de la Editorial.
Impreso por Imprelibros S.A.
Impreso en Colombia — Printed in Colombia

Diseño de cubierta, Adaptación de la cubierta de
The Designworks Group, John Hamilton

Este libro se compuso en caracteres AGaramond

ISBN: 958-04-9598-X

Este libro es para Jill

Contenido

"Apiádense del país que no tiene un héroe.
Apiádense del país que necesita un héroe".

—Bertolt Brecht, *Galileo*

"Para que surja un líder, lo único que se requiere
es la necesidad de un líder".

—Fidel Castro, 1985

Prólogo

Empecé a trabajar en la sección de Cuba de la CIA en julio de 1964, en el sexto piso del edificio nuevo en Langley, Virginia. Éramos sólo cinco o seis los que trabajábamos sobre Cuba, en un momento en que eran pocos los líderes que interesaran tanto a los círculos políticos de Washington como Fidel Castro.

En los sesenta, los nuevos analistas de la CIA aprendían sobre la marcha. No había entonces una "Universidad de la CIA" con burócratas pretenciosos que posaran de decanos o catedráticos, y no había mucha información codificada sobre labores de inteligencia. Probablemente aprendíamos mejor y más rápido que algunas de las generaciones posteriores, pero de ser así, fue porque nos guiaron los mejores agentes producidos por la Agencia en toda su historia.

Todos mis maestros pertenecían a la primera generación de analistas de inteligencia. La mayor parte eran sabios y experimentados veteranos de la Segunda Guerra Mundial, muchos de ellos eruditos e intelectuales de la vieja escuela con una amplia gama de intereses. Entre ellos había expertos en camelias y orquídeas, medievalistas, lingüistas, antropólogos, antiguos profesores de inglés y psicólogos transculturales de reputación nacional. Muchos de ellos, incluso los que no tenían una responsabilidad directa en el análisis de Cuba o de América Latina, estaban profundamente interesados en Castro. Y de ellos recibí muy buenos consejos.

"Tienes que meterte en sus zapatos", me instaron algunos. En realidad se referían a las características botas de combate y uniforme caqui de Fidel. "Tienes que tratar de pensar como él, de comprender por qué reacciona en una forma o en otra". Me dijeron que examinara su estilo de captar las cosas, su base emocional, su dinámica psicológica, y que descubriera lo que había detrás de su forma de actuar.

Me dijeron que reflexionara sobre la manera como toma las decisiones y enfoca la solución de los problemas. ¿Qué lo motiva y qué lo perturba? ¿Cómo influyeron sobre su aspecto y personalidad sus experiencias antes de acceder al poder? Infortunadamente, en esa época se sabía muy poco sobre su biografía, ya que se esmeraba en ocultar sus años de formación y en librarse de su pasado de pandillero y de proclividad a la violencia.

Fuera de Cuba, no se sabía casi nada sobre su dolorosa y escindida niñez, y había escasa información confiable sobre su formación intelectual. Analizar su personalidad era una prioridad de primer orden precisamente por lo que él era tan difícil de comprender. Era necesario meterse dentro de su caparazón para investigar y comprender los mecanismos internos de su mente.

La valoración remota de los líderes era bastante legítima en la CIA en esos días, o por lo menos mucho más que en años recientes. El equipo contaba con psicólogos y psiquiatras especializados en política, y su trabajo era muy apreciado. Fue una herencia positiva que le habían dejado a la Agencia los veteranos de la Oficina de Servicios Estratégicos, la OSS, formada durante la Segunda Guerra Mundial y de la cual se derivó la CIA.

Durante la guerra, la OSS encargó un clásico estudio psiquiátrico, el primero de ese tipo que hacía el gobierno de los Estados Unidos. Un equipo de cuatro respetados profesores y psicólogos hizo un extenso análisis psicológico, un libro en realidad, sobre Adolfo Hitler. Fue clasificado como secreto, aunque al verlo hoy en día en forma completa aparentemente no se encuentra en él ninguna información delicada.

Fue una obra memorable que sondeaba en forma brillante el carácter y la personalidad de Hitler. Y fue un modelo particularmente apropiado para el joven analista de Cuba y de Castro que era yo. No porque yo, o cualquiera de mis mentores, comparáramos a Castro con Hitler o rechazáramos de plano la revolución. De hecho, había mucha simpatía por lo que él intentaba hacer en Cuba, y apreciábamos el hecho de que fuera un ser excepcional.

Salvo la Unión Soviética, es posible que no haya habido un tema de inteligencia que preocupara tanto a Washington. Se dice que McGeorge Bundy, el consejero nacional de seguridad de Kennedy, tenía en su escritorio tres bandejas para el correo, una de entrada, otra de salida, y la tercera para Cuba.

Fidel era una obsesión de ese gobierno. Al fracaso en Bahía de Cochinos en abril de 1961, y a unos cuantos intentos de asesinato de Fidel y de su misterioso hermano Raúl fraguados por la CIA, siguió la operación secreta

MONGOOSE [mangosta] que coordinaba ataques de tipo terrorista y sabotaje en la isla. Para el momento en que yo entré a la sección cubana, se había afianzado la alianza estratégica entre Cuba y la Unión Soviética. Todas las propiedades de ciudadanos estadounidenses en Cuba habían sido expropiadas, y sus compañías nacionalizadas. La lista de agravios de lado y lado del estrecho de Florida era larga y seria.

La crisis de los misiles en octubre de 1962 fue la única vez en que las dos superpotencias estuvieron al borde de una guerra nuclear, debido a la importancia estratégica de la Cuba de Castro. Los funcionarios estadounidenses de la época equivocadamente consideraban a Castro como un simple instrumento de la Unión Soviética, y pensaban que su hermano Raúl, el ministro de Defensa, era el servil favorito de Castro. Cuando yo me involucré en el análisis de Cuba, la primera de estas conjeturas ya había sido descartada, pero la segunda persistió durante muchos años.

En los sesenta, el régimen de Castro planteó a los Estados Unidos muchos tipos de desafíos. Tanto dictaduras brutales como democracias modelo fueron blanco de la subversión cubana. En toda América Latina se podían escuchar fácilmente los discursos de Castro transmitidos por las poderosas antenas de Radio Habana. Tenía una enorme cantidad de seguidores en la región. Sus conjuros revolucionarios convirtieron a jóvenes, nacionalistas, intelectuales y muchas otras clases de personas, y con el estímulo y el apoyo del gobierno cubano se fueron al monte grupos guerrilleros en varios países.

La inteligencia estadounidense llegó a la conclusión de que algunos de ellos podrían llegar a tener éxito.
Un cálculo de inteligencia nacional, el más alto nivel de
análisis completo de inteligencia, concluyó en junio de
1960 que había "considerables posibilidades de que uno
o más grupos seguidores de Castro" se tomaran el poder[1].
Durante la mayor parte de los años sesenta, y de nuevo
después en los ochenta, el temor de que llegaran al poder
grupos revolucionarios castristas fue una de las mayores
preocupaciones de los políticos estadounidenses.

El trabajo sobre Cuba en la CIA en calidad de analista
político y de los líderes fue un desafío estimulante. El tema era candente y prioritario: se daba por descontado que
mis conclusiones de inteligencia altamente confidenciales
serían leídas por los funcionarios de los más altos niveles
del gobierno.

América Latina había sido mi principal interés desde
los tiempos de mi postgrado en la universidad. Yo había
vivido y estudiado en España y en México, pero no estaba
interesado en una carrera de espionaje en el extranjero.
Los analistas y la gente operativa de la CIA siempre han
sido parientes lejanos. El análisis es un trabajo sedentario,
en general anónimo, a menudo aburrido, e incluso en los
sesenta, antes de que hubiera una supervisión estructurada
de la inteligencia por parte del Congreso, existía el riesgo
de equivocarse. Casi todos los ejemplos notables de fracasos
de la inteligencia han sido errores de análisis.

Sin embargo, no había nada que yo quisiera más que
examinar las entrañas de la Revolución Cubana como
analista de la CIA. Lo que eso realmente quería decir era

que me estaba convirtiendo en un especialista en Fidel Castro. Era uno de los líderes más complejos, dinámicos e inexplicables del siglo xx.

Raúl, cinco años menor y señalado para sucederlo desde los primeros tiempos del régimen, se convirtió cada vez más para mí en una clave esencial para comprender a Fidel. En los setenta, yo había llegado a la conclusión de que Raúl era menospreciado por casi todos los observadores extranjeros, una inadvertencia lógica en vista de la personalidad titánica y el carisma de su hermano. Me di cuenta de que Raúl era el único aliado indispensable de Fidel y de que su brillante y firme dirección de las fuerzas armadas cubanas había asegurado la revolución. Sin él, es improbable que Fidel siguiera todavía en el poder.

La verdad, entendí, era que cada uno de los dos era el guardián de su hermano. Sus talentos, estilos e inclinaciones se complementan. Las fortalezas de Raúl como líder son las debilidades más notables de Fidel. Y en lo que Raúl es deficiente —la capacidad de comunicarse, la planeación estratégica y el manejo de las crisis— Fidel es un gran maestro. Desde mediados de los cincuenta han trabajado hombro a hombro, con muy pocas desavenencias.

Hace poco comenté la relación entre los dos hermanos con un astuto ex oficial de la inteligencia cubana, que los conoció a ambos, y que ahora vive en Miami. Me dijo que si se concibe la Revolución Cubana como un drama en desarrollo, Fidel debe ser visto como el director y Raúl como el productor. Fidel es el visionario. Ha sido el genio creador de sus muchos actos y escenas por más de cuatro décadas y media. Pero casi ninguno de ellos habría sido posible sin la capacidad organizativa de Raúl.

Hoy en día, el envejecido y débil Fidel se acerca al final de su reinado. Raúl está tomando cada vez más decisiones y esperando entre bambalinas para asumir el poder por derecho propio. ¿Qué clase de líder va a ser? ¿Querrá mejorar las relaciones con los Estados Unidos? Si es así, tendrá poca experiencia que le sirva de guía. Sólo ha estado en los Estados Unidos veinticuatro horas, hace muchos años, y desde entonces no ha expresado el menor interés en desarrollar contactos con los estadounidenses o en tratar de comprender mejor a su vecino.

De Raúl se ha dicho muchas veces que era "enigmático". Mi esperanza es que en el curso de este libro surja como un líder por lo menos tan fascinante como su hermano más conocido.

Más radical que yo

Fidel Castro recorría a zancadas la suite presidencial del ostentoso hotel Shamrock Hilton de Houston, disparando sucios insultos en el rapidísimo español cubano que la mayoría de los latinoamericanos sólo hubieran entendido a medias. Estaba exhausto después de una gira relámpago por el noreste de los Estados Unidos y furioso con su hermano menor Raúl, el blanco nada amedrentado de su ira.

Fidel acababa de llegar a Texas después de una parada en Montreal, y Raúl había llegado el mismo día en un vuelo de Cubana desde La Habana. Ambos viajaron con séquitos de consejeros y guardaespaldas, muchos de los cuales, al igual que los hermanos, todavía lucían los arrugados uniformes de faena de las fuerzas guerrilleras. Los Castro eran fuertes sobrevivientes de las violentas conspiraciones que habían empezado en julio de 1953 y culminado, después de una insurgencia de dos años, con el derrocamiento del dictador Fulgencio Batista. Raúl se había subordinado a Fidel durante todo el proceso revolucionario, y hasta su confrontación a gritos en Houston habían trabajado conjuntamente sin dificultades aparentes.

Pero en esos primeros momentos de su gobierno habían estado en desacuerdo sobre algunos temas básicos. Tenían diferentes visiones y prioridades, por lo menos en cuanto al futuro de corto plazo de Cuba. Parecían tener lealtades y afinidades contradictorias. Raúl tenía más prisa, era ideológicamente más cerrado a la banda, y menos prudente que Fidel. Tal vez, lo más nefasto para la sociedad de los dos hermanos era que su confianza mutua parecía estar en crisis. Houston resultó ser un sitio a medio camino entre Canadá y Cuba donde pudieron encontrarse y resolver todas las cosas. Un testigo recuerda que durante horas se insultaron en el hotel sin que, fuera de las groserías, se pudiera entender nada más de lo que decían.

Era a finales de abril de 1959, ni siquiera cuatro meses después de que ellos y sus harapientas bandas guerrilleras triunfaran en Cuba. El primero de enero los Castro, junto con el predestinado Che Guevara y sus huestes de barbudos guerrilleros, habían descendido de sus santuarios en la Sierra Maestra y fueron recibidos con una tumultuosa bienvenida en toda la isla. Eran héroes jóvenes, exuberantes, románticos como no los había producido Cuba antes, o quizás ningún otro país latinoamericano. La euforia de la revolución que despertaron en las masas cubanas sugirió que los Castro y sus lugartenientes gozaban de una aprobación casi universal al ser proyectados, en ese emocionante día de año nuevo, bajo el foco de los incrédulos medios internacionales.

El viaje de Fidel a los Estados Unidos no era oficial. Había sido invitado a hablar ante una reunión de editores de periódicos en el Club Nacional de Prensa en el centro de Washington, y había aceptado aunque el presidente Eisenhower hubiera decidido irse a jugar golf en Georgia, y no hacer caso de él. Para entonces, las relaciones ya eran tensas. El digno presidente de sesenta y ocho años, héroe de la invasión de Normandía que había dejado su uniforme años antes, rechazaba la idea de sentarse a discutir con un desaseado líder de treinta años de uniforme caqui, que criticaba insistentemente a los Estados Unidos en sus discursos nacionalistas.

Si Eisenhower no quería atenderlo, pensó Castro, se dirigiría directamente al pueblo estadounidense para explicarse a sí mismo y explicar la revolución. Después de halagar a la élite de los medios de Washington, prolongó su estadía y viajó hacia el norte por la costa Este. Fue en tren a Princeton donde fue ovacionado por una gran masa de estudiantes. Al día siguiente viajó a Nueva York donde maliciosamente les dijo a los periodistas que Cuba debía tener su propia liga de béisbol profesional. Pronunció un discurso ante una multitud curiosa y emocionada de treinta y cinco mil personas en la concha acústica de Central Park. Después, en Boston, cautivó a un público de diez mil jóvenes de Harvard. Los periódicos y los reporteros de los servicios noticiosos siguieron cada uno de sus pasos. Fue entrevistado en programas de televisión populares. La estrategia de Fidel de ganarse la opinión pública estadounidense estaba teniendo más éxito del que jamás hubiera imaginado. Chapuceando el inglés con un acento encantador, en su gira por los Estados Unidos parecía tan popular como lo era en Cuba.

Sin embargo, se sintió incómodo con el agresivo asedio de la prensa estadounidense, y se cansó de sonreír a ejecutivos que lo adulaban con la esperanza de obtener jugosos negocios en Cuba. Los periodistas lo comprometían haciéndole preguntas de fondo a las que no tenía ningún deseo de responder. "Primer ministro Castro, ¿cuándo habrá elecciones en Cuba? ¿Es verdad que su hermano Raúl y el Che Guevara son comunistas? ¿Está apoyando su gobierno revoluciones violentas en otros países latinoamericanos?" Ante el público, Fidel escondía su irritación con elegancia teatral, siempre sonriendo, siempre con una respuesta rápida, muy bien pensada y tranquilizadora. Pero se desahogaba en conversaciones telefónicas con Raúl, que había vuelto a La Habana.

Fidel culpaba a su hermano de sabotearlo, al provocar tensiones con los Estados Unidos, precisamente en el momento en que él estaba tratando de aplacarlos. Con su principal aliado, el Che Guevara, Raúl estaba promoviendo grupos revolucionarios con la esperanza de derrocar algunos gobiernos latinoamericanos. Una de estas incursiones acababa de desembarcar en la costa oriental de Panamá, y se supo que todos los invasores, menos uno, eran cubanos. La primera de centenares de esta clase de intervenciones del régimen cubano en apoyo de las causas revolucionarios en países del Tercer Mundo provocó amplias críticas en los Estados Unidos y en Panamá, y puso en alerta a las fuerzas militares estadounidenses en la Zona del Canal. Puesto a la defensiva por el asunto de Panamá, Fidel tuvo que negar repetidamente, ante las insistentes preguntas de los periodistas, que su gobierno estuviera implicado.

Y para empeorar las cosas, Raúl ya no trataba de esconder el hecho de que era comunista. Sólo unas pocas semanas después de la victoria de la guerrilla, y todavía en su puesto de mando en la segunda ciudad de Cuba, Santiago, había aceptado una entrevista con un periodista de *The Worker*, el semanario oficial del partido comunista estadounidense. Ante un público apreciativo, Raúl masculló misteriosamente algo sobre "el yugo del imperialismo" y se reveló como el veterano marxista que era[1].

Raúl había llamado la atención de la Unión Soviética por primera vez a principios de 1953 cuando viajó a Viena para participar en un festival internacional de juventudes comunistas y luego había visitado tres capitales comunistas de Europa Oriental. Para 1959 tal vez no había mejor juez de los principios comunistas de Raúl que Nikita Kruschev, a quien le había causado una buena impresión. Kruschev escribiría en sus memorias que Raúl era un "buen comunista" que se las había arreglado para mantener sus convicciones ocultas a Fidel[2]. Desde entonces, documentos de los archivos del Kremlin, antes secretos, han confirmado que los líderes soviéticos creían que durante unos cuantos años Fidel había sido engañado sobre las verdaderas creencias de su hermano.

Se preguntaban si el abiertamente veleidoso Fidel era capaz de la disciplina que se requería de un comunista, una aptitud que creían era una de las cualidades más notables de Raúl[3]. Con la intención de proteger a su aliado más poderoso en el nuevo régimen cubano, Moscú trató de esconder la cada vez más cercana relación con Raúl, incluso de su propio hermano. Sin embargo, la

realidad era que los soviéticos comprendían mal en ese
entonces la complicadísima relación entre los hermanos
Castro, y ciertamente no tenían ni idea de cómo calificar
a Fidel.

Fue durante la gira de relaciones públicas de Fidel en
los Estados Unidos cuando Raúl inició contactos clandestinos de Cuba con la Unión Soviética. Irónicamente, su
solicitud de cooperación para ayudar a consolidar las pequeñas y desorganizadas fuerzas armadas que comandaba
fue aprobada por el Kremlin en el mismo momento en que
Fidel se reunía secretamente con un influyente funcionario
de la CIA en Washington. Raúl puede haber sabido de la
reunión de tres horas y de que Fidel había acordado establecer intercambios regulares de inteligencia con la Agencia
con el fin de vigilar a los comunistas cubanos. Se dice que
les aseguró a los altos funcionarios de la Agencia que no
era comunista y que podían contar con él para restringir
las actividades comunistas en Cuba[4].

En La Habana, Raúl estaba cada vez más alarmado
ante la posibilidad de que las convicciones revolucionarias
de su hermano se estuvieran viendo comprometidas. Fidel
había pronunciado discursos en los que prometió mantener
buenas relaciones con los Estados Unidos y tener elecciones en Cuba para que la democracia floreciera después de
muchos años de dictadura. Había condenado la incursión
contra el gobierno de Panamá y prometido que Cuba no
apoyaría intervenciones de esa clase. Pero Raúl temía que
su hermano no sólo le estaba contando al público estadounidense exactamente lo que quería oír, sino que tal vez
estaba empezando a creer en lo que decía.

Años después, en una fran[...]
riodista mexicano, Raúl se mos[...]
al recordar sus sensaciones de es[...]
hubiera arriesgado su vida como guerri[...]
"unas pocas reformas"[5]. Había luchado por un cambio
socialista absoluto, por una reestructuración general de
las instituciones y la cultura política cubanas. Y en abril
de 1959, siendo ya el segundo hombre más poderoso
de Cuba, el duro y experimentado Raúl de veintiocho
años no estaba dispuesto a guardar silencio o plegarse
ante nadie. Un individuo cercano a Fidel que viajó entre
sus acompañantes contó que, estando en Nueva York,
Fidel había recibido una llamada furiosa de Raúl. Se
"estaba diciendo en Cuba" que se había "vendido a los
estadounidenses"[6].

Fue verdad que la reunión de Fidel con el vicepresidente Nixon, en el capitolio en Washington, había sido
sorprendentemente cordial. Nixon acogió al joven revolucionario con cierta simpatía, aunque lo analizó astutamente. Castro parecía ingenuo y revelaba una serie de
deficiencias, le escribió Nixon a Eisenhower en una nota,
pero también observó que el cubano irradiaba "cualidades indefinibles" que le asegurarían un duradero papel
de liderazgo en Cuba y en el resto de América Latina[7].
Durante la estadía de una noche en Princeton, Fidel le
había comentado a Ernesto Betancourt, un funcionario
cubano que viajaba con él, que los estadounidenses que
había conocido durante su visita no eran como los que
había conocido antes en Cuba[8]. Fue un descubrimiento
potencialmente trascendental.

Los hermanos Castro habían crecido cerca de grandes empresas mineras y azucareras estadounidenses. Fidel había criticado duramente el estilo de vida cómodo, los clubes privados y las actitudes neocoloniales de los norteamericanos que vivían cerca de su casa. La United Fruit Company era la compañía extranjera con más propiedades. La hija del gerente de la compañía conoció a Fidel en la época en que su padre se casó con una muchacha cubana en 1948. Recuerda ella que cuando Fidel iba de visita, solía disgustarse porque la United Fruit mantuviera una playa para sus empleados a la que no podían ir los cubanos[9]. Tal vez, como temía Raúl, Fidel estaría reconsiderando esas impresiones antiyanquis en medio del cálido entusiasmo de las multitudes que encontró en todas partes desde Washington hasta Boston.

Hugh Thomas, el primer estudioso que escribió una historia completa de la Revolución Cubana, concluyó que la visita de abril de 1959 había sido "el ápice de la fase democrática de Castro"[10]. Si alguna vez iba Fidel a tener una visión más benévola del papel de los Estados Unidos en el mundo y de su dominio sobre Cuba, era probablemente en ese momento, mientras disfrutaba del agradable calor de la aprobación del público. Sin embargo, muchos otros especialistas en Cuba están convencidos de que la antipatía de Fidel hacia todo lo estadounidense ya era indeleble para abril de 1959, y de que la visita había sido un cínico montaje teatral.

Como sucede con tantos otros misterios en torno a sus intenciones, han surgido muy pocas pruebas sólidas para clarificar el asunto. Como joven analista de la CIA, pensé que Castro había estado sinceramente interesado en mejorar las relaciones y que el gobierno de Eisenhower había dejado que se perdiera una buena oportunidad. Después, al saber más sobre Fidel y percibir patrones de falsedad en su comportamiento, llegué a la conclusión de que su principal intención había sido manipular la opinión pública estadounidense. En realidad, Raúl no tenía nada de que preocuparse.

Pero él pensaba que Fidel había estado fuera de Cuba demasiado tiempo. Lo instó a volver a tiempo para anunciar nuevos programas revolucionarios en una concentración masiva en La Habana el primero de mayo, que se convertiría en uno de los más importantes días feriados de la revolución. Fidel había perdido contacto con algunos desarrollos en la isla; las tensiones y las rivalidades políticas iban en aumento. Se estaban posponiendo importantes decisiones. Había dudas acerca de quién estaba realmente al mando, e incluso sobre si Fidel —el bisoño primer ministro que no había sido puesto a prueba— era más un aficionado que un líder con un propósito claro.

Muchos años después caviló sobre la calidad de su liderazgo en esos días: "Tiemblo al pensar en mi ignorancia justo después del triunfo de la revolución", les dijo a dos periodistas estadounidenses. "¡Me asombra!"[11]

Algunas personas que conocieron bien a los Castro en esos días sospecharon que su relación era tan tormentosa a principios de 1959 que era potencialmente violenta. Huber Matos, uno de los más eficaces y populares comandantes guerrilleros cubanos, pensaba que tenían una relación psicológicamente agitada, e incluso del tipo asesino Caín

y Abel. Matos les dijo a otras personas que Raúl mataría
a Fidel algún día.

Y uno de los profesores universitarios de Fidel —un
importante erudito e intelectual de la época prerrevolucionaria, conocido por su impecable integridad— llegó por
su cuenta a la misma conclusión. Ya en el exilio, escribió
que un periodista extranjero que conocía a los hermanos
también estaba convencido de que en esa época Raúl era
capaz de asesinar a Fidel. Se dice que el periodista le hizo
una pregunta al respecto a Fidel y que éste le respondió:
"Sí, Raúl es capaz de eso"[12].

El hermano menor tenía, por cierto, un historial de
comportamiento especialmente sanguinario que empezó
en México cuando los hermanos estaban preparándose
para iniciar su insurgencia en Cuba. Como comandante
de la guerrilla, había insistido en ejecutar a un buen número de civiles sospechosos de colaborar con el enemigo.
Un aventurero estadounidense que sirvió brevemente
bajo él contó que las patrullas de Raúl a menudo capturaban presuntos informantes que llevaban de vuelta
al campamento y que "Raúl los ataba"[13]. En realidad,
los pelotones de fusilamiento fueron desde entonces los
medios normales revolucionarios de ejecución. Cien o
más de los prisioneros de Raúl fueron sumariamente
ejecutados en los últimos días de la guerra de guerrillas
a finales de 1958 y, según un ex miembro del régimen,
siguió ordenando ejecuciones incluso después de que su
hermano le ordenó que desistiera[14].

Philip Bonsal, el nuevo embajador estadounidense en
La Habana, un diplomático de carrera que hablaba bien el

español, fue escogido por el gobierno de Eisenhower con la esperanza de que encontrara un modus vivendi con el régimen cubano. Sin éxito, escribió después en sus memorias que los prisioneros "eran abatidos" por instigación de Raúl y luego sepultados con buldóceres sin siquiera el simulacro de un juicio[15]. Durante los primeros meses del nuevo gobierno Raúl había insistido en la ejecución de Felipe Pazos, un afable y respetado economista de reputación internacional sospechoso de algunas deslealtades de poca monta. Huber Matos, el comandante guerrillero, regañó a Raúl y le dijo, "Nosotros somos ahora el gobierno y debemos evitar la violencia", a lo que Raúl respondió airado, "No, eso es romanticismo"[16].

Durante esa primera etapa caótica de la revolución, fue el jacobino Raúl quien más hizo por imponer un reino de terror sobre sus enemigos. Y lo curioso es que fue su hermano quien más se esmeró en promover la temprana reputación de Raúl como el Robespierre cubano. Después de sólo tres semanas en el poder —a mediados de enero de 1959— dijo ante un grupo grande, reunido en el palacio presidencial de La Habana, que si a él lo asesinaran "lo seguirían otros más radicales que él". Acto seguido aclaró que se refería sobre todo a Raúl. Y anunció que su hermano sería en adelante el segundo al mando del Movimiento 26 de Julio así como el escogido para sucederlo[17].

Pero para abril los hermanos estaban más en desacuerdo en torno a asuntos tácticos que nunca antes o después. Sobre todo, Raúl estaba conspirando para acelerar el ritmo y la severidad del cambio revolucionario y al mismo tiempo ubicando líderes comunistas en el gobierno con el fin de que lo ayudaran a implementar programas redistributivos y revolucionarios. Con el Che Guevara, quería patrocinar y ayudar a los jóvenes revolucionarios de otros países latinoamericanos que acudían en masa a La Habana con la esperanza de emular el éxito de la guerrilla cubana.

Raúl opinaba que Fidel debía volver inmediatamente de su extensa gira por los Estados Unidos, con el fin de hablarle claro y con verdadera pasión revolucionaria al pueblo cubano el primero de mayo. Después de todo, al irse de Cuba había prometido públicamente que estaría de vuelta para ese día.

Puede ser que Fidel no tuviera ni idea de lo que iba a decir al presidir esa celebración, y por eso decidió no volver de inmediato. Optó, en cambio, por extender su itinerario a Buenos Aires y Montevideo y llamar a Raúl para que conversaran en Houston. Aceptando una invitación abierta de la Cámara Júnior de Comercio como excusa pública para la visita, Fidel llegó al aeropuerto internacional de Houston el 28 de abril.

Raúl, que había llegado tres horas antes, se recluyó directamente en el hotel Shamrock y no fue al aeropuerto para saludar a Fidel. Aunque nunca había pisado suelo estadounidense, a Raúl no le interesó visitar lugares de interés, ni plan alguno fuera de conferenciar con su hermano. Houston, plena del espíritu emprendedor que pronto la convertiría en una de las principales ciudades de los Estados Unidos, era un territorio extraño, y Raúl no tenía ganas de mezclarse con hombres de negocios o multitudes entusiastas, y mucho menos de entablar charlas banales. También es posible que haya temido ser visto por sus colegas más revolucionarios de Cuba como un adulador de los estadounidenses. De hecho, se esmeró en ser rudo y desconfiado.

El siempre exuberante Fidel estaba cansado después del largo viaje desde Montreal, pero fue derecho desde la pista hasta el Cloud Room del aeropuerto, un restaurante y salón social donde la élite de la joven generación de los capitalistas de Houston lo invitaron a un animado almuerzo. Se mostró jocoso y efusivo como siempre, pero se negó a dar una conferencia de prensa. Explicó que los periodistas le hacían repetidamente las mismas preguntas, a las que ya había respondido. Los productores de arroz, los petroleros y los ganaderos forcejearon para hablar con él. Cuba era un mercado lucrativo para sus negocios, y esperaban promesas de que la revolución mantendría relaciones comerciales y económicas normales con los Estados Unidos.

Un petrolero, aliado con un importante productor de Hollywood, esperaba cerrar un trato para que Marlon Brando fuera la estrella de una película de aventuras sobre la Revolución Cubana. Brando, por supuesto, personificaría al inimitable Fidel. La película sería filmada enteramente en Cuba, quizás con miembros del ejército rebelde de Raúl como extras.

El eje petrolero tejano resultó ser la última parada del cuarto viaje de Fidel a los Estados Unidos. A finales de 1948, había pasado la mayor parte de su luna de miel en Nueva York, gastando a manos llenas el generoso regalo de bodas de su padre. En noviembre de 1955, estando exiliado en México, había visitado de nuevo Nueva York donde pronunció un discurso en el Palm Garden de la calle 52. Exhortó al público, en su mayor parte de cubanos exiliados, para que donara fondos al movimiento revolucionario. Durante ese viaje también habló en el Flagler Theatre de Miami. "No nos importa si tenemos que mendigar por la patria", dijo, "lo hacemos con honor"[18].

Houston fue una novedad para Fidel, pero él ya había estado una vez en Texas. Fue durante una de sus ya numerosas visitas a los Estados Unidos, pero clandestina ésta y que nunca ha reconocido públicamente. En 1956, cuando los hermanos estaban en el exilio en México, entrenándose y preparándose para la insurgencia que iniciaron a fines de ese año, Fidel tenía que entrar a los Estados Unidos para solicitar contribuciones, pero su visa había sido cancelada como consecuencia de las protestas del régimen de Batista.

En un momento de descuido durante una conferencia de prensa en La Habana, en febrero de 1959, Fidel reveló que los funcionarios estadounidenses "habían inventado una serie de cosas y me habían negado la visa"[19]. Sin dejarse intimidar, y con su característica audacia, hizo el largo viaje hacia el norte a la frontera mexicana y luego cruzó nadando o vadeó el Río Grande. Lo hizo solo y en la oscuridad de la noche. Luego, después de reunirse con un ex presidente cubano en un pueblo fronterizo de Texas y de recibirle una donación de 50 000 dólares para su causa, Fidel regresó en secreto a México por la misma vía.

Su segunda estadía en Texas sería mucho más lujosa. El Shamrock Hilton era el mejor hotel de Houston, y desde que varios años antes había sido fundado en el día de San Patricio en 1949, encarnaba el espíritu emprendedor de la pujante ciudad. Era bulliciosamente pintoresco, tan extravagante —y tal vez tan vulgar— como muchos de los nuevos millonarios petroleros tejanos. Lo había construido Glenn McCarthy, "el irlandés buscador de petróleo".

De 18 pisos, con más de mil habitaciones y una enorme piscina en la que según algunos se podía esquiar, era una magnífica caricatura de la muy particular exageración tejana. McCarthy había hecho pintar y decorar las habitaciones y los espacios públicos en no menos de sesenta y tres matices de verde. Un huésped recordó que las llaves de los lavamanos tenían forma de piña.

La gran inauguración fue precedida por la llegada de un tren repleto de estrellas de Hollywood y dignatarios. Cerca de cincuenta mil curiosos fueron a presenciar el espectáculo, y las colas para entrar por la noche eran tan largas que al alcalde de Houston le tomó dos horas entrar a codazos. Se dice que la fascinación de Edna Ferber con McCarthy y los grandes espectáculos que él montaba regularmente en el Shamrock le inspiraron el personaje central de su novela *Gigante*.

El hotel era un sitio perfectamente apropiado para el enfrentamiento de los hermanos Castro. Habían nacido y los habían criado en la versión cubana de Texas, la agreste y todavía casi virgen provincia de Oriente en el extremo oriental de la isla. La familia Castro no podía ser más advenediza. Ninguno de los padres sabía leer muy bien, y Ángel, el patriarca, durante toda su larga vida se sintió incómodo y fuera de su elemento en las ciudades. Los campesinos Castro ciertamente no iban a los salones o clubes de la clase alta cubana.

Pero como tantos rudos buscadores de petróleo y ganaderos tejanos que se enriquecían, el patriarca Castro era muy ingenioso, ambicioso y suficientemente listo para acumular una de las mayores fortunas de Oriente. Los hermanos crecieron en circunstancias contradictorias en las décadas de 1930 y 1940, a la vez ricos y tremendamente pobres. Como los arquetípicos tejanos nuevos ricos de los cincuenta, los hermanos eran en su país modelos de una cierta excepcionalidad y jactancia que las clases dominantes difícilmente podían comprender.

Con su comitiva ocuparon cincuenta y seis habitaciones del Shamrock, y tan pronto como Fidel y Raúl se reunieron en la amplia suite 18-C, explotaron las tensiones que se venían acumulando entre ellos desde varias semanas atrás. Se gritaron improperios hasta el caluroso amanecer de mediados de la primavera tejana. Ernesto Betancourt, que todavía formaba parte de su comitiva, no podía escuchar muy bien lo que decían desde una habitación cercana, pero me dijo que recordaba claramente que los hermanos se incitaban repetidamente con el insulto vulgar de "hijo de puta", lo que equivalía a ultrajar desvergonzadamente a su propia madre[21]. Fueron pocos los que, con el escándalo, pudieron dormir en las habitaciones vecinas. Estaban consternados y fascinados por este enfrentamiento fraternal que amenazaba hacer trizas la unidad del recién formado régimen de los Castro.

A la mañana siguiente, los hermanos se presentaron en público. Fidel estaba de nuevo relajado y sereno. A la pregunta de los periodistas locales de si habían "peleado", Raúl respondió que eso era "absurdo". Y Fidel dijo: "¡Nunca!

¿Cómo va a ser posible eso, siendo yo primer ministro y él comandante de las Fuerzas Armadas? Nosotros casi nunca discrepamos".

Para desacreditar aun más los informes sobre una disputa entre ellos, pasaron juntos la mayor parte del día. Por la mañana se sentaron apretados con el chofer en el asiento delantero de la limusina que los llevó al Bar JF Ranch cerca de la ciudad de Wharton, a casi cien kilómetros de Houston. Un fotógrafo del *Chronicle* de esa ciudad capturó el momento en que los hermanos salían del hotel. Fidel estaba sentado muy erguido, mirando fijo hacia delante con un gran cigarro hábilmente agarrado entre los dientes. Raúl, con una expresión adusta, estaba sentando rígido a su lado, mirando hacia abajo con los párpados caídos. Su caravana de veintidós vehículos se detuvo en el camino para un abundante desayuno de bistec y huevos fritos en un restaurante campestre. Allí, como en todas las paradas de ese día, los acogieron con la cálida hospitalidad tejana. Fidel respondió a la atención con su habitual simpatía y locuacidad.

En la hacienda, le dieron una pistola de oro y platino y un potro de cuarto de milla premiado, que según dijo le recordaba uno que había tenido de niño. Mostró una amplia sonrisa bajo el sombrero Stetson de alas plegadas que le regaló un petrolero, e hizo todo lo necesario para que estos recuerdos de Texas volvieran con él a Cuba.

Raúl se mostró hosco e insistió en ponerse la característica boina que usaba durante sus años de comandante de la guerrilla. En la prensa de Houston no hubo informes de que a él le dieran recuerdos de la visita. Durante la visita a la hacienda, se negó a participar en la camaradería de vaqueros reinante y se mantuvo al margen, malhumorado. El *Post* de Houston comentó indulgente a la mañana siguiente que Raúl había estado sobre todo interesado en dar vueltas en el área de parqueo con Vilma Espín, su esposa desde hacía unos meses, mientras Fidel y sus anfitriones se contaban historias[22].

Los hermanos volvieron directamente de la hacienda al aeropuerto de Houston donde dialogaron por última vez en una oficina de equipajes. Ernesto Betancourt, que regresaría a La Habana en el avión de Raúl, recuerda que los hermanos discutieron de nuevo a grandes voces, largo y tendido. Fidel voló entonces de Houston a Buenos Aires. Raúl y su comitiva despegaron diez minutos después. Betancourt, por muchos años exiliado, recuerda que en casi todo el viaje de vuelta a Cuba en el avión de Raúl guardaron silencio. Raúl hizo caso omiso de él porque "estaba convencido de que yo estaba persuadiendo a Fidel para que mejorara las relaciones con los estadounidenses"[23].

La reunión organizada con afán en Houston resultó ser una especie de momento decisivo para ambos hermanos. En las siguientes décadas, los dos hermanos trabajaron muy de cerca, como un solo hombre, sin desacuerdos o disputas públicas. Como entre todos los hermanos, sobre todo tan implacables e intransigentes como ellos, ha habido otros conflictos y distanciamientos, pero sólo se han filtrado pocos indicios de discordia. Aunque probablemente nunca se sabrá lo que exigieron o lograron uno de otro en Houston, pronto resolvieron los agudos asuntos que los dividían.

En el término de pocas semanas después de volver a Cuba, Fidel se comprometió con prácticamente todas las posiciones más radicales de su hermano. A mediados de mayo, proclamó una amplísima reforma agraria que entre otras cosas "proscribió" las plantaciones privadas de caña de azúcar que habían definido la economía cubana desde el siglo XVIII. Se incrementó el apoyo cubano a los revolucionarios latinoamericanos, y Fidel dio su bendición personal a un grupo que desembarcó en junio en la República Dominicana con la esperanza, prontamente derrotada, de derrocar al dictador firmemente afianzado allí[23]. El acercamiento a los comunistas se estrechó a medida que se deterioraban las relaciones con los Estados Unidos. El embajador liberal Bonsal, quien seguía creyendo firmemente que todavía se podía establecer una relación amigable, sólo tendría dos reuniones más de fondo con Fidel. Para octubre había desechado toda "esperanza de relaciones racionales"[24].

El giro hacia la izquierda provocó oposición en muchos frentes —incluso en los Estados Unidos, donde dos años después se empezó a fraguar la idea de la invasión de Bahía de Cochinos. Muchos cubanos opositores de Castro pasaron a la clandestinidad o se fueron al monte, esperando derrocar un régimen que para ellos se parecía cada vez más a la dictadura que había reemplazado. Hubo unas cuantas deserciones y purgas de moderados y anticomunistas, que en forma característica eran juzgados por Raúl y el Che Guevara. Las novatas fuerzas militares que Raúl estaba organizando empezaron a perseguir a las guerrillas que estaban recibiendo apoyo secreto de la CIA[25].

A medida que las amenazas se multiplicaban, el impulsivo y desorganizado Fidel se dio cuenta de que la capacidad administrativa y militar de Raúl, su fiel red de oficiales y asesores, y su inclinación a emplear la fuerza bruta serían indispensables para la eliminación de los enemigos. Fidel inspiraba y movilizaba a otros para que hicieran su voluntad, mientras Raúl construía metódicamente las estructuras por medio de las cuales tendrían éxito.

Hermanos o no, Raúl era objetivamente el candidato sobresaliente para dirigir las Fuerzas Armadas cubanas. Los demás comandantes guerrilleros eran unos románticos completamente desorganizados o seguidores serviles con escasa educación o imaginación. Al contrario de ellos, Raúl había dado muestras de una capacidad organizativa y de liderazgo excepcional durante el año en que había estado al mando de su propio frente guerrillero en la Sierra Cristal en el norte de Oriente. Había madurado y ganado confianza, demostrando capacidades que pocos sospechaban poseía, y tuvo éxitos que superaban incluso los logros de Fidel como comandante guerrillero.

Las áreas que Raúl llegó a controlar eran más extensas que las dominadas por Fidel, y dentro de ellas creó una compleja administración revolucionaria que en muchas formas sería el modelo del nuevo régimen cubano. Raúl escribió un diario durante sus días como guerrillero. Éste muestra que empezó con cincuenta y tres hombres, un núcleo que en cerca de nueve meses aumentó a más de mil combatientes[26]. Ascendió a hombres de sus filas al rango de tenientes, y organizó en la zona que controlaba su propio servicio de inteligencia local así como fábricas, escuelas, hospitales y cuerpos administrativos.

Algunas anotaciones del diario reflejan su interés en organizar comités campesinos para adoctrinar a la población local e inducirla a prestarle ayuda. En una nota escrita sólo días después del lanzamiento de su Segundo Frente, el 10 de marzo de 1958, escribió: "Empecé la organización de la zona de Majaguabo". En general, el tema más notable en el insulso diario de Raúl es su obsesión con la organización.

Se había distinguido como el más tenaz y versátil de los jefes guerrilleros de Fidel. Incluso entonces, cuando tenía alrededor de veinticinco años, cinco menos que Fidel, era creativo en la identificación y el estímulo de las capacidades de los hombres que podían serle útiles a la revolución. En 1955, cuando se entrenaba en Ciudad de México, fue quien notó primero al Che Guevara y quien hizo los arreglos para que se reuniera con Fidel. En las montañas de Cuba, Raúl reclutó y desarrolló luego las capacidades militares y de liderazgo de muchos otros jóvenes, la mayoría sin educación, que se unían entusiasmados a sus filas. Varios de ellos son ahora generales. Otros que trabajaron durante años lealmente bajo él se han retirado o asumido influyentes posiciones civiles. Estos llamados "raulistas" están dispersos en los niveles más altos del poder civil y militar.

Raúl tiene el don de conservar la lealtad y la amistad de los subordinados durante largos períodos de tiempo. Esto se debe a que, al contrario de su hermano, delega fácilmente responsabilidades, pide opiniones, trata a los hombres como sus iguales en el plano intelectual y mantiene relaciones cercanas con ellos y sus familias. Invierte emocionalmente en los demás, desarrollando vínculos basados en la confianza y en francas relaciones. También es paciente y ejerce una influencia paternal al animar y premiar a jóvenes prometedores. Fidel es notablemente incapaz de tal empatía en sus relaciones.

Fidel nunca ha admitido debilidad alguna en su capacidad de liderazgo, ni siquiera ante Raúl. Sin embargo, para 1959 había amplias muestras de que había tenido serias y repetidas equivocaciones como estratega militar y organizador. El ataque del 26 de julio de 1953 al cuartel Moncada en Santiago fue el abrebocas de la revolución que siguió. Fue un desastre, tan mal planeado y ejecutado que resultó ser suicida para la mayoría de los participantes.

Muchos años después entrevisté en Miami a uno de los sobrevivientes que recordó la confusión de Fidel al encontrar una enconada resistencia. "Corría para todos lados dando órdenes histéricamente. Órdenes sin sentido"[27]. Fidel fue capturado unos días después —por un descuido que después dijo fue uno de los peores errores de su vida— y después del juicio y un tiempo en prisión empezó a reagrupar su guerrilla en México.

También hubo allí considerable confusión mientras Fidel se entrenaba y organizaba para el viaje de noviembre de 1956 a bordo del *Granma*, el yate que había comprado con parte del dinero que había recibido en su visita clandestina a Texas. La estratagema del *Granma* fue casi tan desastrosa como el ataque al cuartel Moncada, e igual de desorganizada. Fidel mismo admitió que "no había medicamentos" a bordo[28]. Casi no había la suficiente comida

para los ochenta y dos hombres y el agua y el combustible estaban a punto de agotarse cuando tocaron playa en
Cuba. Fidel no tenía ayudas de navegación ni experiencia
como marinero.

En forma insensata, dio la orden de hacerse a la mar
en el pequeño puerto mexicano de Tuxpan en un momento
en que empezaban a soplar vientos con fuerza de vendaval
en el Golfo de México. No fue sorpresa entonces que se
desviaran tremendamente del rumbo y que, días después,
cuando finalmente avistaron tierra, no estuvieran seguros
de si era Cuba o Jamaica. A Fidel no se le ocurrió llevar
mapas de la costa cubana donde iban a desembarcar para
emprender la insurgencia[29]. El poco equipo que habían
llevado a bordo se perdió en la confusión del desastroso
desembarco. "Todos teníamos botas nuevas", recordó el
Che Guevara, y pronto "todo el mundo comenzó a quejarse de ampollas y dolor en los pies"[30].

El talento de Fidel como estratega político y propa-
gandista pronto compensaría sus deficiencias como organizador y administrador, y su excepcional buena suerte
lo ayudó en muchos otros momentos de peligro. Pero
gradualmente se daba cuenta, sin reconocerlo, de que sus
principales debilidades como líder eran irónicamente las
mayores fortalezas de su hermano. Un subordinado escribió después que Raúl fue ascendido a capitán a bordo
del *Granma*. "Raúl subió a cubierta con papel y lápiz en
la mano. 'Me acaban de ascender a capitán, y voy a hacer
una lista de los que he escogido para mi pelotón'"[31]. Fue
el principio de sus primeras verdaderas responsabilidades
como comandante.

Es notable que hasta ese momento nunca hubiera sido consultado por su hermano, que insistía en controlar cada detalle de las actividades y planes de su movimiento. Fidel no tenía un jefe de estado mayor o un segundo que lo ayudara a estructurar las operaciones militares, y él mismo tenía muy poca experiencia. Mirando hacia atrás parece posible que si hubiera reconocido antes el talento de Raúl —o hubiera estado dispuesto a delegar más responsabilidades a otro subordinado preparado— podría haber mitigado o evitado del todo algunos de los desastrosos errores de esos primeros días. También, posiblemente, se habrían salvado las vidas de muchos de los colegas que se arriesgaron valientemente bajo las disparatadas órdenes de Fidel.

Es en este contexto como, después de Houston, los hermanos dispusieron entre ellos una división del trabajo que ha seguido vigente desde entonces. A Raúl le dio Fidel el control de las Fuerzas Armadas y una considerable libertad para operar autónomamente, más de la que le concediera a cualquier otro líder cubano. Bajo la dirección de Raúl, las Fuerzas Armadas pronto se convirtieron en la única verdadera meritocracia de Cuba, a pesar del constante temor de Fidel de que una institución fuerte bajo un líder capaz pudiera volverse contra él. Su hermano sería la única excepción. Así que en octubre de 1959 fue nombrado ministro de las Fuerzas Armadas Revolucionarias, posición que ha conservado hasta hoy.

Como tal, desde hace muchos años se convirtió en el ministro de Defensa con más tiempo de servicio en el mundo, y también uno de los más capaces. Con la excepción de Israel, ningún otro país pequeño se ha anotado tantas asombrosas victorias como Cuba. Ni siquiera el ejército israelí ha tenido la capacidad de proyectarse en países lejanos como la que tuvo Cuba en los setenta, cuando decenas de miles de hombres fueron enviados primero a Angola y luego a Etiopía, países ambos a muchos miles de kilómetros de la costa cubana.

Fidel fue, claro está, el gran estratega de esas intervenciones y quien astutamente calculó sus beneficios y riesgos geopolíticos. La mayor parte de la gloria de esas hazañas fue cosechada por Fidel, quien, siempre reacio a compartir el centro de atención, nunca ha reconocido explícitamente el papel esencial de su hermano. Pero sin los años que Raúl pasó organizando y entrenando sistemáticamente las Fuerzas Armadas cubanas, esos éxitos nunca habrían sido posibles.

Raúl también es el factor vital en la estrategia de sucesión de Fidel. Fuera de las pocas monarquías que sobreviven en el mundo, ha habido pocos países en el último medio siglo o más donde las posibilidades de sucesión política hayan estado más definitivamente congeladas. Obviamente, éste ha sido un factor crucial en la preservación de la estabilidad del régimen de Castro. Como primero en la línea de sucesión en el gobierno, el Estado y el Partido Comunista, Raúl no ha tenido rivales.

Ha sido tan temido —y también respetado por la mayoría de los funcionarios estatales— que nadie se atreve a quitarle autoridad o incluso pensar en eclipsarlo para sustituirlo en favor de Fidel. Sucesivas generaciones de líderes cubanos han entendido que desafiar a uno de los hermanos los llevaría a ambos, al sentirse amenazados, a actuar de inmediato. Como me dijo en una comida en la Pequeña Habana de Miami un ex funcionario de alto nivel que trabajó de cerca con los Castro, "Cada cual por su lado es peligroso, pero pensar en su combinación es terrible"[32].

Hoy en día comparten oficinas vecinas en el Palacio de la Revolución en La Habana, con un corredor privado que las conecta, vedado para cualquiera que no sea uno de sus ayudantes más cercanos[33]. No hay duda de que estos notables hermanos se consultan regularmente para comentar alternativas y prioridades políticas. Sus desacuerdos y discusiones ahora tienen lugar en sitios privados y protegidos, en cámaras secretas, por lo general sin testigos que puedan regar chismes o desertar algún día. Como con cualquier otra actividad sigilosa, el secreto que rodea su relación y sus deliberaciones ha dado pie para perdurables misterios y malentendidos, sobre todo en torno al siempre retraído Raúl.

El resultado es que Fidel casi siempre recibe el crédito de todas las iniciativas revolucionarias, de toda política y todo pronunciamiento. Él es el coloso de Cuba: todo el poder y el principio revolucionario emanan de él. Fidel ha promovido con persistencia esta percepción de él. El hecho de que parezca no depender de nadie da brillo a su imagen de invencibilidad. En una larga entrevista con un confidente marxista de confianza en 1992 contestó favorablemente una pregunta sobre Raúl pero, como en tantas otras ocasiones similares, no pudo reprimir ciertos celos y algo de mezquindad. "No sé qué tanto ha sido perjudicado por ser mi hermano, porque cuando hay un árbol alto, proyecta un poco de sombra en los demás"[34].

Trabajando arduamente en esa sombra desde el encuentro de Houston, Raúl ha permitido que lo perciban como un subalterno insignificante, un factótum aburrido que saluda ceremoniosamente a Fidel y obedece sus órdenes. Raúl desde el principio ha sido ridiculizado porque físicamente no tiene comparación con su corpulento hermano. El historiador Hugh Thomas lo describió como "misterioso, físicamente casi como un niño"[35]. Fidel le lleva una cabeza completa en estatura y sólo logró dejarse una barba rala en la guerrilla, mientras los demás barbudos cuidaban las espesas y luengas barbas negras que durante mucho tiempo fueron el sello característico de los revolucionarios. De Raúl se han burlado y lo han tergiversado en muchas otras formas, y la mayoría de los observadores extranjeros lo han subestimado. El resultado es que casi nada importante se ha escrito sobre él. Se ha publicado por lo menos una docena de biografías de Fidel, pero de Raúl no se ha hecho ni el más ligero esbozo biográfico.

Pero la verdad es que si se comprendiera el fondo de la relación entre los dos hermanos, los secretos —el funcionamiento interno de la Revolución Cubana a través de toda su historia— se volverían transparentes. Cada uno de los hermanos demuestra cualidades propias de liderazgo, personalidad y rasgos de carácter que se complementan con los del otro. Encajan perfectamente, como los muros de piedra construidos por la civilización inca del Perú hace cientos de años. Las rocas fueron talladas con tal finura y precisión que, al colocarlas una sobre otra, no necesitaban

argamasa u otra clase de relleno. Las uniones prácticamente no se ven. Juntos, los Castro, como esos muros incas,
han permanecido sólidos e imponentes por más de cuatro
décadas y media. Han estado en el poder más que todos
los líderes modernos del mundo, salvo uno o dos, y más
que todos, excepto uno, en toda la historia del hemisferio
occidental desde el principio de la Colonia.

Es muy improbable que Fidel hubiera mantenido el
poder durante tanto tiempo sin el firme control de las fuerzas
armadas por parte de Raúl. En el curso de las cuatro o cinco
últimas décadas, ¿en qué otro país latinoamericano no se
ha sabido de algún general o coronel que haya conspirado
contra el presidente? ¿En qué otra parte han permanecido
las tropas en sus barracas sin agitarse políticamente? Raúl
ha garantizado la estabilidad política de Cuba.

Pero Fidel a menudo ha dado muestras de resentimiento contra el único hombre verdaderamente esencial
de su régimen. Cuando estaban juntos en el monte, en
los primeros días de la guerra de guerrillas, Fidel se enojó
un día por unos supuestos errores tácticos cometidos por
Raúl. Un testigo recuerda que Fidel le gritó a Raúl: "Hijo
de puta, si no fuera por mí estarías trabajando en una bodega en Birán"[36].

CAPÍTULO 1

Un campesino de Birán

Dando enérgicos pasos en su hogar de Mayagüez, una verde ciudad universitaria en la costa suroccidental de Puerto Rico, Fidel Pino Martínez habla de sus recuerdos sobre el clan de los Castro. Las tornasoladas flores moradas de las buganvillas relumbraban en aquella tibia mañana invernal del último día de febrero de 1986. Yo había pedido una licencia de un año de la CIA para investigar sobre Cuba y México en la Universidad de Stanford, y me di a la búsqueda de personas que habían conocido a los hermanos Castro, con la intención de saber más sobre su dinámica relación.

Pino tenía setenta y ocho años, y se había retirado de la compañía de construcción que había dirigido con su hijo. Alto y taciturno, hablaba sobre Cuba sólo cuando lo instaban, pero no era un exiliado furioso o amargado. Vivía contento en Puerto Rico, la isla cercana que el poeta y patriota cubano José Martí había puesto a la par con Cuba "como dos alas de la misma ave". Sus verdes coli-

nas y cañaduzales, y especialmente sus gentes vibrantes
y habladoras, le recordaban a Pino la patria que había
abandonado para siempre un cuarto de siglo antes. Toda
su familia —su esposa, sus hermanos, hermanas y cón-
yuges, y sus veintiocho hijos— también habían escogido
el exilio. Muchos de ellos conservaban vívidos recuerdos
de los Castro porque las dos familias habían tenido estrechos vínculos en Oriente y La Habana en el lapso de
tres generaciones.

El hermano menor de Fidel Pino, Raúl Pino Martínez
—Raúl Castro se llama así por él— fue abogado de los
padres de los Castro desde fines de los cuarenta y en los
cincuenta en Santiago, primero de Ángel su padre y luego
de su viuda, Lina Ruz, y de algunos de los hermanos Castro.
El hijo de Raúl Pino Martínez, también de nombre Raúl,
me proporcionó generosamente copias de documentos y
correspondencia íntima relacionada con la familia Castro
que originalmente poseía su padre y que ahora reposan en
el archivo de la familia Pino.

En Mayagüez, Fidel Pino tenía vívidos recuerdos de los
Castro. Su conocimiento del patriarca inmigrante Ángel,
sus hijos y Birán, el remoto pueblo donde los hermanos
crecieron en una gran plantación, se apoyaba además en la
jugada del destino que lo vinculó a Fidel Castro. Ambos
fueron bautizados con el nombre del padre de Pino, Fidel
Pino Santos. El viejo Pino, nacido en 1884, fue amigo de
toda la vida de Ángel Castro. Muy pobres, empezaron a
trabajar en los primeros años del siglo XX en los pueblos
que rodeaban la bahía de Nipe en la costa nororiental de
Cuba.

Mayarí, uno de cuyos quince barrios era Birán, y los pueblos vecinos de Banes y Anilla estaban en la cima de una espectacular expansión económica y demográfica, al acudir allí trabajadores de toda Cuba en busca de oportunidades en la pujante economía local. Compañías estadounidenses de azúcar y frutas estaban construyendo allí grandes ingenios y desbrozando enormes extensiones para sembrar caña. Durante un tiempo cultivaron bananos y después explotaron valiosos depósitos de níquel. Algunos de los pueblos de la zona, en especial Banes, se convirtieron en agradables centros para extranjeros, donde los trabajadores estadounidenses gozaban de casi todas las comodidades a que estaban acostumbrados.

Durante las primeras tres décadas del siglo, la población de Mayarí aumentó de veintiún mil a casi cien mil habitantes. Hombres jóvenes, trabajadores, listos, fuertes y ambiciosos como Ángel Castro y Fidel Pino Santos podían hacer fortuna allí. Había suficiente tierra barata de modo que podían reunir grandes extensiones para luego vender provechosamente caña a los ingenios estadounidenses cercanos.

Ayudándose entre sí, los potentados emergentes se convertirían en dos de los más ricos empresarios del oriente de Cuba. Colaboraron en muchos negocios, y el más rico y políticamente influyente Pino Santos con frecuencia le prestaba dinero a Ángel. En Mayagüez, el hijo del primero me habló sobre un enorme diamante —creía que de cuatro o cinco quilates— que Ángel le había dado en prenda a su padre por un préstamo. El diamante duró mucho tiempo en una pequeña caja fuerte en la casa de la familia Pino en La Habana.

Los extraños, y ciertamente los pocos citadinos que iban
de visita a Birán, no podían fácilmente olvidar el primitivo carácter de frontera del dominio de Castro. Uno de
ellos lo halló "increíblemente bárbaro" como "algo salido
de Dostoievski". Cuando Fidel y Raúl eran jóvenes, era
un sitio agreste y aislado. Forajidos recorrían las colinas
circundantes y era prudente tener un arma a mano y saber
usarla rápidamente[1].

Hasta mil personas, la mayor parte casi siervos de los
Castro, trabajaban en este rústico crisol. Procedían de toda
la isla, de Haití y de España, y probablemente también
de otros países, y acudían allí en busca de trabajo y de pequeños lotes de tierra donde pudieran construir una choza
pequeña, tal vez sembrar algo de caña y aspirar a ser pro-
pietarios. El sexo era casual y sin trabas. Los matrimonios
legales eran un lujo con el que pocos se comprometían, y
las autoridades del gobierno rara vez intervenían.

Las disputas por lo general se zanjaban de inmediato, a
menudo con estocadas y cortadas del omnipresente machete.
Se impartía una forma de justicia y reparación ojo por ojo.
Ser débil no sólo era vergonzoso en la frontera cubana, era
peligroso. Ninguno de los hijos de Ángel jamás dijo haber
presenciado mutilaciones o confrontaciones sangrientas en
Birán. Pero es casi imposible dudar que ocurrieran, sobre
todo cuando fluía el ron y en las peleas de gallos.

En Birán, los niños perdían la inocencia bastante
pronto. La sangre fría de Fidel y de Raúl —al ordenar
y presidir ejecuciones o participar en muchas formas de
violencia letal— les fue inculcada en la niñez. La mayoría
de sus contemporáneos cubanos, criados en medios más

refinados, nunca serían capaces de comprender esto. Los hermanos pueden incluso haber aprendido a justificar el asesinato al observar a su padre Ángel, de quien se decía que fríamente había matado a varios hombres[2].

El momento de mayor actividad era durante la cosecha de la caña, la zafra, cuando Birán hervía con el trabajo frenético bajo el despiadado calor del principio del verano. Grupos de cortadores de caña, llamados macheteros, con sus camisas de manga larga empapadas en sudor y blandiendo rítmicamente sus machetes, se abrían paso entre los cañaduzales. Primero tenían que desbastar los tallos para luego cortarlos cerca de la tierra, "donde canta el sapo", de modo que el corte incluyera los mejores jugos cerca de la raíz. Los macheteros más hábiles prácticamente bailaban a lo largo de los surcos, arqueando con gracia las espaldas al extender e inclinar el cuerpo. Y se oía el constante y seco sonido del metal al afilar los hombres sus machetes.

El trabajo de la cosecha empezaba justo después del amanecer, cuando se mezclaba el rocío con la savia de la caña, y producía un penetrante aroma de azúcar virgen que lo invadía todo. Carromatos tirados por bueyes y repletos de tallos de caña crujían a lo largo de trochas hacia un tren que conectaba con la máquina moledora. Durante la zafra, los ingenios zumbaban sordamente seis días y noches a la semana[3]. No era sorprendente entonces que a veces la llamaran "la danza de los millones".

La gallera quedaba cerca de la casa de los Castro. Cada domingo, durante la zafra, y en días festivos, se reunían grandes grupos —incluso niños— para presenciar el rui-

doso espectáculo. Se jugaba dinero, daban vivas a grandes
gritos, y bebían grandes cantidades del ron local. Era el
deporte favorito de Raúl, y de joven tenía sus propios gallos de pelea en Birán.

No había iglesia en la aldea, y un sacerdote iba una
vez al año para bautizar y celebrar otros sacramentos. En
cambio, reinaba una mezcla de supersticiones de muchas
culturas. La canción de la lechuza —un chillido agudo que
se oía a veces durante la noche— o el canto sin respuesta
de un gallo en la madrugada eran signos seguros de mala
suerte. La santería, el culto afrocubano con ritos secretos
y sacrificios de animales, mezclado con el vudú haitiano,
era firme creencia de muchos, entre ellos algunos parientes
de los Castro.

Ángel Castro importaba trabajadores de Haití gracias
a un acuerdo con el cónsul de ese país en Santiago. De
niños, a Fidel y a sus hermanos les encantaba visitar a los
haitianos en sus covachas, comer con ellos maíz tostado
y jugar con sus hijos. La hija de Fidel, Alina Fernández,
exiliada en Miami, escribió que su extravagante tío Pedro
Emilio, el hijo mayor de Ángel, le había contado una vez
un secreto familiar; el medio hermano de Pedro Emilio,
Ramón, entonces de trece años, había mantenido una
apasionada relación con una haitiana[4].

Birán era un sitio tan peligroso y libre de inhibiciones
que Fidel Pino nunca le permitió a su hija, de la misma
edad y amiga de Raúl, que fuera allí. Una amiga desde niña
de Mirta Díaz Balart —la bella joven de Banes con quien
se casó Fidel en 1948— me contó, cuando la conocí en
su casa de Georgetown en Washington, que antes de su

matrimonio Mirta tampoco iba nunca a Birán. Y eran muy pocos los invitados amigos de los niños Castro[5].

En general, tal vez Birán se parecía a uno de esos pueblos extraños de una de esas novelas de realismo mágico popularizadas por el amigo de Fidel Castro, el premio Nóbel Gabriel García Márquez. El núcleo de la comunidad era la finca de la familia, que llamaban Manacas, donde se mezclaban los parientes Castro, Ruz, González y Argota de varias generaciones. La vivaz y astuta Lina Ruz González, madre de Fidel y de Raúl, era hija de trabajadores itinerantes. Siendo una criada adolescente en casa de Ángel empezó a tener a los que serían sus siete hijos.

La casa principal era una construcción grande y destartalada de madera que se sostenía sobre pilotes hundidos profundamente en la tierra dura y roja. La sombra de un enorme tamarindo mantenía fresco un costado, donde la familia podía descansar en la terraza cubierta estilo plantación. La casa era una versión más grande y tropical de las chozas campesinas en la España nativa de Ángel. Los muebles, la mayor parte hechos con maderas locales, eran pocos. Había pocos adornos fuera de estatuillas de santos de tamaño natural, y poca decoración o recuerdos de familia. No había casi ningún elemento de cultura —literatura, arte o música— que matizara la cruda realidad del hogar[6].

Malolientes animales domésticos se amontonaban bajo las tablas del piso, entre ellos las vacas lecheras que eran ordeñadas allí, y cerdos, pollos, pavos, gansos y otras aves. Había un estrecho piso superior, el "mirador", donde había alcobas. La mayor parte de la casa "permanecía en desorden y desaseada", según Leycester Coltman, el más reciente biógrafo de Fidel de habla inglesa y ex embajador británico en La Habana. Había pollos que circulaban libremente por todas partes, e incluso "descansaban" en varios cuartos[7].

La cocina y los baños eran, si mucho, rudimentarios. No había electricidad ni vehículos motorizados cuando los hermanos Castro estaban jóvenes. Para llegar a la hacienda, le contó Fidel a Frei Betto, un fraile brasilero que le hizo una entrevista autobiográfica de veintitrés horas en 1985, "había que ir en tren y luego a caballo"[8].

Había una lechería, una panadería, un matadero, talleres mecánicos, una destartalada escuela primaria y una tienda que manejaban los Castro. En unas vacaciones de colegio Fidel trabajó allí de mala gana y Raúl lo hizo por bastante más tiempo. Ángel le pagaba a la policía para que mantuviera una pequeña estación rural. Tenía una locomotora que parecía un tranvía con un gran espacio para el ganado al frente, y que iba sobre una estrecha carrilera hasta un ingenio cercano. Al frente, con grandes letras estaba escrito: "Ángel Castro e hijos"[9].

Gradualmente, Birán se extendió en forma de un puesto de avanzada atractivo pero amenazante, opresivamente primitivo pero también estimulante. Fidel y Raúl han conservado gratos recuerdos de su crianza allí. En forma poco característica, Fidel se puso nostálgico al recordarla en la entrevista con Frei Betto, y le contó que cuando tenía diez o doce años había ido a caballo a los pintorescos Pinares de Mayarí, donde Ángel tenía en arriendo unas tierras en una meseta alta y fresca.

"Los caballos tenían que hacer un esfuerzo para subir por las empinadas faldas de las colinas, pero cuando llegaban a la meseta dejaban de sudar y quedaban secos en cosa de minutos. Era maravilloso refrescarse allí porque siempre soplaba una brisa a través de los altos y densos pinos, cuyas copas formaban una especie de techo", recordó Fidel. "El agua de los muchos arroyos era helada, pura y deliciosa"[10]. Varios geógrafos cubanos han dicho que el área en torno a Birán y los Pinares de Mayarí es tal vez la más bella de toda la isla.

A Fidel le encantaba la libertad de que gozaba para vagar por el cada vez más vasto dominio de Ángel, donde cazaba toda clase de presas con una cauchera, arco y flecha, y un poco después con armas de fuego (adquirió así muy buena puntería), y donde nadaba en los numerosos ríos. En una fotografía de familia tomada cuando tenía diecisiete años se ve posando en el campo como si estuviera en un safari. Está solo, con una rodilla en el suelo, casco de explorador y botas, y aferrando un rifle. Tiene un cuchillo de casi treinta centímetros en una funda pegada a su cartuchera. A su lado hay un bello perro de cacería. Tiene todo el aspecto de hijo consentido y favorito de un próspero caballero terrateniente, no el heredero de un tosco campesino que vivía en una gran casucha llena de pollos. Tales contradicciones abundaban en la generación joven de los Castro.

Raúl parece haber sentido aun más afinidad con Birán y siempre se ha sentido más orgulloso de su herencia que Fidel. Cuando vivía en La Habana, la gran y extraña ciudad donde de joven nunca se sintió cómodo, incapaz de encontrar un refugio o un propósito propios, a menudo volvía a casa para reponerse. Huyó a Birán a pie después del desastroso ataque al cuartel Moncada en 1953. Y no tardó en volver cuando él y Fidel fueron liberados después de estar recluidos en la prisión de la Isla de Pinos después de Moncada.

Su hermana Juanita, que huyó de Cuba en 1964 y ha vivido desde entonces en Miami, me habló de sus hermanos en el curso de una larga conversación en 1986. Sentada en la pequeña oficina de la farmacia de la que es propietaria desde hace muchos años, recordó que Raúl se quedó un buen tiempo en Birán después de salir de la prisión[11]. Fidel, al contrario, se fue de inmediato a La Habana para empezar a reconstruir su movimiento revolucionario. Juanita y otros que han conocido bien a los hermanos a menudo hablan sobre el carácter sentimental de Raúl y su necesidad de tener familia y amigos, lo que contrasta notablemente con la insistencia de Fidel en conservar una autonomía personal absoluta. Ella está convencida de que Raúl se volvió duro e inescrupuloso entre los veinte y los treinta años, bajo la influencia de Fidel.

Ángel Castro nació en la rocosa provincia norteña española de Galicia y por eso le dicen, no despectivamente, gallego. Fue enviado a Cuba cuando estaba en el ejército durante la guerra hispano-cubana, pero nunca le contó nada a su familia sobre su papel en ella.

Esto es comprensible porque se cree que combatió contra los mambises, los guerrilleros que estaban luchando por la independencia y que serían los modelos de héroes de sus dos hijos durante su propia campaña para derrocar a Batista. Fidel se lamentaba de su padre por muchas razones, pero las principales fueron seguramente el papel que tuvo Ángel en la guerra y el hecho de que se negara a renunciar a él o a aprender algo sobre la historia de Cuba. Ángel solamente adquirió la ciudadanía cubana en 1941, cuando tenía sesenta y seis años.

Juanita me contó que él conservaba una escopeta "pero ningún objeto, reliquia o alguna otra cosa que le recordara el servicio militar". Recuerda ella que jamás lo oyó expresar sentimientos antinorteamericanos. Fidel y Raúl, con más motivos que ella para afirmar que su padre era antinorteamericano, jamás lo han dicho en público. Al contrario, todas las evidencias muestran que Ángel siempre respetó a los estadounidenses y le gustaba trabajar con ellos, claro que en no poca parte porque su prosperidad dependía estrechamente de sus negocios con ellos. Juanita vive convencida de que si su padre hubiera sobrevivido bajo la revolución, habría sido "enemigo de Fidel".

Después de la guerra, Ángel empezó a trabajar en la fábrica de baldosas de un tío en Santa Clara, en el centro de la isla, pero según Juanita pronto se fue al oriente en busca de mayores oportunidades. Se estableció en el norte de la provincia de Oriente y empezó a comprar parejas de bueyes y organizar grupos de trabajadores para proveer transporte y otros servicios a las compañías estadounidenses. Talaban bosques que se convertían en tierras para los cañaduzales de la United Fruit y vendían leña a los ingenios. Esa compañía también lo empleó como bodeguero antes de que empezara a adquirir tierras propias. En todos estos trabajos demostró excepcionales dotes de líder —como después Fidel y Raúl— que lo pusieron a cargo de una creciente fuerza de peones de pico y pala.

Fidel Pino me contó durante nuestras conversaciones en Mayagüez que su padre y Ángel eran como hermanos. Aunque nueve años mayor que Fidel Pino, Castro respetaba a su amigo más sofisticado y educado, y lo consideraba una especie de consejero. Pino Santos había nacido en Cuba y le podía explicar al inmigrante Ángel sus particularidades nativas y tropicales. Los dos hombres se tenían confianza y se colaboraron durante muchos años, aunque sus trayectorias sociales divergieran inevitablemente. Así como había progresado financieramente, Pino Santos también deseaba progresar social y políticamente. Él y su hijo Mario llegaron a tener importancia política en Santiago y después fueron elegidos al Congreso. Al poco educado y apenas alfabetizado Ángel, al contrario, le bastaba y sobraba el microcosmos que había creado en Birán.

Tal vez era más de lo que jamás había soñado tener. No le interesaba comprar casas en la ciudad, como a Pino Santos, o ingresar a círculos sociales en los que no tenía ni idea qué decir o hacer. Era un rústico sin pretensiones, satisfecho y contento. Fidel le dijo al sacerdote brasileño Frei Betto que sus padres no tenían vida social y que sólo habían tenido relaciones con personas como ellos. "Trabajaban todo el tiempo". Rara vez tenían visitas[12]. Fidel Pino recordó que durante las pocas visitas de Ángel Castro a Santiago —y las aun más escasas a La Habana— se quedaba con la familia Pino donde se sentía a gusto.

El patriarca dedicaba poco tiempo a sus hijos y no sentía mayor afecto por ellos, o ellos por él. Armando Llorente, el jesuita español que era el maestro favorito de Fidel en el colegio Belén, la escuela secundaria de élite de La Habana en la que estudió en sus años de adolescente, me contó que no conoció a Ángel. También recordaba, cuando lo entrevisté en su casa de retiro en Miami, que los padres de Fidel no fueron a su graduación.

"Yo a menudo le decía a Fidel que me dejara conocer a su padre. Ambos somos españoles. Yo soy de León y él es gallego. Pero él siempre cambiaba de tema"[13].

José Ignacio Rasco, compañero de clase de Fidel en el colegio y en la Universidad de La Habana, recordaba lo mismo. Me dijo en Miami que Fidel "rara vez" hablaba de su padre y que "cuando lo hacía era en forma desfavorable"[14].

En su entrevista con Frei Betto, Fidel describió a su padre en términos generalmente favorables. Pero veinte años antes, en una entrevista con el periodista y fotógrafo estadounidense Lee Lockwood, fue sarcástico. Lo criticó con "voz curiosamente indiferente" y le dijo al entrevistador que "había sido un latifundista, un terrateniente rico que explotaba a los campesinos. No pagaba impuestos por sus tierras o sus ingresos. Había hecho política por dinero".

Raúl estuvo presente a ratos en la entrevista y trató de recordar cosas sobre Birán y la familia, sin duda para dar una idea más agradable de Ángel, pero él y Fidel se enfrascaron en una violenta discusión frente a Lockwood antes de que Raúl cediera, como siempre[15]. Todas las evidencias

sugieren que a medida que Fidel maduró y fue conocido
en los círculos políticos nacionales, se sintió avergonzado
de sus raíces, y evitaba hablar sobre sus padres y su baja
condición.

En años más recientes ha admitido de vez en cuando
que su padre siguió siendo un campesino, o guajiro en el
lenguaje corriente cubano, toda la vida. Ángel siempre usó
botas sin medias y ropa tosca de trabajo. Las pocas veces
que fue visto en La Habana usaba una guayabera, la larga
camisa tejida de algodón preferida por muchos hombres
en la América tropical. Es fácil imaginar sus manos, curti-
das y con callos, haciendo orgullosamente trabajos físicos
duros casi hasta el día de su muerte. Fidel puedo haber
estado subconscientemente pensando en su padre cuando
le dijo a Lockwood que hasta la revolución, "cuando iba
a la ciudad, el campesino que había en mí se sentía muy
tímido y cohibido"[16].

Como Fidel y Raúl, Ángel ha sido objeto de cuentos
extraordinarios y posiblemente difamatorios. Uno de ellos,
repetido por décadas, es que cuando estaba empezando
en Birán, trabajaba silenciosamente en noches sin luna
moviendo las cercas para extender sus tierras. Una fuente
de la biógrafa de Fidel, Georgie Anne Geyer, le dijo que
Ángel tenía una forma de "adquirir" los tractores de la
United Fruit Company, que luego pintaba de un color
diferente. Al parecer también era un capataz duro. Un ex
revolucionario que conoció a la familia Castro me dijo en
una entrevista en San Juan, Puerto Rico, que Ángel "hacía
trabajar muy duro a los haitianos y a los guajiros locales.
Los hacía trabajar hasta que estaban exhaustos"[17].

Sin embargo, su forma de tratar a los trabajadores no fue algo que Fidel deplorara cuando estaba creciendo en Birán o, después, estudiando en La Habana. Hay relatos creíbles que indican que él también trataba a los guajiros con crueldad y tal vez, al contrario de su padre, autoritariamente. Durante nuestra reunión en Miami, Juanita Castro me contó que Fidel, de niño y de joven, no mostró ningún interés por la difícil situación de los trabajadores de su padre. "Había muchos empleados que trabajaban en la finca y servían en la casa. Fidel nunca se preocupó por esas personas", me contó. "Al contrario, recuerdo que criticaba a mi padre por ser demasiado generoso con ellas".

Recordaba claramente un incidente con un guajiro de Birán llamado Aracelio Peña que una noche llegó inesperadamente a la casa de los Castro cuando la familia estaba cenando en la época de vacaciones. "Era un trabajador que trepaba por las palmas para bajar cocos y darlos de comer a los cerdos. La granja estaba cerrada por las vacaciones", recordó Juanita. "Cuando entró a la casa, Fidel lo agarró por el cuello de la camisa y lo levantó. Airado, lo empujó y lo arrastró hasta la puerta y lo lanzó escaleras abajo. Estaba furioso porque Aracelio había interrumpido nuestra cena". Algunos miembros de la familia Pino tienen recuerdos parecidos de Fidel cuando, joven y viviendo en La Habana, instaba a su padre a tratar más duro a los trabajadores.

Fidel siempre fue el más indócil y consentido de los hijos. Ángel, que tenía poco más de cincuenta años cuando nació Fidel, probablemente pronto reconoció que su tercer y más audaz hijo era el que tenía sus propias cualidades. Desde la niñez, a Fidel lo impulsaba la certeza de que superaría su origen para cumplir algún importante destino, en una escala mucho mayor de lo que Ángel había logrado.

A ninguno de sus hermanos lo complacieron y apoyaron con tanta generosidad. Su padre le abrió una cuenta en la tienda por departamentos Ultra de La Habana y, a juzgar por los espléndidos trajes que lucía durante sus años prerrevolucionarios, gastaba en forma extravagante. En varias ocasiones, Ángel le compró autos nuevos. El primero fue en 1945, cuando iba a entrar a la Universidad de la Habana, a pesar de la escasez de autos nuevos en Cuba debido a la guerra.

Raúl, el menor y el más pequeño de los Castro, recibió mucho menos que Fidel. Que se sepa, nunca le dieron regalos caros, o una cuenta en un almacén por departamentos o un auto nuevo. De joven, sus gustos y ambiciones eran mucho más modestos que los de Fidel, y era notable la diferencia en la forma como les daban dinero. A principios de 1953, a Raúl se le acabó el dinero en París cuando viajaba por Europa haciendo su juvenil aprendizaje marxista. Envió un telegrama pidiendo ayuda a Ángel, pero éste se negó a mandarle un solo peso. Juanita dice que fue ella quien a la larga le envió dinero para que comprara su tiquete en un barco y pudiera volver a Cuba[18].

Aunque Fidel siempre había sido el hijo favorito de Ángel, en su conversación con Frei Betto dijo no recordar cuándo había muerto. De hecho, su deceso ocurrió en octubre de 1956, cuando los hermanos estaban haciendo los preparativos finales para zarpar en el *Granma* desde México con la fuerza expedicionaria insurgente, y fue Rafael del

Pino, uno de los viejos colegas de Fidel, quien le llevó la noticia de la muerte de Ángel.

Del Pino, quien después sería acusado de traición y se suicidó o fue asesinado en una de las prisiones de Castro, le dijo a otro colega que Fidel escasamente reaccionó. Sin mostrar ninguna emoción, masculló "¡Qué lástima!". Luego cambió de tema y le pidió a Del Pino que le contara las últimas noticias políticas de Cuba. Cuentan que Raúl, en contraste, se había encerrado en un baño a llorar por largo tiempo[19].

Ángel era firme y decidido en la búsqueda de sus objetivos, y cuando decía que quería una cosa —ya fuera una buena tierra, una yunta de bueyes de primera o una mujer— era seguro que la conseguía. Su primera esposa, María Luisa Argota, era una maestra de provincia con la que tuvo dos hijos que llegaron a ser adultos, Lidia y Pedro Emilio. Pero María no conservó el afecto de Ángel cuando la adolescente Lina Ruz González fue contratada como ama de llaves. La enorme familia de Lina —nueve hermanos y hermanas— había ido a Birán a pie y en carretas cruzando la isla desde Pinar del Río en el extremo occidental. En 1996, Fidel se refería a algunos de los antepasados Ruz de su madre, cuando habló con orgullo de su "parte de sangre árabe"[20].

Su hija Alina, criada por su madre sin intervención de Fidel, fue bautizada con el mismo nombre de su abuela, sobre la que ha escrito con admiración. "Desbordaba una energía exuberante y rebelde, muy diferente de las sumisas y sometidas muchachas campesinas" a las que Ángel "preñó" y con las que "tuvo muchos hijos"[21]. Alina dice que su abuela empezó a trabajar en la casa de los Castro cuando tenía la misma edad, tal vez quince años, que Lidia, la hija de Ángel.

Lina era una "persona vulgar", según Fidel Pino, que "trabajaba muy duro". Soltaba palabrotas como un machetero, no tenía educación y era casi iletrada. Fidel no recuerda haberle oído decir que había ido a la escuela, pero aprendió sola los fundamentos de la lectura y la escritura. Era hábil y ambiciosa y aprovechaba cada oportunidad de progresar.

No tardó en empezar a tener hijos de Ángel. Siguió un tiempo aparentemente indeterminado en el que las dos familias coexistieron —sin duda precariamente— bajo el mismo techo, o por lo menos muy cerca una de la otra, hasta que Lina se impuso y sucedió a su rival como la ama indiscutible de Birán. Impresionó a Ángel con su sentido de la organización y los negocios, y le ayudaba a manejar la tienda, supervisar las finanzas y administrar la granja.

La tierra que Ángel poseía o tenía en arriendo se extendía kilómetros en todas las direcciones, un vasto terreno incluso de acuerdo con los estándares cubanos de la época. El principal cultivo eran los fértiles cañaduzales, pero el viejo gallego se diversificó. Llegó a sembrar cien mil cedros para sostener su negocio maderero. Había un naranjal productivo, que al parecer era el orgullo de Lina. En cierta ocasión, ella pilló a unos ladrones de naranjas, los acosó y les exigió que las pagaran. Es posible que le hubieran obedecido. Cuentan que regularmente patrullaba las posesiones de la familia a caballo, y que salía desde antes del amanecer con un revólver al cinto.

Fidel Pino me contó que ella manejaba tractores y otros equipos agrícolas, y que para ello usaba "ropa fuerte", la tosca vestimenta de los campesinos.

Con el tiempo, se volvió más segura socialmente que Ángel y, con la ayuda de sus cuatro hijas, aprendió a vestirse y usar cosméticos. Cuando la conoció en México en 1957, la amiga de Fidel, Teresa Casuso, la describió como una mujer alta, delgada y con el pelo teñido[22]. Lina visitó a Teresa y otros partidarios del movimiento de sus hijos cuando Fidel y Raúl estaba luchando en la Sierra Maestra, amenazando con destruir las cosechas de azúcar para debilitar la economía de Cuba y por lo tanto la dictadura de Batista.

"He venido a verlos sobre la quema de mis cañaduzales. Quiero que hablen con ellos para que no los toquen".

Casuso no era una admiradora de la matrona Castro, para entonces viuda. La ofendió el comentario de Lina sobre los oficiales del ejército cubano, incluso el comandante local, que acostumbraban visitarla para tomar café en Birán. Pero no era un secreto que Lina simpatizaba con los enemigos de sus hijos. Al principio de la insurgencia, la prensa cubana la citó lamentando que las madres de los soldados del gobierno estuvieran sufriendo por cuenta del conflicto. Fidel Pino recordó que calificaba a su hijo Fidel como un "sinvergüenza".

A diferencia de la forma como Ángel lo trataba y, tal vez para compensar, Raúl era, de acuerdo con todo el mundo, el hijo favorito de Lina. Incluso de niño era más tranquilo y afectuoso que sus hermanos, menos rebelde, más dado a aceptar con paciencia las idiosincrasias de Birán que veía por todas partes. Ella apreciaba el cuidado genuino que siempre demostraba por el resto de la familia y su travieso sentido del humor. Juanita recordó que su madre apodaba "Muso" a Raúl. Parece que se trata de una palabra que no quiere decir nada y que era un simple término afectuoso, tal vez originado en su media lengua infantil. Sin embargo, a Fidel, falto de humor, nunca le pusieron un apodo en la familia.

El afecto de Lina por Raúl se hizo evidente cuando ella hizo arreglos para una reunión con él en su escondite en la sierra, hacia el fin del conflicto guerrillero. No se habían visto desde su visita a Birán al salir de prisión. Fidel, por el contrario, no estaba interesado en ver a su madre, mientras libraba la guerra de guerrillas. Sin embargo, a Frei Betto le dijo que Lina no había tenido contacto con él en la sierra "porque estaba vigilada constantemente"[23]. Tal vez no recordaba las fotos que mostraban a Lina, segura en el campamento de Raúl, y que habían sido publicadas años antes.

Las fotografías, en la colección personal de Lina, muestran lo fácil que ella se adaptó a la experiencia de las guerrillas. En una de ellas sostiene una pistola junto a dos de los camaradas guerrilleros de Raúl, armados ambos hasta los dientes, al fondo una solitaria palma. En otra tiene puesta una boina, y está a punto de apuntar y disparar un rifle. Se ve ruda y lista para hacer cualquier cosa. Mujeres más delicadas que la recordaban en esos días han dicho que parecía de "pelo en pecho".

De la misma manera como supervisaba las cosas en Birán, aparece muy cómoda en otra foto con una pistola en una funda en la cadera derecha, colgada de un ancho cinturón con una brillante hebilla de metal[24]. Fuera de Cuba no hay información sobre el tiempo que pasó con Raúl y sus curtidos guerrilleros en el monte, o cuál fue su propósito, fuera de verlo, mientras estuvo allí. Muy probablemente, sin embargo, le rogó convencer a Fidel de que no tocara sus cañaduzales. Ella sabía que con Raúl se podía razonar, pero que cuando Fidel había decidido algo, nadie —tal vez con excepción de su hermano— podía hacerlo cambiar de idea.

Cuando su madre, Dominga González, murió en junio en 1963 en Birán, justo dos meses antes que la misma Lina, Raúl, no Fidel, fue al entierro. Poco después, cuando Lina estaba agonizando en casa de Juanita en La Habana, Raúl pasó mucho tiempo con ella. Fidel Pino recordó que él dormía en el mismo cuarto, y que le acariciaba el pelo y cuidaba de ella. Veintitrés años después, Juanita me contó que Raúl lloró en el velorio de Lina pero que Fidel "había entrado pavoneándose y dándole órdenes a todo el mundo".

El compromiso de Raúl con todo el clan Castro ha continuado durante toda la vida. Durante años, mucho después de que ella tuviera que irse de Birán con sus dos hijos, Raúl se mantuvo en contacto con la primera esposa de Ángel. Cuando entrevisté a Alina en Miami me dijo que, al contrario de Fidel su padre, Raúl "siempre había sido buena persona con ella"[25]. También ha actuado como intermediario concertando visitas entre la primera esposa de Fidel, de quien se divorció después de unos pocos años, y su hijo Fidelito, que ha seguido viviendo en Cuba.

Hoy en día, como lo ha hecho desde el principio de la revolución, es Raúl quien desempeña el papel de jefe de la familia. Se dice que ha organizado regularmente reuniones familiares en su casa de La Habana. Raúl ha estado casado con Vilma Espín desde principios de 1959. Tienen cuatro hijos, entre ellos una hija rebelde, Mariela, y varios nietos[26].

Birán era un lugar excitante, a veces peligroso, pero también solitario y aislado para unos muchachos en crecimiento. Fidel y Raúl tenían allí primos de la familia de Lina, pero Juanita dice que Raúl era el que entablaba amistad con ellos, no Fidel. "Fidel nunca tuvo amigos", me dijo, solo exagerando un poco la verdad.

Entre todos los muchachos guajiros y haitianos que vivían en el área, ninguno era tan privilegiado o consentido como Fidel. Los que fueron compañeros de juego suyos, habrían desconfiado de él al verlo como lo más parecido al príncipe heredero del dominio de Ángel. A Fidel le daban pataletas cuando lo contrariaban, era mal perdedor en cualquier juego y se portaba como un matón con los otros niños. Juanita recordó un juego de béisbol cuando era niño.

"Su equipo estaba perdiendo así que detuvo el partido y se llevó todos los guantes y los bates. Detestaba perder".

Durante toda su vida, esos rasgos de la niñez han persistido. Nunca ha disfrutado amistades cercanas con hombres que pudieran alternar con él en términos más o menos iguales. Incluso el Che Guevara —que años después estaría más cerca de Fidel que cualquier otro camarada— siempre cedía ante Fidel. Desde que subió al poder, sus "amigos" serían todos seguidores leales y serviles, siendo él Don Quijote y ellos Sancho Panzas.

Con sus dos hermanos mayores tenía poco en común. Pedro Emilio se convirtió en escritor y poeta, aunque no particularmente destacado. Se dice que era algo inestable, y que trabajó años en vano en una novela[27]. Juanita cree que Fidel despreciaba a su medio hermano por diferencias de dinero. Además, es difícil imaginar que el decadente Pedro Emilio y Fidel tuvieran intereses comunes.

Ramón, el mayor de los hijos de Ángel con Lina, contrastaba con Fidel en otras formas. Se contentó con seguir los pasos de Ángel como cultivador y amante del campo. No tuvo mayor interés en el estudio y después no quiso unirse a sus hermanos en sus actividades revolucionarias y políticas. En pequeña escala, los ayudó con el envío de provisiones a la sierra. Una vez, sin embargo, esperando un cargamento de armas o de municiones de Ramón, Fidel se quejó de que su hermano sólo le había enviado un reloj costoso que no necesitaba para nada. Después de la revolución, Ramón se dedicó a lo que siempre le había gustado, la agricultura, y desde mediados de los ochenta ha desempeñado papeles protocolarios en Cuba y en el extranjero.

Raúl siempre fue menos atlético y atrevido y no trató de participar o competir con Fidel en actividades físicamente exigentes. Prefería ser el confidente de Juanita y mantenerse cerca de la casa. Juanita contó a un periódico de La Habana, poco después de que sus hermanos se tomaran el poder, que ellos habían sido muy cercanos de niños, pero tal vez le estaba diciendo a la prensa halagadora lo que quería oír[28]. Lo que mejor indica esto es que en todas sus declaraciones y discursos públicos, Fidel nunca ha hablado de Raúl como un compañero de juegos en la niñez o como algo parecido a un amigo en la edad adulta.

Dos visitantes estadounidenses presionaron a Fidel una vez: "¿Tiene muchos amigos cercanos?"

Su respuesta fue evasiva: "Realmente no tengo lo que se puede llamar un círculo de amigos cercanos".

Después empezó a divagar a la defensiva, comentando sobre los muchos amigos *extranjeros* que tenía, sobre los colegas cercanos que podían ser considerados como amigos, incluyendo a los cocineros, conductores y otros subordinados que lleva con él cuando va de pesca. Estaba totalmente ajeno al hecho de que casi todos los hombres que había mencionado tenían que obedecerle y rendirle pleitesía. Y lo que es aun más diciente, nunca se le ocurrió mencionar a Raúl como amigo[29].

El sentido de autonomía de Fidel, su distanciamiento, han sido notables desde cualquier punto de vista. Muy precozmente, empezó a mostrar un extraordinario sentido de autosuficiencia. No sólo independencia, sino una fiereza emocional que infundió en él un convencimiento inusual y acendrado de ser excepcional y de haber sido destinado para la grandeza desde siempre. "No recuerdo haber tenido nunca dudas o falta de confianza en mí mismo", dijo en una entrevista en 1986[30].

No hay razón para creer que estuviera exagerando la determinación de casi toda su vida de prevalecer en cualquier circunstancia, con el convencimiento de que vencería y de que lo haría por sus propios medios.

"Nunca tuve un consejero", le dijo a Frei Betto varias veces. Lo ha dicho con tanta frecuencia y en tantas formas, que es imposible dudar de su extraña autenticidad emocional. Hay que reconocer que nunca ha necesitado una genuina camaradería o compartir relaciones, aunque siempre tiene que vivir rodeado de gente. En algunas ocasiones ha llegado a admitir que detesta estar solo.

"Él era diferente —le dijo Juanita a un autor estadounidense—. "No mostraba fácilmente lo que sentía, era muy reservado"[31]. De niño, recordó la hermana de Fidel en otra entrevista a un diario de La Habana justo después de la victoria de sus hermanos, que Fidel era "muy serio e introvertido, leía y pensaba mucho"[32].

Estaba decidido, aun siendo un niño de cinco o seis años, a forjar su propia identidad, a prevalecer en cualquier ocasión. Era ciertamente ambicioso y excepcionalmente inteligente. De adolescente pasaba mucho tiempo solo, imaginándose en papeles heroicos para que como el de sus héroes —Napoleón, Alejandro Magno y Julio César— su nombre también fuera consagrado en los libros de historia.

Su voraz hábito de leer alimentaba sus fantasías. Dijo que siendo todavía muy joven devoró una historia en diez tomos de la Revolución Francesa. A los diez años se fascinó con la Guerra Civil Española que se estaba librando en ese momento. "Muchos españoles vivían en la granja de mi padre y algunos de ellos no sabían leer. Yo les leía todo lo que podía sobre la guerra en España"[33]. Fue en-

tonces, cuenta, cuando empezó su hábito de toda la vida
de devorar las noticias.

"Desde la Guerra Civil Española leía todos los periódicos, todas las noticias internacionales". Su interés en las
revoluciones y en los héroes revolucionarios había quedado
indeleblemente grabado en él desde su temprana edad.

La notable confianza de Fidel en sí mismo, incluso de
niño, y la expectativa del glorioso destino que lo esperaba,
se debieron en buena parte a Ángel y Lina. Ambos habían
surgido de una gran pobreza, y cada cual había trazado
metódicamente su ascenso, superando todos los obstáculos
con éxito. Pero Fidel nunca les dio crédito por demostrar
que incluso unos campesinos iletrados podían superar a
las masas y llegar a ser increíblemente prósperos.

El ideal del mejoramiento de la situación de los
campesinos se convirtió en el principio fundamental de
su régimen, regularmente pregonado en la retórica de sus
discursos. La revolución es para los guajiros de Cuba, los
pobres, los antes explotados habitantes del campo. Uno de
los primeros y más publicitados programas de Fidel fue el
reclutamiento de brigadas de alfabetización que se espar-
cieron por todo el país para animar y enseñar a leer a los
guajiros, incluso en las comunidades más remotas.

Los campesinos, de los que se tenía una visión romántica y que en el credo revolucionario eran nobles y nacionalistas, estarían entre los principales beneficiarios de la
revolución, dándole así a Fidel su más confiable bloque de
apoyo popular. Pero si para él existen del todo afinidades
entre el campesinado cubano y sus padres, es algo que debe
estar sumergido muy hondo en su subconsciente.

Juanita ha anotado que "las personalidades de Fidel y de mi padre son muy parecidas… muy gallegos ambos"[34]. Sin embargo, es posible buscar en el vasto archivo de los discursos, entrevistas y conferencias de prensa de Castro sin encontrar una sola frase que afirme que está de acuerdo con esto. La vergüenza que sintió de niño y adolescente por la tosca sencillez guajira de sus padres nunca disminuyó siendo ya adulto, aunque con el tiempo aprendió a esconderla mejor.

Sin embargo, hay una excepción registrada. En una charla del 23 de marzo de 1991 ante un grupo de estudiantes de secundaria, se le salieron unas palabras llenas de hondo contenido emocional que no pudo controlar. El muro de Berlín había caído algo menos de un año antes y la Unión Soviética estaba agonizando. Fidel estaba bajo una enorme presión.

Las palabras iniciales de la charla fueron introspectivas. Recordó sus años en la escuela secundaria, y les contó cómo se había sentido al llegar del campo a La Habana por primera vez, para empezar sus estudios. Tenía quince años. Nunca antes había pisado la capital.

Quiso que los estudiantes comprendieran que él podía apreciar su ansiedad el primer día en la extraña y enorme ciudad. Tal vez incluso buscaba que simpatizaran con él. En lo que probablemente fue una confesión no intencional, se vinculó con su padre y con todos los campesinos pobres que había conocido de niño.

"Yo soy un campesino de Birán", exclamó[35].

Nunca antes había dicho algo así sobre sí mismo, y nunca volvería a hacerlo. Se trató de una frase extraña, completamente atípica. Fue admitir implícitamente las angustiosas dualidades y contradicciones de su niñez. Reconocer que sus padres eran campesinos era una verdad que rara vez había admitido.

Pero decir que *él* también era guajiro nunca fue —salvo en este único lapsus línguae— parte del presuntuoso papel público que se creó para sí mismo y que ha desempeñado sin cesar durante décadas.

CAPÍTULO 2

Víctima de la explotación

Fidel tenía doce años cuando Lina, su madre, malhumorada y temerosa, le escribió una notable carta a Fidel Pino Santos.

El amigo de Ángel estaba en su primer período en el congreso cubano; era miembro del Partido Conservador y su influencia política estaba creciendo a la par con su riqueza. Pino Santos era el confidente de más confianza de Ángel y ejercía una gran influencia sobre el viejo y desconfiado gallego. Lina se percataba de los riesgos de su estratagema y de lo fácil que era que el tiro le saliera por la culata. Pero no hacer nada le pareció un peligro mayor. Así que se jugó su suerte y la de sus hijos en la posibilidad de que Pino Santos la ayudara. Enviada desde Birán el 8 de diciembre de 1938, la carta era una desesperada súplica en busca de ayuda. Le rogó que convenciera a Ángel para que reconociera que era el padre de sus hijos, y por lo tanto, se casara con ella.

"Estimado compadre", empezó a escribir como quien se dirige a un buen amigo. Le dijo que sus hijos —se refirió

a ellos como esas "pobres criaturas"— ya estaban sufriendo
"los dolores de la vida". Los estaban atormentando sin que
fuera culpa suya. Estaban en desventaja. A las niñas mayores les habían negado la admisión en escuelas católicas,
pues las monjas conservadoras exigían que fueran hijas
legítimas. De hecho, todos eran ilegítimos y su sufrimiento
preocupaba más a Lina que su propia situación incierta.
Ésta también se había vuelto un tema de discusión, ya que
su trabajo y su talento organizativo estaban contribuyen-
do en forma sustancial al éxito financiero de Ángel. Para
fines de la década de 1930 se había convertido en toda
una socia de las empresas de Birán, aunque no todavía en
el hogar de Ángel.

Durante muchos años había tenido sus hijos uno
tras otro, tal vez presumiendo que con cada nuevo parto
aumentaba su influencia. Ya todos los siete habían nacido cuando le escribió a Pino Santos. Ángela, la mayor,
tenía catorce años. Ramón tenía un año y medio menos,
y lo seguían Fidel, Raúl, Juanita y Emma. Cuando Lina
envió su carta, Agustina, la menor, tenía cuatro meses.
Desde hacía mucho tiempo se le debía el certificado de
matrimonio.

Si alguna vez Ángel iba a tomarla como esposa, dándole estatus legal a ella y legitimando a sus críos, ése era el
momento. María Argota se había ido de la casa grande, la
principal de Birán, pero Lina y sus hijos todavía estaban
esperando que Ángel los reconociera legalmente, dándoles
el derecho de llevar el apellido Castro.

Instó pues a Pino Santos a que intercediera con Ángel,
"para inculcarle a Castro el deber que tiene de reconocer y

legalizar su situación". Le rogó también que no le dijera a
Ángel que le había escrito. Se refirió a él respetuosamente
como el "señor Castro". La carta estaba escrita a máquina,
en un lenguaje a veces tan florido que parece probable que
Lina hubiera recurrido a un amanuense —tal vez el con-
tabilista de la finca, que según dicen era particularmente
cercano a ella— para que la ayudara[1].

La mayoría de los biógrafos de Fidel han tratado su condición de ilegítimo con cautela, o no la han mencionado. Tad Szulc concluyó que María Argota había muerto
después de nacer sus dos hijos, abriéndole así el camino a
Lina. Robert Quirk y Leycester Coltman apenas trataron
el tema con cierta delicadeza. Otros ni siquiera mencionan
el hecho. Georgie Anne Geyer, por otra parte, llegó a la
conclusión de que la condición de ilegítimo de Fidel fue
para él una pesada carga psicológica. Citó a José Figueres,
un ex presidente de Costa Rica que conoció a Fidel y que
dijo que "pudo sufrir terriblemente por ser bastardo"[2].
Todos esos primeros biógrafos estaban en desventaja debido a la escasez de información confiable sobre la familia
de Castro, y tal vez les preocupaba comprensiblemente
que los asociaran con actitudes anticuadas acerca de la
ilegitimidad.

Sin embargo, el biógrafo más reciente de Fidel, el periodista francés Serge Raffy, descubrió nueva información
sobre la familia que confirma la observación de Figueres.
Siendo joven, su ilegitimidad fue profundamente traumá-
tica para él y también parece haber influido en su punto
de vista como adulto. Raffy descubrió que Fidel no fue

reconocido legalmente por Ángel sino cinco años después de que Lina le escribiera a Pino. Este autor francés hizo varias entrevistas en Cuba y desenterró pruebas reveladoras en archivos regionales[3].

Aunque humillada y repudiada por Ángel, María Argota seguía siendo su legítima esposa. No iba a desaparecer de la escena sin un arreglo decente, aunque a la luz de la ley cubana se trataba de algo complicado, ya que antes de 1940 los divorcios eran muy difíciles.

En esas circunstancias es posible que Pino, al recibir la carta de Lina, le hubiera aconsejado a su amigo conservar las cosas como estaban, mantener como esposa a la más respetable maestra y apartar así de la vista de María a los hijos del amor con la criada.

Lo cierto fue que el avinagrado gallego pospuso las cosas. Un divorcio caro y el matrimonio con una fregadera todavía muy joven y sin educación, aceptando a sus hijos como herederos, podía no ser lo que más le convenía. Tal vez era mejor contemporizar en lugar de enfrentar el problema abiertamente. El resultado fue que los niños llevaron el apellido de Lina —Ruz— hasta varios años después, y que al principio los tres mayores fueron escondidos por largos períodos en Birán y luego alejados para que María guardara las apariencias.

Raffy descubrió que siendo niños Fidel y sus hermanos mayores no eran bienvenidos en la casa principal de Birán, el único lugar donde María Argota podía todavía mantenerse desafiante en su terreno. Vivían ellos en la que era conocida como "la casa de los abuelos", la casa pequeña de los abuelos Ruz, que según algunas fuentes era un rancho o una choza. Quedaba cerca pero no a la vista de la casa grande. Allí cuidaba la abuela materna a los tres mayores mientras Lina trabajaba en la casa principal. Ángela y Ramón nacieron en la casa pequeña, según Raffy. La hija de Fidel, Alina Fernández, añade que su padre pasó allí también sus primeros días[4].

Nada más cierto se sabe con seguridad sobre los primeros años de Fidel. Ni él ni sus hermanos han dado pistas sobre el hecho de que empezaran a vivir en tan precarias circunstancias. Las viejas fotos de familia sugieren que si de hecho Fidel nació en la casa de sus abuelos y de que pasó allí algún período de tiempo en vergonzosa reclusión, había momentos en que su condición parecía asegurada. En una foto en blanco y negro tomada cuando debía de tener dos años, posa como el *Niño Azul* de Gainsborough, muy derecho y con un traje oscuro y una camisa con encajes en el cuello y las mangas. Apoya el brazo derecho en una silla de mimbre. No parece muy contento y mira con ceño la cámara, haciendo una cara inexpresiva y seria.

En esa, y en otra foto que dicen fue tomada cuando tenía cuatro años, está vestido con una ropa fina que ningún hijo de una familia campesina cubana podía aspirar a tener[5]. Pero Lina no era una campesina común y corriente, y es seguro que se valió de ardides y de su influencia sobre Ángel para obtener favores para sus hijos. Suponiendo que Fidel es realmente el niño de las fotos, lo que parece más probable es que durante sus primeros años estuvo peligrosamente suspendido entre los dos mundos que coexistían en Birán, entre el vacilante consentimiento de Ángel y la expulsión a la choza campesina.

Él cuenta que su educación empezó cuando tenía tres o cuatro años en la primera fila en la versión de Birán de la histórica escuelita roja. Fue allí donde empezó a leer y escribir, y aprendió aritmética. Pero era incorregible.

"La mayor parte del tiempo en la escuela era impertinente. Recuerdo que cuando no estaba de acuerdo con lo que la maestra decía, o cuando tenía rabia, le decía palabrotas y me iba de inmediato de la escuela corriendo tan rápido como podía"[6].

Las clases terminaron abruptamente allí, unos dos años después, cuenta él, cuando él y Ángela y más tarde Ramón fueron enviados a Santiago, supuestamente para que la haitiana que les había dado clases en Birán les diera enseñanza particular en su pobre casa. Ésta era pequeña, destartalada y húmeda, quedaba en uno de los barrios más viejos de la ciudad y allí vivía ella con una hermana y su padre. Esta casa de crianza significó para Fidel un amargo y chocante abandono, aunque en la entrevista con Frei Betto se las arregló para que no lo pareciera.

"Una maestra convenció a mi familia de que yo era un estudiante muy aplicado. Le hizo creer que yo era inteligente y tenía talento para aprender. Ésa fue la verdadera razón por la que me mandaron a Santiago cuando tenía unos cinco años"[7].

Sus formidables dones de aprendizaje ciertamente ya han debido de ser evidentes para entonces, pero la casa de la haitiana difícilmente era el lugar donde un niño inteligente podía ser educado. Para empezar, no había nada que leer, sólo tablas de multiplicar y cuadernos. Según admitió él mismo, fue muy poco lo que aprendió allí, pero sí descubrió su habilidad para las matemáticas. Se aprendió tan bien las tablas de multiplicación y división, que una vez hizo alarde de "calcular a veces como un computador"[8].

Pasó dos años y medio, tal vez tres años, con la familia haitiana, sufriendo y, como dijo, perdiendo el tiempo. Recuerda que era muy flaco, siempre con hambre, sucio y desarreglado, con el pelo largo y despeinado porque los haitianos no podían darse el lujo de pagarle a un peluquero.

Después de que llegó su hermano Ramón, las seis personas —tres adultos y los tres hermanos— compartían las gachas de una pequeña olla que constituían el almuerzo y la cena. Era en tiempos de la Depresión. El estipendio que Ángel —o tal vez Pino Santos— enviaba para su sustento no era suficiente o, como sugiere Fidel, el dinero para la comida de los niños tenía que usarse para otros fines porque la familia haitiana prácticamente no disponía de otra fuente de ingresos.

Se sentía impotente, obligado a ajustarse a lo que consideraba las normas peculiares y opresivas de la familia de crianza. Eran refinados, hablaban francés y les prohibían a los niños usar el lenguaje crudo y los rústicos modales aprendidos en Birán. Fidel le contó a Frei Betto que en ocasiones le pegaban. Si, como parece, sintió una gran ansiedad en ese vergonzoso exilio, nunca lo ha admitido explícitamente y tampoco ha hablado sobre las emociones que lo roían en esos primeros años de formación. Prefiere hablar sobre los triunfos infantiles que llegaron un poco después.

Su relato también indica que no hubo contacto con su madre u otros parientes, salvo por un período durante el cual los tres hermanos volvieron a Birán. Él recordó es-

pecíficamente haber pasado tres festividades de año nuevo
consecutivas —el 6 de enero cuando se dan los regalos en
Cuba— en la casa de los haitianos. Más de medio siglo
después, recordó con amargura que los regalos que encontraba debajo de su almohada en esos años eran chucherías
baratas, cornetas de cartón y de lata.

"Tres veces me dieron una trompeta. He debido con-
vertirme en músico".

Si de hecho los tres niños no visitaron Birán en esos
días de fiesta, su nostalgia del hogar y su sensación de abandono y encerramiento tuvieron que ser extremas. Según
el relato de Fidel a Frei Betto, rara vez salían de la casita
oscura. Lina y otros miembros de la familia los visitaban
de vez en cuando, Ángel nunca. Raúl se salvó de ir a la casa
de crianza por ser demasiado pequeño, aunque él también
probablemente pasó sus primeros años en la casa de los
abuelos, fuera de la vista de María Argota.

Los tres hermanos mayores tuvieron que haberse dado
cuenta de su precaria situación. Fidel, especialmente, tuvo
que haber comprendido que estaban en el ojo de una tor-
menta que en cualquier momento podía destruir cualquier
posición o expectativa que pudieran tener en Birán y en
el afecto de Ángel. Después los podían relegar a la choza
de unos sirvientes y a futuros miserables, incluso tal vez
a una vida como oprimidos trabajadores guajiros. Bajo la
ley cubana no tenían ningún derecho a las posesiones de
Ángel.

De todos los temas personales que Fidel elude tratar, su
niñez es el más oscuro. La mayor parte de lo que se sabe

sobre sus primeros años antes de ir a La Habana y al colegio Belén está contenido en dos entrevistas. La primera, con Carlos Franqui, un ex colega cercano, escritor y camarada revolucionario, primer editor del diario oficial *Revolución,* tal vez hecha pública sin el consentimiento de Fidel[9]. La segunda, la sesión, a veces con visos de confesión con Frei Betto, tiene detalles fascinantes. En ésta Fidel está más desprevenido, llevado con gracia por el sacerdote de la teología de la liberación a hacer reminiscencias sin precedentes.

No fue accidente que fuera un sacerdote comprensivo y afín políticamente el único entrevistador que lograra sacarle tantos datos autobiográficos. Católico devoto de joven, Fidel fue presa fácil de los halagos sacerdotales de Frei Betto. De niño se había confesado regularmente, y en el colegio Dolores en Santiago iba a misa todos los días. Los adultos que más admiraba eran los jesuitas españoles que le enseñaban allí y en Belén. Armando Llorente, el jesuita al que se sentía más cercano en el colegio, recuerda la abierta exhibición de religiosidad del Fidel adolescente. De modo que es razonable presumir que estuvo más dispuesto a hablar sin tapujos con Frei Betto que con cualquier otro entrevistador.

Muchos años después de la revolución, en una entrevista que me concedió, el padre Llorente recordó a su estudiante favorito y ciertamente más memorable. Hablaban durante muchas horas cuando iban de *camping.*

"Fidel a menudo me hablaba sobre sus problemas familiares, o más bien de no tener realmente una familia. Sus padres nunca fueron a ningún acto en el colegio porque los hubieran humillado. Los Castro eran más ricos que la mayoría de las familias con hijos allí, pero Fidel seguía siendo hijo de guajiros. Yo le di mucha seguridad y le daba consejos sobre su trauma"[10].

Largas conversaciones como aquéllas con el jesuita eran raras en el joven Fidel, y aun más raras en el adulto. Pero sus diálogos con el sacerdote brasileño en 1985 revelaron el contorno de imborrables ansiedades infantiles. A Frei Betto le habló con cierta emotividad sobre su exilio en la casa de los haitianos. Se sintió rechazado por su padre y abandonado por su madre. Recuerda ese tiempo como su Santa Helena, su Siberia, o algo peor. Fue una experiencia que lo marcó en formas que nunca olvidaría, aunque tampoco lo reconociera nunca plenamente.

Raffy escribe que éste fue el cruel precio que Lina tuvo que pagar para conservar la paz en Birán. Tuvo que deshacerse temporalmente de sus hijos para mantener la influencia que tenía sobre Ángel, pendiente de la esperanza de desplazar algún día a María Argota. Fidel, el más susceptible e inteligente de sus hijos, le dijo a Frei Betto muy claramente: "Yo fui víctima de la explotación"[11].

Fue un reconocimiento notable. Es posible que no haya ningún otro registro de Castro en que reconoce en forma explícita episodios de vulnerabilidad personal en cualquier momento de su vida. Ocasionalmente ha hablado sobre los casi dos años que estuvo en prisión a mediados de los cincuenta, cuando en muchas formas se sintió muy bien bajo mínimas normas de seguridad. Leyendo vorazmente libros de su enorme biblioteca, reuniéndose regularmente con sus seguidores y con constantes contactos con el exterior, no fue para nada indefenso o explotado durante su prisión en la Isla de Pinos.

De hecho, fuera de su reclusión infantil en Santiago, no hay ningún otro período o episodio de su vida sobre el que haya admitido haberse sentido indefenso o explotado. Ninguno de sus biógrafos o antiguos colaboradores ha descrito nunca una situación así. Sería supremamente atípico en él admitir que como adulto alguna vez se hubiera sentido sin tener el control.

La fortaleza, el valor y la decisión son los rasgos personales y de comportamiento que más valora. Son las cualidades que exige en todos los que lo rodean y que también espera encontrar en sus adversarios. En cualquier caso, su legendaria valentía y tendencia a correr riesgos lo han llevado a veces a actuar en forma irracional y caprichosa, pero los argumentos sobre su supuesta cobardía nunca han sido creíbles. Para él ha sido anatema revelar cualquier tipo de debilidad, vacilación o dependencia de otras personas. La insistencia en decir que nunca tuvo un mentor refleja la singularidad de su espíritu, su extraordinario sentido de soberanía personal que según admite empezó en la niñez. A Carlos Franqui le dijo a mediados de los cincuenta: "Yo no puedo tener ninguna debilidad. Por pequeña que fuera hoy, nunca podría usted confiar en mí mañana"[12].

Estas actitudes determinantes probablemente se asentaron en la estructura psicológica de Fidel durante sus años formativos en Santiago. Su reconocimiento a Frei Betto de que cuando vivía en la casa de crianza había sido sojuzgado y explotado parece establecer un vínculo directo con su obsesión adulta por temas de explotación e injusticia. Estos dos males se convertirían en las claves determinantes e inviolables de todo su proyecto revolucionario. El combate contra la explotación y la injusticia sería la perdurable justificación de casi todo lo que siguió en las políticas interna y externa de Cuba.

Y en consonancia con su carácter adulto, el preadolescente Fidel no fue una víctima impotente y explotada por mucho tiempo. Ideó y ejecutó luego una serie de rebeliones infantiles cada vez de mayor ferocidad que, presagiando hazañas revolucionarias posteriores, terminaron por librarlo de las peores condiciones que había soportado. Mediante el ejercicio de una fortaleza personal, manipulaciones tortuosas y militancia —incluyendo amenazas y actos de violencia— el niño se las arregló para prevalecer en situaciones en las que cualquiera menos decidido habría mansamente desistido.

A Frei Betto y a Franqui les habló sobre su habilidad para tener éxito bajo presión, para reaccionar psicológicamente tomando la iniciativa para dominar las situaciones y prevalecer al final sobre sus adversarios y las situaciones adversas. Triunfante al poner término a toda la explotación y la injusticia que había sufrido en Santiago en la casa de crianza, Fidel se preparó para sus misiones revolucionarias adultas.

Después de unos dos años de las flojas enseñanzas de la familia haitiana, Fidel empezó a estudiar en La Salle, el respetado colegio de los Hermanos Cristianos, al que podía ir a pie desde la casa. Pino Santos había ejercido su influencia para que lo admitieran, pues Fidel no había sido bautizado ni había recibido la primera comunión. Todavía estaba lejos de la familia, pero fue un desarrollo liberador porque pudo por primera vez relacionarse con niños de su edad de clase media y alta.

También empezaron las burlas de los otros niños. A Franqui le contó que "siempre estaba a la defensiva". Lo incitaban diciéndole "judío" porque no estaba bautizado. "Me decían 'judío'… 'es un judío'. Yo no sabía el significado de la palabra 'judío', pero no dudaba de que tuviera una connotación negativa, que era algo deshonroso"[13].

Probablemente no se burlaran de él, como sostiene, por no haber sido bautizado —difícilmente una omisión visible que pudiera despertar la crueldad de los niños—, sino porque era hijo ilegítimo y un campesino rústico. La burla que más debió de oír —el "hijo de puta" que él mismo espeta con tanta frecuencia— se refería, por supuesto, tanto a él mismo como a su madre. Su indudable aspecto y forma de vestir y de hablar guajira llamaría inevitablemente la atención de unos niños altaneros de la ciudad ansiosos por perseguirlo. Muchos años después, un amigo cercano de la Universidad de La Habana le dijo a uno de sus biógrafos que Fidel prefería perdonar un ataque físico que soportar el ridículo[14].

También pronto se dio cuenta, al parecer por primera vez, que con la pasividad no iba a ninguna parte, que sin actuar, sin precipitar los acontecimientos, empeoraría su situación. Muchos años después dijo, en una carta citada por Carlos Franqui, que "es mejor pecar por exceso que por defecto, lo que sólo lo puede llevar a uno al fracaso".

Si agresivamente tomaba el poder en la casa de los haitianos, podía mejorar su suerte ahora que estaba estudiando en La Salle. "Yo era externo y me di cuenta de que estaba en peor situación que los internos. A ellos los llevaban a la playa o a caminatas los jueves y los domingos. Mi vida era muy aburrida".

Estaba en primero de primaria, tenía seis o siete años, y fue a esa edad impresionable que planeó la primera de sus muchas rebeliones contra la autoridad. Decidió que quería ser interno para escapar del horror de vivir con los haitianos. Así que lanzó una campaña de confrontación. Le explicó su estrategia a Franqui: "Decidí entonces rebelarme y empecé a insultarlos a todos. Les dije todas las cosas que había querido decirles desde mucho antes. Me porté tan terriblemente que me llevaron directo al colegio y me matricularon como interno. Fue una gran victoria para mí… Desde entonces me convertí definitivamente en mi propio amo y me hice cargo de todos mis problemas sin consejo de nadie"[15].

"Yo había actuado por instinto… o, más bien, por intuición", le dijo a Frei Betto, "que era como realmente funcionaba yo".

Lo que Fidel eufemísticamente prefiere describir como "intuición" puede ser descrito mejor como paranoia o presciencia. En todos sus actos subsiguientes, tanto antes como después de apoderarse del poder, ha demostrado una casi sobrenatural habilidad para sobrevivir, eludiendo en alguna forma emboscadas, traiciones y numerosos intentos de asesinato. Siendo estudiante universitario involucrado en violentas demostraciones políticas, escapó por un pelo en varias ocasiones, entre ellas una en abril de 1949, cuando evadió un serio intento de asesinarlo[16]. En ocasiones de vida o muerte, se ha jugado su suerte o adivinado la mejor forma de escape, siempre con éxito. Colegas suyos han contado que más de una vez en la Sierra Maestra presintió en alguna forma emboscadas militares, justo a tiempo para escapar.

Tales habilidades aparentemente inexplicables nunca han sido atribuidas al más terrenal y directo Raúl —y tampoco él ha sostenido tenerlas. Pero tal vez es por eso mismo por lo que admira la habilidad de su hermano para "husmear el peligro como un sabueso".

"En un nivel personal, entre las muchas virtudes que siempre he tenido en alta estima en él está su gran capacidad de prever el peligro y adivinar con increíble precisión los planes del enemigo cuando todavía son confusos o imperceptibles para otros camaradas"[17].

Un ejemplo clásico de la habilidad de Fidel para percibir el peligro se remonta a sus primeros meses de guerrillero en la Sierra Maestra. Norberto Fuentes, un importante intelectual y novelista cubano ahora en el exilio, fue en un momento muy cercano a los hermanos Castro. Él me contó una historia que el mismo Fidel no ha revelado enteramente al público[18].

Eutimio Guerra fue uno de los primeros campesinos en unirse a la guerrilla de Castro, y como tenía miembros de su familia luchando por sobrevivir en la agreste región montañosa de la Sierra Maestra, le proporcionaba a Fidel provisiones e inteligencia sobre las condiciones locales. Un día, mientras Fidel, Eutimio y otros cuantos estaban descansando y limpiando sus armas en un paraje escondido, se inició una conversación aparentemente inocua.

"Fidel —le preguntó de pronto Eutimio—, ¿qué hará por mí la revolución cuando triunfe?"

Fidel inspiró profundamente, aunque de manera imperceptible. Supo con fría certeza en ese instante, como si la hoja de un sable hubiera penetrado en su pecho, que Eutimio ya lo había traicionado. Su intuitivo sentido paranoico le dijo que el sencillo pero astuto campesino le había estado haciendo preguntas parecidas a los comandantes del ejército de Batista en el área, que estaba sopesando sus expectativas, en busca del mejor trato potencial con cualquiera de los bandos que pudiera favorecerlo más. La banda armada de Fidel estaba formada por no más de veinte hombres en ese momento, y para un campesino sin educación, tenían el aspecto de ser más unos bandidos y forajidos del común que unos héroes idealistas. Eutimio no apreciaba realmente ninguno de los lados; estaba vacilando en medio de lo que para él era un conflicto incomprensible.

Fidel habló largamente sobre Eutimio en un prolongado discurso en junio de 1987 que estuvo dedicado totalmente a la traición y los traidores, temas que recurren regularmente en sus arengas.

"Eutimio era cínico. No voy a contar anécdotas sobre eso ahora. Algún día voy a contar toda la historia… Una vez durmió a mi lado con dos granadas y una pistola y preguntó dónde estaba el vigilante. Pero tenía instrucciones para matarme… En realidad, no se atrevió… Yo reuní unos cuantos detalles sutiles hasta que pude ver cómo era todo".

Fidel mismo condujo el interrogatorio. Eutimio no rogó por su vida, y se negó a decir cualquier cosa distinta de que debían matarlo.

Raúl estaba a cargo de eso. Escribió sobre el episodio desapasionadamente, como siempre, en su diario de campaña.

"Le ataron las manos y lo trajeron al campamento. Estaba aterrorizado y los ojos se le salían de las órbitas. Ahí estaba el traidor que tres veces había llevado al enemigo a nuestro campamento... Mi impresión fue que estaba disgustado consigo mismo y que sus insistentes pedidos de que lo ejecutaran no eran más que un despliegue de cobardía, una manera de librarse del apuro tan pronto como fuera posible"[19].

Fidel se fue del campamento para refugiarse en una enramada mientras se tomaban las medidas para la ejecución. Ésta sería siempre su forma de actuar al darle el golpe de gracia a un enemigo de la revolución. No hay registro alguno de que hubiera participado alguna vez en una ejecución, de que hubiera literal o simbólicamente tenido sangre en las manos.

Las ejecuciones siempre serían la responsabilidad de Raúl. Ya tenía experiencia en ello para el momento en que despacharon a Eutimio. Fidel le había dado por primera vez ese papel en Ciudad de México unos meses antes. A fines de noviembre de 1956, cuando ya estaban haciendo los preparativos finales para zarpar hacia Cuba e iniciar la insurgencia, Fidel le ordenó que asesinara a un joven camarada sospechoso de ser informante de Batista. Parece que en este caso no hubo pruebas comprometedoras. Al parecer, sólo se trató de la intuición paranoica de Fidel, de su excesivo temor a ser traicionado. Se dice que Raúl asesinó al hombre con fría indiferencia. Muchos años después, Raúl les habló sobre el incidente a unos camaradas en La Habana. Su jefe de estado mayor en ese momento, Alcibíades Hidalgo, estaba presente, y sólo después de su deserción en 2002 se hizo pública la historia[20].

Éste fue el primer acto conocido de Raúl de violencia letal. Fidel probablemente estaba probando qué tan despiadado podía ser su antes imperturbable hermano, cómo actuaría baja presión, cómo podría estar a la altura de un líder de la revolución.

Más tarde esa noche, mientras conducía a alta velocidad en las estrechas carreteras llenas de curvas de México, camino de la capital a Tuxpan, el pequeño puerto en el Golfo donde estaba atracado el *Granma* listo a zarpar, Raúl supuestamente causó su segunda muerte —un infortunado mexicano, tal vez un pobre campesino que caminaba en un recodo de la carretera. Se dice que Raúl lo arrolló accidentalmente, matándolo al instante. Según un ex camarada cercano que oyó el cuento de boca de Raúl, éste no se detuvo a investigar y nunca informó a las autoridades mexicanas sobre el incidente.

Así que Raúl ya tenía experiencia como verdugo cuando de nuevo se enfrentó a esa necesidad en la guerrilla. Así fue como ejecutaron a Eutimio Guerra. Raúl anotó fríamente en su diario que la ejecución, el 17 de febrero de 1957, ocurrió un mes, casi a la misma hora, después de que "ejecutamos a Chicho Osorio, un hombre conocido por los crímenes que había cometido contra los campesinos"[21].

Como tantos otros que fueron ejecutados, purgados o encarcelados a lo largo de los años siguientes, Eutimio no tenía la menor sospecha de lo fácil que era indisponer a los Castro. No conocía su código moral que exige un implícito juramento con sangre de lealtad incuestionable. Otros, sin duda como el camarada asesinado en Ciudad de México, han sido inocentes de cualquier deslealtad, pero han tenido la mala suerte de ser víctimas de las sospechas de Fidel.

A lo largo de los años, las víctimas de muchas otras ejecuciones irían a sus tumbas sin comprender en qué o por qué se habían equivocado. Fidel nunca ha tenido el menor escrúpulo para preventivamente infligir la pena máxima a cualquiera que pueda siquiera estar pensando en una deslealtad de cualquier clase. Su acendrado temor a ser traicionado puede muy bien haberse originado en su niñez.

El en algún momento camarada revolucionario de confianza Norberto Fuentes añade un detalle final importante a la historia de Eutimio Guerra. Esta experiencia también armó a Fidel para otra estrategia crucial de supervivencia, preparando así el camino para la forma como gobernaría. Fidel se dio cuenta de que había sido el único en su pequeña banda de guerrilleros que había adivinado que Eutimio era un traidor. Ni siquiera Raúl lo había comprendido. Y tampoco el leal guardaespaldas de Fidel quien, más que ninguna otra persona, tenía el deber de sospechar y de estar alerta.

Como resultado, Fidel llegó a la conclusión de que necesitaba crear servicios de inteligencia independientes y competitivos para que en el futuro el descuido de uno fuera compensado por la diligencia de otro. Los necesitaría, no sólo para rastrear traidores reales y potenciales, sino para detectar y eliminar todas las posibles conspiraciones incluso antes de que cuajaran[22]. Fue por esto por lo que después de la victoria, Raúl se dedicó de inmediato a la organización de unos servicios secretos que funcionarían con eficacia y estarían entre los mejores del mundo.

La habilidad de Fidel para sobrevivir empezó a desarrollarse desde que era niño —estando siempre alerta, con temor a ser traicionado o rechazado, improvisando soluciones, aprovechando iniciativas, sin confiar en casi nadie, amenazando y cometiendo actos de violencia, y confiando en sus instintos antes que esperar el golpe del destino— y ha seguido funcionando hasta ahora. Gracias a que ha aplicado su implacable código sin piedad y sin excepciones, se las ha arreglado para sobrevivir en el poder virtualmente sin ningún desafío serio desde enero de 1959.

Una segunda rebelión infantil —esta vez violenta— ocurrió en La Salle después de que uno de sus maestros, miembro de la orden de los Hermanos Cristianos, le pegara a Fidel.

"Se me acercó por la espalda y me pegó en la cabeza. Esta vez me di vuelta ahí mismo, le tiré un pedazo de pan a la cabeza y empecé a darle puños y a morderlo. No creo que le hiciera mucho daño, pero la atrevida respuesta se volvió un hecho histórico en el colegio"[23].

Varios años después, Ramón Mestre, un compañero de la misma edad de Fidel en el colegio Belén tuvo una experiencia parecida. Me habló sobre esto en 1986 en un restaurante de Coral Gables, al lado de Miami, después de haber estado preso todos los días de una condena de veinte años por oponerse a la revolución.

"Cuando entró al colegio Belén —empezó a decirme Mestre—, parecía un guajiro loco". Mestre y otros terminaron llamándolo "el loco", a causa de su comportamiento temerario.

La familia San Pedro vivía cerca del colegio, y Fidel, que estaba medio enamorado de la hija, la estaba visitando. Mestre se paró frente a la casa y le gritó a Fidel, "Salga, loco". Siempre dispuesto a pelear y furioso por la provocación, Fidel salió corriendo. Durante la pelea, me contó Mestre, Fidel no pudo darle un solo puñetazo, pero le pegó un terrible mordisco en el brazo. Después se fue a la habitación donde dormía en el colegio a buscar la pistola que guardaba allí.

El padre Llorente también recordaba el incidente. Me contó que había intervenido y le había dicho: "Fidel, ¿por qué tienes esta pistola?"

"Padre, lo voy a matar".

Cuando Llorente confiscó la pistola, Fidel ya se había calmado.

"Está bien, padre, yo tengo otra"[24].

Cuando habló sobre este incidente conmigo, el sacerdote recordaba que Fidel se enfurecía fácilmente, pero que nunca mostraba tristeza ni lloraba.

El hecho más asombroso de la rebelión infantil de Fidel es el que le contó a Franqui, pero que en la conversación con Frei Betto narró omitiendo los detalles psicológicos más comprometedores. Su forma de actuar era extrema, tal vez patológica. Sin describirle al fraile brasileño exactamente cuál era su amenaza, Fidel justificó su explosión de ira en forma característica.

"Yo creo que tenía una idea muy clara sobre el asunto, como resultado del instinto, por algunas de esas nociones de justicia y dignidad que estaba adquiriendo; o tal vez porque siendo yo muy joven había empezado a ver cosas incorrectas, injustas, cuando me victimizaban"[25].

Por su relato no es claro qué edad tenía, aunque es seguro que todavía no era adolescente. Él y sus dos hermanos se volvieron tan desobedientes en La Salle que a la familia le dijeron que los sacara. Ramón estaba encantado ante la oportunidad de volver a Birán y poder volver a trabajar en el campo. A Raúl le encantó que lo matricularan en una estricta escuela militar en Oriente que dirigía un sargento retirado. Una foto del joven Raúl, con una gorra militar y a horcajadas en el tubo de un pequeño cañón, probablemente fue tomada cuando estaba en esa escuela. Muestra al futuro ministro de Defensa de Cuba montado feliz en el cañón, sonriendo inescrutable. Tenía siete años[26].

A Fidel no le dieron la opción de la academia militar, que seguramente habría rechazado. Pero era ambicioso, todavía una especie de marginado en Birán, y estaba aterrado ante la perspectiva de volverse un aprendiz de campesino. Lo llevaron de vuelta a la fuerza, sabiendo que sus oportunidades de escapar de una vida de monotonía rural desaparecerían casi por completo si lo obligaban a quedarse. Todavía no tenía una posición legal frente al aún remoto Ángel.

Fidel se volvió cada vez más hosco, y pidió que lo volvieran a mandar a La Salle.

"Fue un momento decisivo en mi vida".

Le rogó a Lina, diciéndole que no era justo, insistiendo en que lo dejaran volver al colegio. Al principio ella se mantuvo firme porque sabía que Ángel se oponía. Pero Fidel, con una rabia tremenda, le advirtió que si no lo mandaban de nuevo a La Salle como interno, iba a incendiar la casa grande, hasta que no quedaran sino cenizas.

"Yo realmente amenacé con incendiar la casa si no me volvían a mandar al colegio", le contó a Franqui. "Así que decidieron volverme a mandar"[27].

En ese momento debía de odiar la casa donde la familia legítima de Ángel reinaba y él era un paria. Al ser de madera, era fácil incendiarla, y su amenaza fue tan poderosa, tan creíble, que Lina logró persuadir a Ángel para que cediera ante la voluntad indomable de Fidel. No hay manera de saber con seguridad, pero este enfrentamiento puede haber sido uno de esos melodramáticos momentos decisivos de su cambiante relación con Ángel. El viejo y duro gallego puede haber admirado en el fondo el valor y la ferocidad de su joven hijo. La amenaza creíble de una violencia destructiva surtió efecto.

Algunos años después, hacia el final del verano de 1954, la casa grande se incendió de verdad. Fidel y Raúl estaban en la prisión de la Isla de Pinos, y el incendio no fue intencional. Ángel estaba solo en la casa, haciendo una siesta después del almuerzo. Hacia las dos de la tarde prendió un cigarro estando en la cama, y se levantó al momento para encender el radio. Olvidó que había dejado el tabaco prendido en el borde de la mesa de noche de madera.

Era durante la estación seca, y no había casi nadie
para ayudar a apagar el fuego porque ocurrió durante el
"tiempo muerto" después de acabada la zafra y de haberse
dispersado los trabajadores. Las llamas pronto envolvieron
la casona y la redujeron a cenizas y brasas en cosa de veinte
minutos. Ángel, que casi tenía 79 años en ese momento,
se las arregló para salir, aparentemente ileso. Fidel mencionó el incendio, algo compungido, en una carta desde
la prisión. Años después se construyó en el sitio una reproducción algo idealizada de la casa como atracción para
los turistas[28].

Fidel sólo fue bautizado después de cumplir los ocho años,
una desgracia que según él le impuso un terrible estigma.
Este sacramento normalmente se administra a los recién
nacidos en la sacristía o cerca de los altares laterales de las
iglesias católicas. Los pecados heredados son lavados por el
agua bendita. Los bebés son acogidos por la fe, lavadas sus
almas para que cuando cumplan seis o siete años puedan
recibir el segundo sacramento, la sagrada comunión. El
bautismo siempre era un requisito en las escuelas católicas
y otorgaba una cierta posición social.

Los padrinos son personajes esenciales en la ceremonia. En teoría, por lo menos, asumen sobre el niño una
responsabilidad apenas menor que la de los mismos padres.
Para un ambicioso niño cubano en ascenso social como
Fidel, la elección de un padrino era un asunto bastante
importante. Escogido sabiamente, podía actuar como
consejero, guía espiritual e intelectual, y podía también
mejorar la posición social del ahijado o incluso facilitar su

carrera política. En todos los aspectos, el tocayo de Fidel y deseado padrino, el rico e importante Fidel Pino Santos, era una elección propicia. Pero por razones que permanecen oscuras, nunca fue el padrino de Fidel.

Para eterna consternación de Fidel, el padrino que le escogieron fue Louis Hypolite Hibbert, el cónsul haitiano en Santiago, el astuto adlátere de Ángel en el tráfico de campesinos haitianos, el grosero padre adoptivo. Fidel recuerda haber ido a pie con Hibbert a la catedral de Santiago, donde fue debidamente bautizado.

"El cónsul del país más pobre de América", le dijo cáustico a Frei Betto, de alguna forma se había convertido en su padrino.

Ángel no estuvo presente, aunque Lina, más religiosa, sí fue. Durante varios años —hasta que él se hizo cargo de sus asuntos— el segundo nombre de Fidel fue el nada cubano, impronunciable y para él humillante Hypolite o Hipólito[29].

Pino Santos se había comprometido a ser el padrino de su joven tocayo, pero, según Fidel, año tras año le había sido imposible estar presente para la ceremonia. Dijo que el problema había sido simplemente que la visita anual del solitario cura de Mayarí había tenido que coincidir con la presencia de Pino Santos en Birán. La larga demora había sido culpa de su tocayo, según él, y por lo tanto él era el culpable de que los niños en Santiago se burlaban de Fidel.

Cincuenta años después todavía recordaba con resentimiento el lío del bautismo. Pero la versión interesada que le contó a Frei Betto fue en gran parte una invención. Al culpar a Pino Santos por su tardío bautizo, Fidel estaba tratando de esconder las verdaderas razones de sus sufrimientos infantiles. Sea como sea, sus críticas a Fidel Pino Santos iban de lo insignificante a lo condenatorio.

"Él no me dio muchos regalos, de hecho ninguno que yo recuerde".

En otras ocasiones ha criticado a Pino Santos por ser un "usurero" y un político corrompido del establecimiento.

"No recuerdo un solo caso en que don Fidel ayudara a mi padre a resolver un problema"[30].

Los miembros de la familia Pino dicen que su patriarca siempre se consideró el padrino de Fidel. Y éste mantuvo contactos cercanos y dependientes con varios miembros de la familia Pino durante muchos años antes del ataque al cuartel Moncada. Mientras vivió en La Habana, recibió regularmente la mesada costeada por Ángel a través de Pino Santos. Desde mediados de los cuarenta hasta principios de los cincuenta, un gran número de cheques, por lo general de 100 o 200 pesos (el peso cubano equivalía al dólar en ese tiempo), fueron girados por Pino Santos a Fidel. Muchos de esos cheques eran para pagar la pensión o los gastos en el colegio Belén. El resto los endosaba el mismo Fidel[31].

Él iba mucho a la casa de la familia Pino en La Habana. Fidel Pino Santos estaba viviendo en Santiago a fines de los cuarenta y principios de los cincuenta mientras Fidel, Raúl y algunos de los demás hermanos Castro estaban en La Habana. El resultado fue que el hijo de Pino Santos, Fidel Pino, y su esposa asumieron la responsabilidad de dar las mesadas del fondo de Ángel. A principios de los cincuenta Fidel visitaba regularmente la casa de los Pino cerca de su apartamento, para recoger los cheques. La mansión, magníficamente decorada al estilo italiano, era enorme, de tres pisos y con un campanario con tejado.

Fidel coqueteaba con la hija de Pino y encantó a las cocineras y al personal de la casa. Haciendo gala de su legendario apetito, lo normal era que entrara a la casa preguntando, "¿Qué están cocinando?" Compró un perro, un Doberman, pero pronto se dio cuenta de que no podía tenerlo en su pequeño apartamento. Los Pino tenían un perro, así que acordaron tener también el de Fidel para que lo acompañara. Los perros se llamaban Whisky y Soda. Los miembros de la familia también recuerdan que Fidel los visitó frecuentemente cuando el viejo Pino estaba gravemente enfermo en La Habana y que le presentó sus últimos respetos en su entierro. Concluyen ellos que la versión de Fidel del bautismo es interesada y tiene la intención de esconder los demonios de la niñez.

Irónicamente, Fidel sin duda siente resentimiento porque el enérgico y solemne Pino Santos sí encontró tiempo para tener el honor de ser oficialmente el padrino de Raúl. El hecho de que éste haya evitado mencionar esto públicamente o, que se sepa, en privado, sugiere que esta suerte diferente entre los dos hermanos respecto a los padrinos ha sido un tema delicado entre ellos.

También es característico de Raúl que tenga, en contraste con Fidel, recuerdos agradables del clan Pino Santos. El primero de enero, con el triunfo de la revolución y por primera vez en La Habana desde el verano de 1955, Raúl pasó por la imponente mansión de los Pino en la calle diecisiete del Vedado. Durante unas dos horas intercambió recuerdos con miembros de la familia, y les contó historias de sus experiencias como líder guerrillero; se mostró encantador, como puede serlo cuando se lo propone.

Raúl había recibido antes cheques firmados por Fidel Pino Santos, aunque siempre por sumas menores que los de la mesada de su hermano. Pero, al contrario de Fidel, Raúl no olvidó a esos viejos amigos y sus favores. Generalmente estricto en la ejecución de los edictos revolucionarios, fue indulgente con un miembro de la familia Pino. A un nieto de Fidel Pino Santos, también llamado Fidel y que había sido amigo de Raúl a principios de los cincuenta, le permitió exiliarse con algunas posesiones valiosas que normalmente habrían sido confiscadas por el gobierno revolucionario.

Algunas de las tensiones relacionadas con la ilegitimidad de los niños empezaron a ceder cuando María Argota decidió finalmente irse de la casa de Ángel. Fidel tenía nueve años y medio. Fue sólo entonces cuando les permitieron acceso a la casa grande a él y a sus hermanos. Todavía no se sabe cómo se realizó el divorcio, pero parece que Pino ayudó a su amigo a tramitarlo. María Argota se mudó temporalmente con sus dos hijos a Mayorí, y poco después al primer piso de la casa de Pino Santos en el 357 de la calle Corona, en el barrio viejo de Santiago. Después se instaló en La Habana.

Fidel no fue reconocido legalmente por Ángel hasta el 11 de diciembre de 1943. Ángel viajó para asistir al acto en el ayuntamiento del pintoresco pueblo de Cueto, cerca

de Birán, donde el doctor Amador Ramírez Sigas, el juez
a cargo del registro civil, firmó un documento certifican-
do que Fidel Alejandro Castro Ruz era hijo legítimo de
Ángel y Lina. Tenía diecisiete años y estaba estudiando en
el Colegio de Belén. Raúl y los demás hermanos fueron
reconocidos al mismo tiempo[32].

Los compañeros y maestros de La Habana siempre lo
habían conocido como Fidel Castro, y en el improbable
caso de que todavía tuviera su segundo nombre Hypolite
o Hipólito, había sido bien escondido, o simplemente
pasado por alto. La confusión sobre los otros nombres de
Fidel la aumenta el hecho de que existe un diploma de
secundaria del gobierno cubano de septiembre de 1945
en que el nombre es Fidel Casiano Castro Ruz. Raffy, el
biógrafo francés, dice que, cuando fue reconocido, Fidel
tomó la iniciativa de reemplazar su nombre impuesto por
el de Alejandro, ya que Alejandro Magno había sido uno
de los héroes y modelos de su niñez[33].

Al tomar el nombre del príncipe y guerrero macedo-
nio, creó un vínculo permanente con el mundo de fanta-
sía de sus héroes históricos. Alejandro sería su seudónimo
cuando escribió artículos en publicaciones subversivas a
principios de los cincuenta. Un tiempo después también
lo usó como sobrenombre. En tres diferentes variaciones
—Alejandro, Alexis y Alex— lo añadiría obsesivamente al
primer nombre de sus hijos del segundo matrimonio. El
único hijo de Raúl también se llama Alejandro.

El acto legal en el ayuntamiento de Cueto reconoció
de una vez por todas la paternidad que al parecer Ángel
le había concedido a Fidel con anterioridad. No se sabe

exactamente cuándo ocurrió esto, aunque claramente fue algo después de lo que resultó ser la decisiva carta de Lina de diciembre de 1938 pidiendo la intervención de Fidel Pino Santos.

Ángel completó un testamento en agosto de 1956, sólo unos pocos meses antes de morir. Dejó un tercio de su considerable fortuna a Lina, a quien también nombró albacea. Los dos tercios restantes fueron divididos por igual entre sus nueve hijos reconocidos[34].

CAPÍTULO 3

Todos seremos héroes

Belén era el plantel de secundaria más prestigioso de la isla, y probablemente del Caribe, y era un buen escalón para el progreso de los hijos de las familias cubanas más ricas e influyentes. Fue fundado en 1854, mediante Cédula Real firmada por la Reina Isabel II de España, e inicialmente se estableció en el centro de La Habana. Para los años cuarenta del siguiente siglo, cuando Fidel y Raúl ingresaron, los predios del prestigioso plantel se extendían a lo largo de más de sesenta acres de lo que entonces era un suburbio de La Habana, cerca del club nocturno Tropicana. Para hacer tal vez contraste con ese antro de placer, los jesuitas le hacían publicidad con el nombre de "Palacio de la Educación".

En ese paso por el internado de Belén empezaron a hacerse evidentes muchas de las diferencias más importantes, en cuanto a carácter, personalidad y estilo, entre los hermanos Castro. Mientras que Fidel se destacaba, Raúl iba dando tumbos. Aunque corta, la experiencia fue humillante para Raúl; sólo llegó a hablar de ella cuarenta y cinco años después, y todavía con resentimiento. Por el contrario, Fidel recuerda con afecto el tiempo que pasó en Belén. Desde entonces, en muchas ocasiones ha hablado favorablemente sobre sus profesores jesuitas y aun sobre su educación religiosa.

Antes de Belén, Fidel asistía al colegio Dolores, en la provincia. Pero como quería estar en la capital, se dedicó a convencer persistentemente a su familia para que lo dejara trasladarse. Buscaba otros retos, una plataforma estratégica de lanzamiento para sus ambiciones y, sin duda, quería dejar atrás los recuerdos desagradables relacionados con Santiago. Sus años en Belén, desde 1941, fueron los más felices de su vida hasta entonces y, en general, los más plácidos que jamás haya tenido.

Típico de él, aprovechó cuanto pudo las espléndidas oportunidades que el colegio ofrecía. Allí se pulió buena parte de la rusticidad de Fidel, mas no su espíritu indómito. Bajo la guía de los padres jesuitas empezó a florecer su intelecto. Fue un excelente deportista, admirado además por su increíble tenacidad. Desde esa época empezaron a tomar forma y a expresarse los rasgos distintivos y los hábitos del adulto. En suma, tal y como siempre han tendido a afirmar las directivas de este y otros planteles de secundaria para la élite masculina, en el colegio se recibía a un niño y se graduaba a un férreo joven.

Uno de sus compañeros recuerda que "cuando Fidel llegó al colegio, parecía un guajirito. Su ruda forma de hablar y sus modales al comer eran los de un muchacho campesino"[1]. Pero su timidez inicial fue cediendo a medida que se sintió más a gusto entre sus compañeros, más sofisticados que él; sin embargo, nunca fue del todo sociable con ellos y ninguno llegó a ser su confidente. Como lo recuerda otro compañero de estudios, "él era un tanto difícil y poco accesible"[2].

Aun así, el tiempo que pasó en Belén fue tal vez el único capítulo de su larga vida en el cual no fue objeto de desdén por muchos de sus colegas y contemporáneos. Se distinguió de diversas maneras, y sobresalió en casi todo, especialmente en el arte del debate y la oratoria, así como en los deportes de competencia y en montañismo.

Siguiendo los pasos de su descollante hermano, Raúl llegó poco después de que Fidel dejara el colegio. Según lo cuenta, fue allí un poco a regañadientes. Habiéndose rebelado contra los rigores religiosos del colegio Dolores en Santiago, prefería el pequeño colegio militar al que fue enviado después. El de Belén era un internado difícil, en especial para un niño tímido e inseguro como Raúl. Los fines de semana se sentía muy solo. Mientras estuvo allí, casi nunca vio a su hermano Fidel quien, aunque vivía cerca, permanecía enfrascado en la vida política, en la Universidad de La Habana.

Según los jesuitas, Raúl era apático y no se interesaba por el colegio. En contraste con el vehemente y prometedor Fidel, Raúl fue una desilusión para ellos y lo expulsaron no mucho después de haber ingresado. Pero según Raúl, lo que él hizo fue "declararse en huelga". Carente de confianza y con el temor de no poder emular los logros de su hermano, ni siquiera lo intentó. No hay estudiante del Belén de la época de Raúl que recuerde su paso por el colegio.

Los jesuitas que lo conocieron lo recuerdan como un niño retraído y que sufría por sentirse inferior. Su desempeño fue pobre en todo aquello en lo que Fidel había sobresalido. Fue mal estudiante y no demostró poseer las cualidades de liderazgo que tanto estimulaban los jesuitas. No fue buen deportista y tampoco se destacó en montañismo y *camping*. Es posible que su desinterés se haya debido también a una aguda nostalgia por su hogar.

El padre Llorente recuerda que Raúl estuvo en Belén durante menos de un año. "No tenía las cualidades de Fidel y parecía tener limitaciones intelectuales".

Pero según el padre Feliz, rector del colegio y con quien hablé en San Juan, Puerto Rico, Raúl no permaneció en el colegio más de unos tres meses. Era tan rebelde que pidieron que lo sacaran.

Aunque pintorescos, los más duros recuerdos son los de otro jesuita, el padre Quevedo. Se expresó calmadamente y sin rencor cuando lo entrevisté en Puerto Rico, en una encantadora casa católica de retiro, situada en Aibonito, una aldea en la montaña. Según él, el desempeño de Raúl era el de "un saco de papas". Me contó también que a la familia la instaron para que fuera a La Habana a retirar a Raúl, porque no podía —ni nunca iba a poder— con el nivel del colegio. La experiencia fue tan humillante para Raúl que no se recuperó de ella en mucho tiempo. Esta derrota habría de convertirse en otra de las muchas cargas que Raúl lleva estoicamente a cuestas.

Años más tarde, como ministro de Defensa de Cuba, Raúl presidió la liquidación del colegio, por lo menos tal como había sido conocido en Cuba por más de un siglo. Raúl cerró el colegio y transformó sus instalaciones en un centro de entrenamiento militar, el Instituto Tecnológico Hermanos Gómez, llamado así en homenaje a dos cocineros del colegio de los tiempos de Fidel, quienes luego se unieron a su movimiento rebelde.

Ya para 1960, tanto los jesuitas como la mayoría de sus jóvenes pupilos y sus familias estaban en el exilio o exiliándose. En 1961, un nuevo colegio Belén jesuita se instaló en Miami, con algunos de los mismos profesores y alumnos. En un espacioso campus, continúa desde entonces la tradicional y distinguida labor del alma máter de La Habana. Varios de sus estudiantes fueron luego alumnos míos en la Universidad de Georgetown.

Los jesuitas recuerdan a Fidel mucho más vívidamente que a Raúl. Se habían interesado en él de manera especial, y se esforzaron tanto por estimular y agudizar sus naturales cualidades de líder como por infundirle una sólida fe religiosa. No consideraban a Fidel como un individuo con una vocación religiosa promisoria, pero no hay que olvidar que su misión también era la de formar a los futuros líderes políticos de Cuba. Fidel era un candidato idóneo: un deportista estrella siempre pronto a destacarse, un aventurero capitán del club de exploradores del colegio y uno de los mejores en cuanto a retórica y oratoria.

Creció acostumbrado a escuchar que algún día llegaría a ser un gran líder. El padre Quevedo recuerda con cuánta "emoción y orgullo" escuchaba Fidel estas palabras.

Afectuosamente, el padre Llorente lo consideraba "alguien original, verdaderamente único. Yo lo animaba a hacer grandes cosas".

Pero el padre Feliz, que años después sería mensajero de confianza entre Fidel en la Sierra Maestra y uno de los generales de Batista, no estaba impresionado: "Era un gran mentiroso. No pude ejercer mucha influencia sobre él". Y el padre Quevedo, consejero espiritual de Fidel, también me dijo que "nunca vino a solicitar mi consejo espiritual... era un chico sin escrúpulos". No obstante, todos concuerdan en que poseía una notable inteligencia[3].

Fidel fue invitado a ingresar en la academia literaria Avellaneda, una academia de élite que era en realidad un club forense; y aunque uno de sus compañeros recuerda la timidez y el nerviosismo iniciales de Fidel, fue allí donde él aprendió a declamar y debatir. Mejoró su dicción y su enunciación; abandonó uno a uno sus coloquialismos rurales; aprendió a modular y entonar, así como a gesticular con amplia mira y contundente persuasión. Bajo la tutela de los jesuitas, su postura corporal se hizo firme, los hombros erguidos y la barbilla proyectada hacia adelante: se fue decantando así un estilo de oratoria que los cubanos y el mundo entero llegarían a conocer muy bien.

Practicó su característica vibración de las eres, ese clásico recurso teatral del español, y todo lo que aprendió allí se convertiría luego en una estrategia de actuación en público, cautivadora e hipnotizante. "El deber de los revolucionarios es hacer la revolución", pregonaría Fidel en sus discursos militares de los años sesenta, acariciando y

arrastrando las eres, logrando que la palabra *revolucionario* le sonara con una cadencia casi litúrgica. Modelos no
reconocidos para su futuro discurso revolucionario fueron
algunos de los sermones imbuidos de fervor religioso de
los jesuitas desde el altar del colegio Belén.

Los jesuitas le enseñaron a argüir, a extenderse en uno
o dos conceptos, para luego debatir los argumentos a favor
y en contra, hasta agotar por completo el tema. El padre
Feliz me contó que "Fidel aprendió a hablar por horas sobre sólo dos o máximo tres ideas diferentes". Uno de los
requisitos para ser admitido en la academia Avellaneda era
ser capaz de pronunciar un discurso de diez minutos sin
consultar notas ni saber del tema hasta una hora antes del
discurso. Al principio Fidel tuvo dificultades, pero pronto
aprendió a hacerlo. Haciendo uso de su memoria fotográfica, se convirtió en uno de los mejores polemistas.

José Ignacio Rasco, compañero de Fidel en la secundaria y en la universidad, recuerda su capacidad de
memorización como algo "patológico". Justo antes de
ciertos exámenes para los cuales no se había molestado en
estudiar, por desorganización o por estar más interesado
en practicar algún deporte, Fidel arrancaba páginas de los
libros, las memorizaba y luego las botaba[4].

Sesenta años después de haber sido compañeros en
Belén, Juan Grau también recuerda vívidamente el talento
de Fidel para memorizar. Prácticamente cualquier persona que haya estado en contacto con Fidel coincide en
que sus capacidades cognitivas eran extraordinarias, pero
Grau considera que su memoria era aun más notable que
su inteligencia.

"Era capaz de recordar un libro, página por página, todo lo que leía… Nunca he conocido a otra persona con una memoria igual", me contó Grau cuando fui a su casa en Ciudad de México.

Esa forma de discurso improvisado, de cinco o seis horas de duración, que Fidel empezó a poner en práctica después de subir al poder en 1959, ya había sido ensayada previamente cuando era adolescente. Y una vez en el estrado, Fidel sólo utilizaba unos pocos apuntes.

A lo largo de su vida, siempre se ha ufanado de su memoria fotográfica. Tanto en reuniones como en entrevistas con dignatarios y reporteros extranjeros ha disfrutado sacando a colación asombrosas estadísticas, complicadas sagas históricas o incluso trivialidades de un distante pasado. En 1992, en La Habana, en una conferencia internacional sobre la Crisis de los Misiles en Cuba, Fidel sostuvo largos monólogos, de hasta treinta o cuarenta minutos, en los cuales se explayó en oscuros hechos y detalles del enfrentamiento nuclear entre los Estados Unidos y la Unión Soviética, ocurrido treinta años atrás. Su dominio del detalle es tal que nadie, bien sea entrevistador o subordinado, se atreve a contradecirlo o corregirlo.

En su memoria no solamente queda impresa la página escrita. Después del arribo del *Granma* y cuando subía a la Sierra Maestra para iniciar la insurgencia, a fines de 1956, Fidel se encontraba en un territorio desconocido. Aunque conocía palmo a palmo el terreno montañoso cercano a Birán, nunca había estado en la agreste cadena de montañas donde estableció su base guerrillera.

Guillermo García fue el primer campesino local en unirse a las fuerzas de Castro. La rapidez con que Fidel memorizaba cada loma y quiebre de las zonas que atravesaba dejaba pasmado al campesino. "En seis meses ya conocía toda la Sierra Maestra mejor que cualquier guajiro nacido en ella —fueron las palabras de García cuando fue entrevistado por un reportero norteamericano en 1965—. Nunca olvidaba un sitio por el que hubiera pasado: tierra, árboles, quién vivía en cada casa. Yo nací y crecí allí y solía recorrer toda esta zona. Pero en seis meses, Fidel ya conocía la Sierra Maestra mejor que yo"[5].

La memoria ha sido para Fidel tanto un arma como un escudo político; pero también tiene su lado flaco. Intencionalmente o no, con frecuencia intimida a funcionarios cubanos que no tienen forma de dilucidar qué parte de sus informes ha memorizado Fidel y por lo tanto entiende mejor que ellos mismos. En consecuencia, viven con el temor de ser cuestionados y de no tener a mano, en algún momento, una respuesta. De hecho, Fidel es un hombre impaciente y desdeña a quienes no se mantienen al tanto de las minucias.

Cuando estaba en la Sierra Maestra monitoreaba cada detalle. Día a día sabía exactamente cuántos cartuchos sin usar tenía cada uno de sus hombres y en más de una ocasión retó a alguno por no llevar la cuenta de una munición perdida.

Cuarenta y siete años más tarde, al hablar sobre esta obsesión en una rueda de prensa, declaró el orgullo que le producía contar con esta singular capacidad. Sin embargo, la realidad es que era ajeno al hecho de que, por años, sus subordinados y colaboradores se sentían intimidados o guardaban silencio por temor a la forma en que usa su retentiva.

"Yo sabía el tipo y el número de balas que requería cada fusil, sabía cuántas teníamos de reserva; lo sabía todo... mire, yo no soporto la gente que no puede lidiar con el detalle, o aquella que necesita hasta diez asesores para que le señalen esto o aquello"[6].

Los años en Belén coinciden con la Segunda Guerra Mundial, cuando Cuba fue un aliado confiable de los norteamericanos y Fidel era parte de la corriente dominante. Una vez tres de sus compañeros huyeron del colegio y trataron de llegar a la base naval de Guantánamo. Pensaban alistarse en las fuerzas estadounidenses y unirse, como muchos otros cubanos, a la guerra contra las potencias del Eje. Según el padre Llorente, el plan de Fidel era marchar con ellos pero a última hora se arrepintió.

No es sorprendente que nunca haya querido hablar de este episodio. Una aventura como esa, que habría podido cambiar su vida, era congruente con su carácter, pero matricularse en un entrenamiento militar y participar tal vez como militar de bajo rango en la guerra, no lo era. Él siempre había ambicionado ocupar posiciones de liderazgo y había evitado situaciones que lo colocaran en el rol de subordinado, al arbitrio de la voluntad de otros. Posiblemente decidió no marcharse con los otros muchachos porque en ese entonces sabía muy poco sobre los Estados Unidos, o porque no simpatizaba del todo con la causa de los Aliados.

Fidel no desarrolló una actitud antinorteamericana coherente mientras estuvo en Belén, pero ya entonces se vislumbraba un trasfondo que lo llevaba en esa dirección. En noviembre de 1940, cuando era alumno del colegio Dolores, Fidel escribió una carta al presidente Roosevelt, en un inglés acartonado pero perfectamente entendible, cuyo encabezamiento decía: "Mi buen amigo Roosevelt". La carta se conserva actualmente en los Archivos Nacionales en Washington. Lejos de reflejar un sincero interés por la vida política de los Estados Unidos, la misiva fue una táctica estudiantil para llamar la atención. En ella pedía al Presidente que le enviara un billete de diez dólares.

La carta protocolaria de respuesta de la Casa Blanca fue puesta en la cartelera del colegio y Fidel, tal como esperaba, se convirtió instantáneamente en el centro de atención. Aun cuando sus cronistas lo han pasado por alto, el incidente señala una interesante faceta tanto del joven Fidel como del adulto revolucionario en que se convirtió. A Fidel poco le interesaba Franklin Roosevelt como político consumado y comunicador público, promotor de ese extenso programa de reforma que fue el "New Deal"[7].

La verdad es que nunca se había sentido atraído por los reformadores políticos; tampoco por sus programas. Posteriormente, esta perspectiva de adolescente se ampliaría hasta llegar a convertirse en una postura estratégica y crítica: La reforma es la enemiga más insidiosa de la revolución. Los reformadores que tienen éxito han renunciado al espíritu revolucionario, al poner en práctica cambios paliativos que mitigan las otras presiones más radicales en la sociedad. Tal y como lo hizo el "New Deal" en los

Estados Unidos durante el tiempo de la Depresión, los programas de reforma enfrían el ardor de la insatisfacción y la inquietud populares. Retrasan el proceso de cambio y depuración propios de una revolución.

Aunque el Fidel adolescente no era todavía antiestadounidense, tampoco parecía sentir simpatía o atracción por el mundo anglosajón. Juan Rovira, un compañero de Belén, recuerda que "no hablábamos mucho sobre la Segunda Guerra Mundial"[8]. A pesar de que las hostilidades en los escenarios de Europa y del Pacífico eran noticia de primera línea en casi todo el mundo, y de que Fidel era un ávido lector, la participación de los Estados Unidos y Gran Bretaña en la guerra no era asunto que lo conmoviera especialmente. En comentarios públicos hechos en años posteriores siempre se ha referido extensamente al desempeño militar de los soviéticos en la Segunda Guerra Mundial, apenas mencionando a los aliados de Occidente.

Ni el plan de estudios de Belén ni los conservadores jesuitas españoles, sus profesores, estimulaban el interés por las democracias de los aliados, y difícilmente se referían a la literatura o la historia británica o norteamericana. Los jesuitas profesores del colegio poseían escasos conocimientos sobre el mundo de habla inglesa y la mayoría albergaba rencor por las humillaciones infligidas a España en el pasado por los países anglosajones. Algunos simpatizaban abiertamente con el régimen falangista de Franco en Madrid.

Aun más, Inglaterra y Estados Unidos habían ocupado y subyugado a Cuba en diversas épocas. Puede que a los estudiantes de Belén no se les hubiese machacado acerca de los actos de imperialismo inglés o estadounidense, pero todos ellos habían escuchado lo suficiente acerca de las injusticias posteriores soportadas por los cubanos. En la enseñanza de las ciencias sociales se ponía énfasis en la experiencia y cultura de Cuba y América Latina y en historia del mundo, enfocada en España y en los clásicos de la literatura española.

Los jesuitas resaltaban además las cualidades magnéticas de José Antonio Primo de Rivera, fundador del movimiento falangista español. Ampliamente conocido por su nombre de pila, José Antonio fue un defensor del renacimiento de España y en general de un renacimiento hispánico. En escritos y discursos instó a sus seguidores al "ardor y agresividad", fuertes cualidades de liderazgo que intrigaron y atrajeron al joven Fidel.

Fidel se sentía atraído por Francisco Franco, el sucesor falangista de José Antonio, quien gobernó a España por décadas con mano de hierro. Al igual que Ángel Castro, Franco era gallego y es casi seguro que era admirado por la clase trabajadora de Birán. El padre Llorente, español y conservador, me contó que en Belén Fidel era "más franquista que yo". Más tarde, y en su vida pública, Fidel siempre ha tratado de distanciarse de estos coqueteos de adolescencia con la derecha fascista, hasta el punto de haber orquestado breves confrontaciones diplomáticas con la España de Franco a principios de los años sesenta.

En el colegio Belén, y con un plan de estudios centrado en el mundo hispánico, Fidel sentía escaso interés por los líderes del mundo anglosajón, actitud que continuaría teniendo en años posteriores, cuando leía principalmente

autores rusos, franceses, cubanos y españoles. Su interés por
la oratoria y los oradores, tanto clásicos como contemporáneos, nunca incluyó como modelos a Winston Churchill
y a Roosevelt, los grandes oradores de habla inglesa de la
época de la Segunda Guerra Mundial. Sus héroes eran los
revolucionarios, los guerreros y los conquistadores, no los
líderes de las democracias. En 1954, en una carta escrita
desde la prisión, Fidel resume el tipo de acontecimientos
históricos decisivos que más lo han fascinado: "Amo el
magnífico espectáculo que ofrecen las grandes revoluciones de la historia"[9].

Es interesante que al parecer nunca haya pensado
incluir entre estos "magníficos espectáculos" la revolución
estadounidense del siglo XVIII. Ni Washington, ni Jefferson,
ni la Declaración de Independencia ni la larga lucha de
las colonias norteamericanas por la independencia —o,
en la misma línea, la violenta revolución de Cromwell
en Inglaterra en el siglo XVII— le interesaron. Luego de
haber adoptado públicamente el marxismo-leninismo en
1961, Fidel sostendría que las revoluciones anglosajonas
no habían destruido las estructuras de clase existentes, ni
habían remediado las injusticias o penalizado suficientemente a los explotadores.

Como niño y como adulto joven, su educación en
historia inglesa y estadounidense fue muy pobre; además,
en general, no le interesaban. Pero posteriormente esto
cambiaría. Por necesidad, a medida que avanzaba su lucha por el poder en Cuba, se convirtió en un incansable
estudioso de la dinámica de la política estadounidense. Al
comprender que su duelo con la superpotencia del norte

sería inevitable, también se dio cuenta de la necesidad de entender su dinámica.

Fue así como exiliado en México y en la Sierra Maestra en la segunda mitad del decenio de los cincuenta, Fidel se dedicó a estudiarla y a observarla, hasta adquirir finalmente una extraordinaria habilidad para influir y manipular la opinión pública estadounidense. Para mediados de los sesenta, cada mañana, quizás dos veces al día, Fidel revisaba largos informes diplomáticos y de inteligencia sobre los Estados Unidos.

En 1965, durante una temporada que pasó en un área rural apartada, un helicóptero militar volaba dos veces al día desde La Habana para llevarle informes. Con la excepción de una serie de líderes israelíes, quizás no exista otra figura política en el mundo que posea igual capacidad para evaluar la política estadounidense y predecir sus posibles giros.

Desde muy joven, y luego en el colegio Belén, Fidel aprendió a sentir cierta ambivalencia hacia la cultura estadounidense y su avasallador impacto sobre la vida cubana, antes de que su revolución la extirpara. Luís Aguilar, un compañero del colegio Dolores y luego de la universidad, recuerda que Fidel era el único niño del colegio que odiaba las películas estadounidenses de vaqueros, en especial las que protagonizaba John Wayne. Es posible que las experiencias de Fidel con la explotación en su niñez lo hubiesen conducido a la formación de una conciencia social precoz que, según él mismo, alimentó su ira contra aquellos vaqueros del celuloide, explotadores y violentos, que desarraigaron a los indios nativos[10].

Quizás este niño, tan enamorado de Alejandro el Grande, Napoleón, Aníbal y Julio César, simplemente consideraba que los personajes de John Wayne eran demasiado ridículos y no podían ser vistos como figuras heroicas. Los fines de semana Fidel iba al cine con sus compañeros de Belén, y las películas eran inevitablemente producciones de Hollywood. Como adulto revolucionario, raramente hablaría del cine estadounidense y sólo se refirió a él en forma crítica cuando se vio obligado a hacerlo. En 1987 dijo a un entrevistador italiano que prefería el cine latinoa-mericano, con contenido social.

"Para ser francos, aprecio este cine más que el europeo o el estadounidense, con su exceso de violencia, mafia, sexo, persecuciones automovilísticas y todo lo demás"[11].

Pero, en resumidas cuentas, tanto los profesores como los alumnos de Belén recuerdan a Fidel más por su energía y por su inflexible determinación; según el padre Llorente, por su "mística". Cuando se graduó, todavía lo llamaban "el loco Fidel", mote salido de sus compañeros, no por menosprecio sino por afecto, por fascinación o incluso admiración no exenta de cierto resquemor. En 1945, al recibir su diploma, en la ceremonia de graduación, se hizo acreedor a uno de los más calurosos y prolongados aplausos.

Como le encantaba ser el centro de atención, se comportaba en forma singular. El padre Quevedo recuerda que "siempre llevaba mucho dinero consigo"; llegó a romper ostentosamente un billete de alta denominación, sólo para causar efecto.

Por una apuesta de cinco pesos, y rodeado de una vasta audiencia de incrédulos compañeros, una vez estrelló su

bicicleta con tal fuerza contra una pared que tuvieron que
recluirlo varios días en la enfermería escolar. Años después,
al recordar el incidente, su compañero José Ignacio Rasco
concluye que aquella engañosa osadía ya era un presagio del
fanatismo que luego exhibiría en el ataque al cuartel Moncada.
Pero Fidel ha tratado de echar una cortina de humo sobre
este episodio, no sólo ante sus biógrafos sino ante el público
cubano. En marzo de 1991, en una charla con estudiantes
de secundaria en La Habana, mencionó el incidente, pero
ya dándole otro giro. Afirmó que nunca había montado en
bicicleta hasta ese día y que se sentía inseguro haciéndolo.
El estrellón contra la pared había sido un accidente[12].

En Belén, Fidel dio las primeras muestras de varias de sus
excepcionales cualidades de liderazgo. Juan Grau, que huyó
de Cuba porque fue incapaz de vivir bajo la revolución de
los Castro, recuerda sin embargo a Fidel con respeto renuente. "Era brillante, agradable, convincente". También
afirmó que Fidel poseía tres características distintivas:
"Su descomunal memoria, su persistencia y su poder de
persuasión". Él cuenta una historia reveladora acerca del
notable poder de persuasión de Fidel.

El padre Llorente solía llevar a los niños de excursión
por áreas rurales y montañosas, y Fidel era su ayudante.
Fidel estaba decidido a escalar el pico más alto del occidente
cubano, el Pan de Guajaibón, situado en la provincia de
Pinar del Río, al oeste de La Habana. Quería hacerlo sin
supervisión y sin la compañía de sus condiscípulos.

El Pan era un simple pigmeo comparado con el Pico
Turquino de la Sierra Maestra que Fidel escaló a menudo

siendo ya adulto, acompañado a veces por exhaustos grupos de visitantes extranjeros. El pico más alto de Cuba es Turquino, pero el escarpado Pan de Guajaibón, con sus 692 metros de pronunciado ascenso, constituía un gran reto, especialmente para muchachos inexpertos. Más aún, ningún alumno de Belén ni de otra academia rival había escalado la cima. Según los exagerados cálculos de Fidel, el Pan era el Everest cubano. Él estaba resuelto a ser el primero en escalar la cima, pero tenía que contar con al menos un testigo, con un compañero que fuera con él y luego atestiguara su hazaña.

Fidel persuadió a un compañero llamado Mario Pampa para que lo acompañara, pero los padres del colegio trataron de disuadirlos. La aventura era peligrosa; el Pan quedaba demasiado lejos de La Habana como para ir y volver en un mismo día; y el que dos adolescentes escalaran solos el pico era un plan demasiado ambicioso. Como el padre Llorente no logró persuadir a Fidel para que esperara a que se organizase una expedición, acudió a Grau y a otro alumno, Diego Rubio, para que intercedieran y convencieran a Fidel de desistir de la aventura.

Estos dos muchachos eran lo más parecido a verdaderos amigos de Fidel en el colegio. Grau y Rubio intentaron disuadirlo, pero al instante Fidel se lanzó a la carga. Los ahogó en un elocuente y contundente flujo de palabras. Se expresó con calidez y afabilidad; los tomó del brazo; les habló con convicción profunda y certidumbre evangélica.

"Acompáñenme —les insistió—. Escalen el Pan conmigo y todos seremos héroes".

Como les ha sucedido a muchos otros, de muchos países y por décadas, Grau y Rubio quedaron fascinados. Si bien inicialmente habían estado de acuerdo con los jesuitas acerca del peligro y la insensatez que tal hazaña implicaba, Fidel los había convencido. Valía la pena correr el riesgo, dada la oportunidad de convertirse en héroes frente a los otros niños.

Fidel los reclutó para su causa y los cuatro jóvenes pronto emprendieron el ascenso del Pan de Guajaibón. No tardaron en perderse, porque en su desorganización Fidel había olvidado llevar mapas y guías. El regreso les tomó varios días, cuando ya en el colegio temían por su seguridad. Pero los cuatro regresaron a Belén triunfantes, y fueron recibidos como héroes[13].

Ésta fue la primera vez que Fidel utilizó sus poderes de persuasión para involucrar a otros en uno de sus proyectos. Este episodio fue un antecedente de lo que ocurriría en los cincuenta en las misiones del cuartel Moncada y del *Granma*, que resultaron suicidas para la mayor parte de los reclutados. Sin embargo, sus seguidores continuaron con él a pesar de la remota posibilidad de triunfo, dada la mala concepción y organización de los planes de ataque. Con su arrogante poder de persuasión, Fidel había disipado sus temores y dudas.

Sus poderes de persuasión no sólo han servido para arrastrar niños o jóvenes inexpertos hacia sus causas. También ha persuadido a hombres de mundo y de considerable experiencia, y a militares mayores, veteranos y curtidos, aun contra su propio buen juicio. En México, cuando Fidel estaba organizando y entrenando a los expedicionarios del *Granma*, logró reclutar como instructor militar a un veterano cubano de la guerra de Corea.

No contento aún, viajó a Ciudad de México y se reunió con Alberto Bayo, de sesenta y cinco años de edad, en la casa de este curtido veterano de guerra de guerrillas y de guerra convencional durante la Guerra Civil Española[14]. Bayo intentó resistirse al tono de Fidel, que quería persuadir al renuente general para que entrenara a sus reclutas. Según Bayo, Fidel era extraordinariamente encantador y elocuente: "Sus exigencias eran irrefutables. Él ordenaba, él dominaba".

Acosado por los argumentos de Fidel, Bayo finalmente accedió a dar tres horas diarias de entrenamiento militar a los hombres de Fidel.

"Dénos todo su tiempo, todo su tiempo", exigía Fidel.

Bayo recuerda que el tono de Fidel era de tal autoridad y dominio, que no pudo rehusar[15].

Entre los sesenta y los ochenta, Fidel emplearía las mismas técnicas para motivar a los insurgentes en cerca de una docena de países de América Latina; típicamente los instaría a la lucha de vida o muerte en nombre de una gloria que describía con enorme pasión.

Plenos de las visiones quijotescas que Fidel inspiraba, muchos cubanos se unieron voluntariamente a varios movimientos de guerrilla, como asesores expertos. Muchos de ellos murieron como guerrilleros, en remotos y desamparados lugares situados en por lo menos tres continentes. Sólo unos pocos viven, entre ellos Abelardo Colome Ibarra, cercano colaborador militar de Raúl de toda una vida, quien todavía ocupa altos cargos en el ejército y en el servicio de inteligencia de Cuba.

Década tras década, Fidel ha logrado inspirar un fanatismo ciego y a veces suicida en sus seguidores, tanto cubanos como de otras nacionalidades. Las fuerzas de motivación siempre han sido las mismas en cada instancia en la cual se ha involucrado personalmente en actividades de reclutamiento: su indomable voluntad, su persistencia y su poder de persuasión. Lo que invariablemente promete es la participación en las imaginadas glorias que están por venir.

A diferencia de su hermano Fidel, Raúl había estado de niño en La Habana por lo menos una vez, mucho antes de matricularse en Belén, ya adolescente. Cuando tenía unos seis años, una vez lo vistieron con una réplica del uniforme de la Guardia Rural Cubana y, así vestido, viajó a la Habana en un tren, acompañado por Felipe Miraval, comandante de un pequeño puesto de la guardia en Birán. Raúl era uno de los pocos cientos de niños que, a lo largo y ancho de toda la isla, habían sido escogidos y engalanados como guardas en miniatura para participar en las ceremonias de aniversario del primer golpe de Estado dado por Fulgencio Batista en 1933[16].

Desde ese viaje, muchos cubanos han pensado que Miraval, ampliamente conocido como "el Chino", era el padre biológico de Raúl. Varios de los biógrafos de Fidel han reproducido estos rumores, generalmente considerados como ciertos. Sin embargo, no existen evidencias sólidas al respecto, y probablemente nunca las habrá.

La historia se basa en la apariencia física de Raúl. Sus dos hermanos mayores son altos, de hombros anchos, y en diversas etapas de sus vidas el parecido entre ellos ha sido notorio. Pero Raúl es impresionantemente diferente. Es delgado, una cabeza más bajo que Fidel y Ramón, y sus rasgos faciales son visiblemente diferentes. Son muchos los que afirman que no se parece en nada a Ángel Castro.

Como líder guerrillero y durante buena parte de 1959, Raúl llevó una cola de caballo similar a la coleta china. A diferencia de sus barbados camaradas guerrilleros, nunca logró que le creciera sino un pequeño bigote y una barbita de chivo. En las fotos de aquellos días usualmente aparece parpadeando ante la cámara, con los ojos entrecerrados y oblicuos. A sus espaldas, los líderes de la revolución nicaragüense, quienes llegaron a conocerlo muy bien en los años setenta y ochenta, lo apodaban "el Chino"[17].

A otros les gusta señalar que en 1959, cuando los mandos revolucionarios llevaban a muchos de sus colegas militares hacia la muerte, se eximió del fusilamiento a Miraval, entonces capitán de guardia. Si éste fue el caso, es improbable que alguien distinto de Fidel o de Raúl hubiese dado la orden que permitió a Miraval sobrevivir, aunque fue condenado a una celda de prisión.

En su biografía de Fidel, Leycester Coltman anota que "cuando lo cuestionaban acerca de estos rumores, Miraval respondía con guiños y cabeceos alentadores"[18]. Georgie Anne Geyer cuenta una historia análoga en su biografía de Fidel. Mientras estaba en la prisión, Miraval siempre se quedaba "extrañamente impasible y silencioso" cuando surgía el tema de Raúl. La biógrafa añade que los amigos de la familia Castro siempre han dado algo de crédito a estos rumores[19]. En mis conversaciones con Alina, hija de Fidel, ella tampoco desmintió los rumores sobre Raúl. En estos últimos años, algunos de sus más cercanos colaboradores admiten que los rumores podrían ser ciertos, aun cuando Raúl mismo nunca haya aludido al tema.

Yo mismo descubrí un oscuro dato que había pasado desapercibido y que en algo podría esclarecer el asunto. En la primavera de 1958, durante los primeros meses de las operaciones de Sierra Cristal, Raúl llevó un diario que también hacía las veces de informe de progreso y que compartía con Fidel a través de mensajeros. En una de las anotaciones, Raúl describe el paso de sus grupos guerrilleros a través de una región cafetera en Oriente, y cuenta a Fidel su paso por una pequeña mina que explotaba Ramón Castro.

Curiosamente, Raúl se refiere a Ramón como "tu hermano Ramón". El texto de esta parte del diario fue impreso en 1959 en el diario oficial de la revolución. Es poco probable que la referencia, en particular el adjetivo posesivo *tu* sea un error tipográfico o de la transcripción.

Raúl no es hombre dado a la ironía o al sarcasmo, si bien es posible que ésta fuera una de esas raras instancias. Siendo así, al referirse a *tu* en lugar de a *nuestro* hermano, podía estar expresando su menosprecio por este pariente que no participaba en la insurgencia y quien sólo ayudaba a sus hermanos en tareas de menor orden.

Sin embargo, también es posible que Raúl estuviese hablando literalmente, lo cual quiere decir que reconocía que Ramón era hermano de Fidel pero sólo medio hermano suyo[20]. En general, las anotaciones de Raúl en su diario son áridas y escuetas, llenas de descripciones precisas y sin adorno. Carecen de humor, ingenio o introspección. Las partes de sus notas de los días de guerrilla, impresas a partir de enero de 1959 en el diario *Revolución*, en una serie de cuatro días, no contienen errores que pudieran sugerir que la referencia a *tu* hermano fuera un error involuntario.

Este uso del término podría explicar por qué Ángel generalmente trataba con indiferencia al hijo menor de Lina, y por qué no le compraba automóviles ni le daba una generosa mesada como sí lo hacía con Fidel. Por otra parte, sería comprensible la renuencia de Ángel a conceder privilegios económicos a un hijo que no había dado muestras de tener alguna meta en la vida y que le causaba gran desilusión.

Pero también hay otros rumores que enriquecen este misterio. Los chismes sobre la supuesta infidelidad de Lina fueron repetidos, incluso dentro del clan de los Castro. Pedro Emilio, medio hermano de Fidel e hijo de la primera esposa de Ángel, creía firmemente que Lina había tenido por lo menos otro hijo por fuera de su relación con Ángel. Pedro Emilio le habló a Alina, hija de Fidel, acerca de una mujer en Santiago que afirmaba ser hija de Lina.

Según dijo, esta mujer era conocida en la ciudad como "la Bella de Santiago" y le había escrito a Pedro Emilio para contarle de buenas a primeras que eran hermanos. Pedro Emilio dijo que le escribió contestándole que aquello era imposible y absurdo, pues Lina no era su madre[21].

En resumidas cuentas, tal vez esta persistente duda sobre quién es el padre de Raúl es relevante por una única razón. Quienes quieren pronosticar, si se da el caso, cómo será el gobierno de Raúl, continuarán a la búsqueda de claves para explicar las muchas diferencias entre él y Fidel.

Como ya hemos mencionado antes, nunca se ha publicado una biografía —completa o fragmentaria— de Raúl, ni siquiera en *Verde Olivo,* la revista mensual de las Fuerzas Armadas cubanas, supervisada por Raúl mismo desde principios de la década de 1960. En sus discursos cuidadosamente preparados, Raúl nunca habla de sí mismo. Raramente ha concedido entrevistas extensas —menos de una docena de veces desde 1959— y en todas ha evitado incluir reflexiones o reminiscencias personales.

Pocas veces ha hablado sobre su vida e historia antes de la revolución. Una o dos veces se ha referido a sus años juveniles de lasitud o disipación, cuando se hallaba en Birán, luego de haber sido expulsado del colegio Belén. No existe registro de su traslado a otro colegio. La única vez que habló de este tema fue para decir que, como adolescente, volvió a la reclusión y holgura de Birán, y a las manos del irritable Ángel.

"… Su reacción fue enviarme a trabajar en los campos. Primero recogía papa, luego trabajé en una bodega y luego en un almacén, todos de mi padre. Finalmente me enviaron a trabajar en una oficina. Mi salario era de sesenta pesos, una buena suma por entonces"[22].

Algunos de los que han conocido a Raúl de adulto creen que fue en sus años de adolescencia cuando empezó a beber en exceso y a gastar mucho tiempo en las riñas de gallos. Seguramente fue en esta época de holgazanería cuando el resentimiento y la inseguridad se acrecentaron, y a medida que llegaban a casa las noticias del ascenso político de Fidel en La Habana, a fines de los cuarenta.

Para Raúl éste fue un interludio improductivo y desperdiciado. No desarrolló habilidades ni intereses serios. No pensaba en una carrera o profesión. Birán no era fuente de estímulos de tipo intelectual. Casi no leía y, hasta la fecha, casi no lo hace. Como ministro de Defensa de Cuba, se apoya en sus segundos para que le informen o para que transformen los extensos informes en resúmenes que él pueda examinar con rapidez.

En testimonio ante un comité del Congreso en 1965, Juanita Castro declaró que "Raúl ingresó a la Universidad de La Habana para estudiar administración, carrera para la cual no se exigía diploma de secundaria"[23]. Juanita no precisó fechas, pero otros que lo conocían recuerdan que Raúl volvió a La Habana en 1948 o 1949. Por un tiempo tomó cursos no académicos, sin finalizar ningún programa de estudios ni hacerse acreedor a un título. Raúl nunca ha hablado sobre el tiempo que pasó en la universidad, pero sería razonable asumir que adquirió algunos conocimientos básicos en administración y gerencia. En esas áreas se destacaría más tarde.

Varias personas a quienes conoció en La Habana durante el período de fines de los cuarenta y hasta 1953 nos han brindado información fragmentaria sobre el joven Raúl, que había cumplido veinte años en 1951. Era introvertido y un mal jugador de fútbol. Un compañero de la universidad recuerda que, aunque más retraído, era más afable y amistoso que Fidel.

Otro contemporáneo lo recuerda como un "tipo calmado y amable, que nunca hablaba"[24]. Una joven que vivía en La Habana e iba a cine con él, lo recuerda como un hombre totalmente gris. La joven confesó haber estado enamorada de Fidel por la misma época, pero enfáticamente afirma no haberlo estado de Raúl.

Aparentemente, Raúl no había desarrollado ningún interés, ninguna habilidad especial o profesión; cuando ingresó en el movimiento de Fidel, en 1953, justo antes del ataque al cuartel Moncada, no había tenido ninguna experiencia laboral aparte del trabajo en Birán. No había dejado huella memorable o perdurable alguna hasta que fue arrestado en 1953, cuando regresaba a La Habana después de haber asistido a una conferencia de la juventud comunista en Viena y de viajar por varios países comunistas de Europa oriental.

La educación formal de Raúl superó escasamente la escuela primaria. En sus propias palabras, sólo asistió al colegio durante unos ocho años. Su capacidad cognitiva e intelectual eran un pálido reflejo de las de su hermano Fidel. En pocas palabras, Raúl no se había destacado en nada antes de recibir el mando de sus propias fuerzas de guerrilla, en marzo de 1958, a menos que se cuente la ejecución que tuvo a su cargo en Ciudad de México.

CAPÍTULO 4

Mi verdadero destino

En el otoño de 1945, Fidel llegó, con gran estilo y lleno
de optimismo, a la Universidad de La Habana. Conducía
un Ford V-8 nuevo, de un negro brillante, que Ángel le
había regalado, luego de que Fidel lo hubiese convencido
de hacerlo. Se matriculó en la escuela de derecho y se instaló con una o dos de sus hermanas en un apartamento
en la calle L, cercana al campus. De inmediato se lanzó a
la carrera política.

Su meta era ser presidente de la federación estudiantil
de la universidad, firme peldaño para lanzarse a la política nacional. No vacilaba en cuanto a sus prioridades, ni
en cuanto a su determinación. Bullía de energía, y estaba
ansioso por entrar en acción en un escenario universitario
de cerca de veinticinco mil estudiantes, considerados los
mejores y más brillantes de Cuba. Sería la primera ventana hacia el mundo más amplio que deseaba conquistar,
aunque por el momento Fidel no tuviera más propósito
claro que sus ambiciones.

Las causas que él perseguiría, los asuntos que lideraría, podrían escogerse y entretejerse después, a medida que fueran surgiendo las oportunidades. Si hubiera habido un partido o movimiento de derecha convincente en Cuba, Fidel fácilmente habría tomado ese rumbo. En términos políticos, él era una tabla rasa, como lo admitiría veinte años después.

"Yo era un analfabeta político. No traía conmigo otra cosa que mi temperamento rebelde y mi rectitud, ese carácter severo que me inculcaron en el colegio jesuita"[1].

Lo que sí sabía con certeza era que quería hacerse a una posición de liderazgo y ser conocido. Para entonces ya era consciente de que poseía excepcionales cualidades personales y de liderazgo que lo impulsaban hacia grandes logros. Los jesuitas habían reforzado su fascinación infantil por los héroes, por los conquistadores y por los revolucionarios pintorescos. Después de un verano de calma y contemplación en Birán, luego de haberse graduado en Belén, Fidel ya expresaba la confianza que tenía en su propia aura mística y destino.

Alfredo Esquivel, conocido con el apodo bastante común de "el Chino", conoció a Fidel el primer día de clases y al instante se sintió atraído por él. Fidel estaba recostado contra una pared, a la salida de la escuela de derecho. Casi inmediatamente inició una conversación con Esquivel y le preguntó si le interesaba la política universitaria.

Desde ese primer día, Fidel se había dado a la tarea de reclutar seguidores, de alistar aliados. La meta inmediata era dar ese primer paso en la escalera política cubana: ser elegido como representante de su curso ante el consejo de la escuela de derecho. El Chino Esquivel aceptó colaborarle y se convirtió así en el primer "fidelista"[2].

Las dos impresiones iniciales de Esquivel fueron que Fidel era un tanto "disperso" y que tenía extraordinarias cualidades de liderazgo. Esquivel llegó a la conclusión, como muchos otros, de que estas cualidades eran innatas; estaban en sus genes y se había criado con ellas.

"Había nacido con esa capacidad", observó Esquivel muchos años después, desde el exilio en Miami. Todavía lo maravillaba su antiguo amigo, a pesar de que estaba en desacuerdo con casi todo lo que éste había realizado desde que subió al poder.

Como tantos otros que habían estado cerca de Fidel en diferentes épocas de su vida, Esquivel insistía en que ese joven con quien había trabado amistad en la universidad era una persona completamente diferente del que llegó a ser más tarde. El anterior Fidel era amable y leal. Según Esquivel, era más decidido, ingenioso, audaz, persuasivo e inteligente que cualquier otro hombre que conociera.

Las características de lo que puede llamarse un prodigio político empezaron a salir a la superficie cuando Fidel hizo campaña para el cargo de representante estudiantil. A cada estudiante se le entregaba un carné de identificación, con su nombre, dirección y fotografía. No se sabe si con engaños o utilizando su encanto, Fidel logró tener acceso a los originales. Con toda esta información ya grabada en su memoria, Fidel pudo acercarse a cada estudiante, dirigirse a él por su nombre e iniciar una conversación más personal.

No obstante, su táctica no siempre tuvo éxito. Algunos compañeros sintieron rechazo, y lo consideraron un fanfarrón desvergonzado. Robert Quirk, uno de sus biógrafos, nos refiere la actitud farisaica con la que Fidel se acercaba a algunos de sus compañeros en la cafetería de la universidad. Éstos no se inmutaban ante el argumento de que todos los estudiantes católicos deberían unirse. Él daba la impresión de ser un derechista. "Era detestable, monopolizaba la conversación"[3].

Esquivel recuerda la forma de actuar de Fidel cuando trataba de reclutar o persuadir a un compañero para que lo respaldara. Utilizaba el mismo estilo que ya había adoptado en Belén, cuando convenció a Juan Grau y a los otros muchachos, y que seguiría utilizando desde entonces. Fidel empezaba por establecer un contacto físico, acompañado de gestos y posturas corporales realmente extravagantes, mientras presentaba sus argumentos. Mientras tiraba de la camisa de su blanco, Fidel le tocaba y apretaba el brazo, lo codeaba, al tiempo que profería un incesante flujo de palabras y subía o bajaba la voz, con un encanto congraciador. Las pausas tenían un ritmo estratégico. Esquivel recuerda que el tono era "quejumbroso" pero Fidel era muy persistente y persuasivo. Cuando se dedicaba a la tarea de convencer de algo a alguien, individualmente, generalmente lo lograba.

"Uno se convertía en fidelista —dice Esquivel—. Uno simpatizaba con él porque él había nacido con eso".

"El Chino" se dio cuenta muy pronto de que Fidel era consciente de sus especiales talentos y dotes de liderazgo. Era tan cercano a Fidel como él permitía que alguien lo fuera en aquella época, y durante varios años fue su aliado y seguidor en toda suerte de intrigas políticas. Después de la victoria guerrillera, Fidel le ofreció el muy deseable cargo de embajador de Cuba en México, pero Esquivel no aceptó. En aquellos años pasaron juntos mucho tiempo, y Esquivel se convirtió en un astuto observador de su contemporáneo.

Esquivel conocía tan bien a Fidel que cuando se divulgó en La Habana la noticia de un brote de violencia en el cuartel Moncada, muchos creyeron que se había desatado una lucha entre distintas facciones de las tropas de Batista, excepto Esquivel, que aunque no conocía el plan, comprendió que el ataque había sido liderado por Fidel.

Esquivel cuenta además una reveladora historia sobre la precoz intuición que poseía Fidel de su destino. Estaban una noche estudiando y cerca de la medianoche interrumpieron su estudio para descansar y tomar una taza de café en un lugar cercano. Se sentaron con otros estudiantes quienes, en la quietud de la noche, empezaron a compartir sus sueños y las aspiraciones que tenían después de graduarse. Uno dijo que quería ser poeta. Otro esperaba llegar a ser un muy buen abogado. Esquivel cuenta que entonces se volvió hacia Fidel y le preguntó llamándolo con el apodo que sólo unos pocos podían usar impunemente: "¿Guajiro, y tú qué?", éste, sin vacilación y reflexivamente, le respondió:

"¡Quiero lograr gloria y fama!".

No existían todavía un sistema de ideas, o la sensibilidad motivadora o los fundamentos ideológicos o intelectuales para estas aspiraciones heroicas. Todavía no había desarrollado un plan para labrarse un lugar en la historia de Cuba. Pero no sólo se trataba de divagaciones

136   DESPUÉS DE FIDEL

juveniles casuales. Fidel ya tenía una visión clara y singular acerca de la grandeza de su futuro. Esquivel cuenta que era poseedor de un talento extraordinario y que estaba decidido a utilizarlo para lograr fama, reconocimiento y, sobre todo, influencia.

Cuando se interpreta a Fidel a la luz de su trayectoria política, es posible observar que lo que quiso significar por "gloria y fama" se refiere a poder y grandeza política. No estaba interesado en convertirse en un gran abogado, ni en un intelectual u hombre de negocios. Ciertamente no quería hacer carrera militar. Según lo que cuentan Esquivel y otras personas, en aquella época universitaria Fidel no exhibía un pensamiento altruista, no hablaba sobre los posibles beneficios o beneficiarios distintos a él de su ya anticipado éxito político.

Tenía 19 años*. Medía bastante más de uno con ochenta y pesaba unos ochenta y cinco kilos. Tenía un físico imponente. Cuando Esquivel lo conoció, tenía corto su abundante y ondulado pelo negro. Tenía el perfil de

---

* En una entrevista con un visitante estadounidense, en enero de 1970, Fidel contó que había iniciado sus estudios universitarios cuando tenía *dieciocho* años. De hecho, hay razones para creer que era un año menor de lo que él y su régimen siempre han sostenido. Su biógrafo, Leycester Coltman, ha escrito que antes, para cumplir con los requisitos de edad y poder ingresar al colegio Belén, Ángel había sobornado a un funcionario y había obtenido un certificado de nacimiento en el que constaba que Fidel había nacido en 1926 y no en 1927. En diversas ocasiones, en los cincuenta, Lina y tres de sus hermanas confirmaron públicamente que Fidel había nacido en 1927. A Fidel sólo le han hecho una pregunta al respecto. En una entrevista con Bárbara Walters, le dijo: "Escojo la fecha menos favorable". Por lo tanto, en este libro se utilizará la fecha oficial del nacimiento de Fidel. Saul Landau, "Exclusive Interview with Fidel", *Eyewitness* (an *International Newsletter*), No. 1, enero de 1970; Leycester Coltman, *The Real Fidel Castro*, Yale University Press, 2003, p. 9; Gerardo Rodríguez Morejón, *Fidel Castro: Biografía*, P. Fernández y Cía., La Habana, 1959, p. 1; Emma y Lidia Castro, "Historia de la vida de Fidel Castro", *El Diario de Nueva York*, a 22 de abril de 1957, p.10; y La Entrevista Walters-Castro, *Bohemia*, 1 de julio de 1977, traducción del Departamento de Registros Estenográficos del gobierno cubano, La Habana.

un noble romano o de un centurión, y le gustaba exhibir el mentón para acentuar su nariz aguileña. Era consciente de que su tamaño y su fortaleza física habían sido una ventaja desde la infancia, y no dudaba en valerse de ellos para infundir respeto. Pero esa fe religiosa en la que había encontrado apoyo cuando niño se iba disolviendo lentamente, al verse confrontada con el duro mundo de la política universitaria.

Fidel era un mosaico de contradicciones. Si bien confiaba en sus capacidades cognitivas y de persuasión, era por otro lado inseguro de sí mismo en el plano emocional. Todavía era dado a exhibir una conducta errática o extrema para llamar la atención, y en ocasiones causaba estragos cuando daba rienda suelta a su cólera con el único propósito de intentar imponer alguna insólita meta política.

Después de aquellos años bajo el tutelaje protector de los jesuitas, todavía era un joven inmaduro en comparación con la mayoría de sus contemporáneos. No tenía la capacidad de confiar en otros, ni lograba entablar relaciones de genuina cooperación. Temía cualquier tipo de dependencia que lo hiciera de nuevo vulnerable a la explotación. En la universidad continuaba siendo cierto lo que una vez afirmó a Betto, el fraile brasileño, acerca de no haber tenido un mentor ni un guía cercano que le hubiese servido de inspiración en su infancia y en su adolescencia.

No tenía profesores a quienes admirara especialmente, ni modelos u hombres a quienes pidiera consejos. No respetaba a nadie lo suficientemente como para subordinarse en cualquier forma a esa persona. Emocionalmente, le era imposible convertirse en el discípulo de alguien, y así continuaría toda su vida. Nunca más habría una figura comprensiva como el padre Llorente, que intentara penetrar la barrera de su mente para ofrecerle algún consejo.

Para alguien tan dotado políticamente, Fidel era sorprendentemente insociable. No fumaba y rara vez bebía. Salía muy poco con mujeres y se mostraba inseguro y torpe con ellas. Algunos de sus contemporáneos recuerdan que, a sus espaldas, incluso lo llamaban "el casto". No tenía —ni tendría luego— interés por bailar, ni siquiera con el estímulo de la vibrante música y cultura cubana hispano-africana.

Hasta el día de hoy no canta —ni en la ducha, como lo admitió el mismo Fidel en una entrevista. En ese entonces, evitaba ir a fiestas, y no era por sus estudios. Los asuntos académicos le interesaban poco, faltaba continuamente a clases y, tal como hacía en Belén, aprobaba sus exámenes a punta de memorizaciones de última hora. Pasaba largas horas en los cafés, hablando incesantemente de política con quien quisiera escucharlo.

Fidel todavía no se había despojado de todas sus características rurales de guajiro y, con frecuencia, se presentaba en la universidad con la ropa manchada y arrugada. Esto le valió varios motes desagradables que perduraron por años: "bola de grasa" y "bola de mugre" eran los más comunes, recuerda "el Chino" Esquivel. También recuerda éste la indiferencia de Fidel por su atuendo. Los zapatos no combinaban con las medias. Combinaba colores en una forma extraña. Se ponía cualquier pantalón que descolgaba de una percha sin fijarse en el color. Sus compañeros lo consideraban un campesino sin sofisticación. En un intento de dar un matiz un poco más positivo a esta impresión general, Fidel le dijo un día a Carlos Franqui que lo que pasaba era que él era un "bohemio".

Las hermanas y parientas de Fidel ayudaban a mantener alguna apariencia de orden en su caótica vida doméstica. Años más tarde, antes y después de subir al poder, otras dedicadas mujeres, como su asistente Celia Sánchez, reemplazarían a sus hermanas en esta labor. Por lo menos dos de sus biógrafos cuentan que alguna de sus hermanas siempre arreglaba su ropa, lustraba sus zapatos e incluso le cortaba las uñas. Según cuenta su hija Alina, mucho después, cuando la visitaba, Fidel le pedía que le hiciera la manicura[4].

A lo largo de los años, varios entrevistadores han recalcado la incongruencia de sus manos pulidas, de dedos largos, delgados y sin callosidades, ciertamente distintas a las de su padre. Fidel ya era un joven vanidoso, consentido y narcisista en la universidad. Pretendía ser atendido como el delfín de algún exótico principado, para que su tiempo pudiese ser utilizado en asuntos más importantes[5].

En septiembre de 1995, cincuenta años después de haber ingresado a la escuela de derecho, Fidel regresó al claustro para pronunciar un discurso largo e indulgente consigo mismo, ante una nueva generación de estudiantes. Se presentó en el Aula Magna de la universidad, y se extendió en reminiscencias sobre sus experiencias en ese lugar. Quería que los estudiantes supieran quién había sido en realidad el joven Fidel, y tuvieran una perspectiva diferente de la que pudieran conocer a partir de las publicaciones cubanas a las cuales pudieran tener acceso. Como sería característico durante toda su vida, especialmente en su etapa más madura, distó mucho de ser modesto en sus reminiscencias.

"En términos relativos —les dijo a los estudiantes—, ya había empezado a descollar"[6].

Prominentemente situada en la cima de una colina del barrio Vedado, la Universidad de La Habana de doscientos años se distinguía por sus edificaciones ya algo desteñidas, de estilo clásico. Las fachadas eran, en general, de mármol, con imponentes frontones y columnas griegas.

Ubicada en medio de una explanada, la impresionante Escalinata de 163 escalones de piedra servía como entrada principal de la universidad, su punto focal. En tiempos de Fidel, era el punto de reunión de los estudiantes y sede de todo tipo de eventos, incluso de numerosas manifestaciones. Durante su segundo año, muchas de estas manifestaciones fueron organizadas por el mismo Fidel, que lideraba procesiones de vociferantes estudiantes Escalinata abajo por la calle San Lázaro, y de allí hacia alguna plaza pública o edificio del gobierno.

Durante el primer año, su actividad política no había tenido los resultados que esperaba. Con la ayuda del "Chino" había sido elegido como delegado de su clase, pero la oposición de quienes desconfiaban de él o lo despreciaban le impedía avanzar más dentro de la federación estudiantil. Fidel quería controlarlo todo, quería ser el centro de la atención general. Su tenaz ambición era demasiado transparente. Se dio cuenta de que debía camuflarla mejor, y también de que tenía que identificarse con una posición política popular y trascender la política universitaria, fuera de la Escalinata y en escenarios más propicios de la ciudad.

Si bien le fue difícil digerir este fracaso inicial, Fidel hizo lo mismo que seguiría haciendo por el resto de su vida: culpó a otros y siguió adelante. En ese entonces arguyó que la política universitaria se había corrompido y que otros líderes estudiantiles, sus rivales, lo obstaculizaban en forma deshonesta. Pero sin importar cómo racionalizaba su desilusión, y como siempre haría luego de una dolorosa derrota, siguió adelante con renovados bríos. Pragmático, reevaluó la situación, se fijó un nuevo curso de acción y buscó alianzas más propicias. Esto también se convertiría en su estilo y estrategia usual. En el curso de sus años en el poder, siempre habría nuevos equipos de funcionarios para reemplazar a aquéllos que, según él, no habían servido adecuadamente a la revolución.

Mientras estaba en la universidad, tomó tres decisiones críticas. La más fácil fue asumir un papel de liderazgo y atacar la corrupción del gobierno de Ramón Grau San Martín. A Fidel le sentaba bien este papel y pronto estaría incondicionalmente comprometido en la organización de una estridente oposición. Sin embargo, otro asunto fue la decisión de afiliarse, en julio de 1947, al nuevo partido reformista, el Partido Ortodoxo. El carismático Eduardo Chibás había fundado el Partido Ortodoxo, pero no confiaba en Fidel. No creía que sus ambiciones y descomunal personalidad pudieran encajar en una estructura jerárquica. Además, su involucramiento en ciertas actividades inicuas promovidas por mafias estudiantiles violentas, llamadas eufemísticamente "grupos de acción", pesaba en su contra.

La administración de Grau San Martín era un blanco legítimo para los enfurecidos estudiantes universitarios, así como para cualquier cubano con miras reformistas, independientemente de su pertenencia a un partido. Profesor y a su vez político reformista, el presidente había sido electo en una de las pocas elecciones presidenciales relativamente imparciales en Cuba. Se había posesionado de su cargo en octubre de 1946, para un período de cuatro años. Pero a pesar de las esperanzas puestas en su sorpresiva victoria, traicionó la confianza popular y pronto se le vio al mando de una administración notoriamente corrupta.

Desde el presidente y sus secuaces para abajo, todo funcionario, electo o nombrado en un cargo de alto nivel o burocrático, cohonestaba y sacaba alguna tajada de la corrupción. Grau San Martín politizó la policía y estimuló las actividades de grupos de corte mafioso, así como la salvaje violencia perpetrada por sus aliados políticos. Según se cuenta, durante su gobierno se cometieron sesenta y cuatro asesinatos políticos[7].

Esta situación malsana le proporcionó a Fidel su primera causa política. Su agenda era combatir estos abusos. Como era usual en él, llevó hasta el extremo su compromiso. El gobierno había traicionado de tal forma la confianza popular que debía ser derrocado. Era un gobierno ilegítimo. Pero Grau San Martín y sus secuaces no eran los únicos responsables de la podredumbre del sistema político, sostenía Fidel. Por fin tenía una causa popular que podía defender al mismo tiempo que encontraba un cauce para sus ambiciones políticas.

En noviembre de 1946 pronunció su primer discurso nacional, con cobertura de la prensa. Vilipendió a Grau San Martín, atacó la corrupción y la violencia oficiales y, por primera vez, se hizo paladín de una causa social al denunciar que los corruptos extraían la sangre de los pobres de Cuba.

Fidel se había preparado meticulosamente para que esta actuación tuviera gran fuerza y marcara un derrotero. "El Chino" Esquivel cuenta que, de joven, Fidel redactaba a mano algunos de sus discursos y luego se los aprendía, "de cabo a rabo", de memoria. También se esforzaba muchísimo ensayando cada postura física y gesto que adoptaría, así como su secuencia. Su estilo de oratoria estaba todavía en proceso de perfeccionamiento, cuenta Esquivel, y añade que le había impresionado mucho el hecho de que a Fidel "le fascinaba hablar en público".

Fidel estaba moviéndose tentativamente hacia la izquierda, en la misma dirección de las corrientes políticas de mayor fuerza, pero todavía no estaba seguro de si no serían mejores, tanto para él mismo como para los intereses de Cuba, los métodos de la extrema derecha. José Pardo Llada, padrino de boda de Fidel en 1948 y uno de sus más estrechos colaboradores desde los años universitarios, cuenta que Fidel mantenía a mano una edición de doce volúmenes con los discursos y escritos de Benito Mussolini. José Ignacio Rasco también recuerda el interés con que Fidel leía a Hitler cuando estaba en la universidad. Estos recuerdos concuerdan con otros testimonios verosímiles[8].

Pero las ideologías o doctrinas seguían siendo de interés secundario para Fidel; él era hombre de acción y no le llamaba la atención inscribirse en un credo. Lo que realmente le importaba era lograr mayor atención como líder de la oposición. Organizó cuanta manifestación pudo y empezó a pensar en términos de una conspiración violenta.

Cuando el gobierno anunció que subiría las tarifas de los buses de transporte público, lideró una manifestación de estudiantes. Ondeando una enorme bandera de Cuba, descendieron por la Escalinata y se dirigieron a la ciudad, donde fueron atacados por la policía. A Fidel lo golpearon pero no tan fuertemente como daba a entender el enorme vendaje de gasa blanca que se ató alrededor de la cabeza.

A este episodio siguió una de sus aventuras más extravagantes. En un intento por calmar la agitación que reinaba, Grau San Martín invitó a cuatro estudiantes para que se reunieran con él en el palacio presidencial. Entre ellos estaban Fidel y "el Chino" Esquivel. En 1976, Pardo Llada escribió sobre el plan fraguado por Fidel luego de que el presidente de sesenta y tres años invitara a los estudiantes a que disfrutaran el aire fresco del balcón, donde discutirían el tema del alza de las tarifas de los buses. Mientras estaban solos, Fidel susurró al oído de sus compañeros:

"Ya tengo la fórmula para tomarnos el poder y deshacernos de una vez por todas de este viejo ladrón".

Al persistir Fidel, todos quedaron sin habla.

"Cuando el viejo regrese, entre los cuatro lo levantamos y lo lanzamos por el balcón. Una vez muerto, proclamaremos el triunfo de la revolución estudiantil… es nuestra gran oportunidad para tomarnos el poder".

Pardo Llada cuenta que "el Chino" Esquivel agarró a Fidel por un brazo y le gritó: "Vamos, guajiro, estás loco".

Como Fidel insistiera en su macabro plan, Enrique Ovares le pidió que no siguiera. "Vinimos para lograr que se reduzcan las tarifas de transporte, no para cometer un asesinato"[9].

Por maquiavélico que les hubiera parecido a los demás el improvisado plan de Fidel, éste sería sólo uno entre otros similares que idearía a fines de los cuarenta y principios de los cincuenta. El común denominador de estos planes era un acto repentino de violencia que pudiera incitar a una revuelta y disturbios populares, como la toma de la Bastilla en París en 1879, y permitiera derrocar un régimen antiguo para reemplazarlo por un poder revolucionario.

En noviembre de 1947, Fidel se dio a otra aventura. Urdió un brillante y pernicioso plan para desacreditar al gobierno de Grau San Martín. El plan consistía en secuestrar la campana de La Demajagua, uno de los símbolos más importantes de la lucha de la independencia cubana del siglo XIX, el equivalente de la campana de la libertad en Filadelfia.

La campana cubana se conservaba en Manzanillo, un pequeño pueblo en Oriente. La idea de Fidel era traerla en secreto a la universidad y hacerla tañer clamorosamente en medio de ceremonias y discursos nacionalistas. La meta era inducir a la multitud a que se volcase sobre el palacio presidencial con el fin de pedir la renuncia del presidente.

Lionel Martin, un biógrafo simpatizante que tuvo acceso a varios funcionarios del más alto rango del gobierno, escribió al respecto: "Fidel había soñado con encender un movimiento masivo... que hiciera estremecer al gobierno desde sus mismas bases[10]. A diferencia del posible acto criminal del balcón, esta idea, aunque nunca se logró llevar a cabo, sí contó con el apoyo de la mayoría de los líderes estudiantiles.

El pensamiento estratégico subyacente a los posteriores ataques del cuartel Moncada y del *Granma* fue producto de este mismo enfoque conspiratorio de Fidel, excepto que sus anteriores planes nunca se ejecutaron. Para el joven adulto, casi cualquier medio se justificaba para el logro de los fines revolucionarios. Pero cuando todavía era un universitario, sus motivaciones no eran tan claras: ¿Planeaba actos nihilistas de violencia principalmente para atraer hacía sí la fama y la gloria? o ¿era su odio por los políticos que pertenecían al establecimiento el que actuaba como una especie de detonador?

Muchos años después, quizás con estos momentos vividos en el balcón de Grau San Martín ya cimentados en su memoria, Fidel comentó a un entrevistador que no le gustaba salir al balcón de *su* oficina en el edificio donde reubicó la presidencia luego de haberse tomado el poder.

"Casi nunca salgo a este balcón para contemplar la ciudad"[11].

Bien pronto, Fidel andaría siempre armado. Una vez, en la cafetería de la escuela de derecho, se sentó a caballo en una silla e intimidó a otros estudiantes al hacer rotar una pistola automática encima de una mesa. En este nuevo papel, se asoció con los criminales ávidos de sangre de los "grupos de acción", y se convirtió en una figura amenazante. Era un personaje *negro* y peligroso, una figura sombría, similar a los sicarios gánsteres de las películas de Hollywood de los años treinta y cuarenta.

De hecho, lo implicaron en dos casos de asesinato: el de un importante líder estudiantil, su rival, y el de un policía del campus. En este último caso se le consideró como el principal sospechoso y fue detenido, aunque luego fue puesto en libertad por falta de pruebas o porque algún aliado político movió sus hilos. Sin embargo, no existen dudas de que antes había encabezado un intento de asesinato a sangre fría, en diciembre de 1946, contra otro aspirante a líder estudiantil.

Aun cuando Leonel Gómez cursaba todavía la preparatoria, había declarado su intención de ingresar en el siguiente período en la política universitaria. Era ambicioso, astuto y carismático, del mismo corte que Fidel, y un auténtico rival en su horizonte. Gómez se había afiliado a una banda mafiosa rival, y era la fórmula perfecta para provocar los peores instintos del carácter de Fidel.

Empezando con el intento de asesinato de este joven advenedizo, en las seis décadas que siguieron a 1946 Fidel nunca vacilaría en recurrir a cuanto acto —letal o no— fuera necesario para adelantarse a sus oponentes y evitar que en un futuro se convirtieran en una amenaza abierta para él.

"El Chino" Esquivel estaba una noche con Fidel frente al estadio de la universidad cuando vieron salir a Leonel Gómez. Siempre armado y listo para aprovechar cuanta oportunidad se presentase, Fidel se escondió detrás de una pared de piedra y sin previo aviso le disparó al joven. Según algunos, la bala penetró a través de la espalda de Gómez y terminó anidándose en su pulmón. El joven, ya seriamente herido, logró escapar. Una segunda persona recibió un disparo en la pierna[12].

Este incidente refleja unos rasgos innatos del carácter de Fidel que sus profesores jesuitas nunca imaginaron. Era el comportamiento de un psicópata, de alguien sin capacidad ni inclinación a distinguir entre el bien y el mal. Ya a la edad de veinte años, Fidel consideraba el asesinato y la mutilación como medios aceptables y justificables para lograr sus intereses personales. En términos clásicamente freudianos, el comportamiento de Fidel era el producto de una mente sin conciencia que carecía de superego.

Había arrojado por la borda toda la formación religiosa recibida de los jesuitas. El intento de asesinato contra Leonel Gómez jamás ha sido descrito por ningún testigo como un acto en defensa propia. El joven estudiante no hacía parte de una conspiración que amenazara a Fidel, por lo menos no todavía. No era un político corrupto en la pseudodemocracia cubana, que hubiese traicionado la confianza pública. Por otra parte, Fidel no era un defensor de la libertad, ni combatiente de una "guerra justa" en la cual moralistas y teólogos concordarían que es viable privar a otro de la vida. Gómez no era más que una posible amenaza, aún no real, para el futuro de Fidel.

Los conflictos en el campus se volvieron tan candentes que Fidel también fue señalado como blanco de asesinato y tuvo que esconderse. La oportunidad se presentó al casarse y tener una prolongada luna de miel en Nueva York a fines de 1948, donde por unos meses vivió con su esposa en el Bronx mientras él estudiaba inglés.

En diversas ocasiones Fidel se ha referido a este grotesco capítulo de su vida de hampa, pero ha tratado de darle un giro más noble y heroico. En una charla en la Universidad de La Habana, en 1955, se expresó con la beligerancia típica de él.

"Si algo aprendí durante aquellos años cuando, desarmado, tuve que mirar cara a cara a la muerte muchas veces, es que el enemigo respeta a quienes no le temen, a quienes lo enfrentan. La medida que tomé de cumplir con mi deber... hizo que me respetaran"[13].

Pero durante esos años tomaban forma otras facetas de su carácter y otros puntos de vista que habrían de caracterizarlo a lo largo de toda su vida política. Si su antiamericanismo estaba latente desde sus años en el Belén, en la época universitaria se hizo claramente consciente. Si antes su conocimiento del héroe cubano José Martí era superficial, luego de ingresar a la escuela de derecho quedó cautivado. Llegó hasta el punto de leer casi todo lo que Martí escribió. Había encontrado por fin su tan anhelado mentor, su guía, frente al cual su rol no sería de subordinación.

Empezó a formar su primera biblioteca, con todos los escritos de Martí. Se aprendió de memoria sus artículos y discursos favoritos. Por momentos parecía haberse identificado de tal forma con su ídolo que, de modo peculiar, empezó a personificar a Martí. José Pardo Llada y José Ignacio Rasco recuerdan un discurso cuidadosamente ensayado de Fidel que guardaba un estrecho parecido con uno de Martí. Al respecto, Pardo Llada escribió que de hecho se trataba de un discurso de Martí y que Fidel lo repitió de memoria, palabra por palabra[14].

En medio de una historia lamentablemente desprovista de héroes nacionales capaces de unir a la nación, Martí era el "apóstol" de Cuba. Fue un notable orador de finales de siglo y una figura literaria importante, un poeta reconocido. Se ganó la vida como periodista y ensayista, pero también fue un hombre de acción, un organizador político que recaudó fondos para la guerra de independencia de Cuba contra España.

Fue un mártir. Una noche, en 1895, luego de atracar su barca en una costa al sur de Oriente, a punto de unirse a la lucha guerrillera que él mismo había ayudado a organizar contra el ejército español, Martí anota en su diario: "Se levanta una luna roja... Desembarcamos en una rocosa playa". Más o menos un mes después, montado en su caballo blanco, Martí fue muerto a tiros por un coronel español.

En sus últimas anotaciones Martí había consignado —en un estilo quizás demasiado ferviente— los sentimientos que los Estados Unidos le inspiraban y que claramente reflejaban su animadversión y su creciente temor por los designios que sobre Cuba tenía el imperialismo estadounidense.

En medio de una extensa descripción del tiempo que pasó en Nueva York y en Florida, escribe: "Conozco bien a ese monstruo porque he vivido en sus entrañas. La honda de David es mi única arma".

En un giro retórico, añade: "Una vez que los Estados Unidos estén en Cuba, ¿quién los podrá sacar?"

Quizás éstas hayan sido las lecturas que más decisivamente influyeron en el desarrollo de la filosofía política de Fidel. Martí se convirtió en su ídolo vitalicio. El destino que creía trazado para sí tenía ahora su estrella polar. Él completaría el trabajo de Martín. Liberaría a Cuba de la dominación extranjera, se convertiría en el David de Cuba contra el Goliat estadounidense.

Esto fue lo que Fidel escribió, casi literalmente, en el verano de 1958, mientras estaba en Sierra Maestra. En una carta dirigida a Celia Sánchez, dice: "He jurado que los estadounidenses pagarán caro por lo que hacen. Cuando esta guerra termine, empezará para mí otra más grande y temible, la guerra que iniciaré contra ellos. Éste es mi verdadero destino".

Martí había condenado el apetito expansionista de Teddy Roosevelt, a quien consideraba un ladrón de cuello blanco. Condenaba su materialismo, su "excesivo individualismo" y su "veneración por la riqueza". En un estilo romántico y característicamente florido, Martí contrastaba a los Estados Unidos y su rápida industrialización con "Nuestra América". Con "Nuestra América" quería decir todos los países de habla hispana en el hemisferio occidental, en los cuales, aunque sumidos en la ignorancia, prevalecían virtudes más honestas y humanistas, cualidades que debían protegerse y preservarse. "Nuestra América" se convirtió en uno de los lemas que la revolución de Fidel adoptó y repetiría sin cesar.

Bajo el hechizo de Martí y con esta nueva perspectiva sobre la historia cubana, Fidel se convirtió en un ferviente nacionalista, sentimiento que no había albergado antes de su encuentro con los escritos de Martí, ni cuando vivía en la remota Birán, con un padre español, ni en el hogar de crianza de los haitianos, o luego bajo la tutela de los jesuitas.

Pero ahora sentía un acuciante y doloroso orgullo de ser cubano. Sin embargo, este impulso positivo se mezclaba con un sentimiento de vergüenza nacional heredada. Como muchos otros de su generación, y especialmente en la universidad, Fidel se hizo más consciente del traumático pasado de Cuba, cargado con lo que él creía eran las injusticias y la explotación sufridas bajo la dominación extranjera. Se obsesionó con los frustrados anhelos de una identidad cubana independiente de los poderes foráneos. Lógicamente, los Estados Unidos eran el gran responsable, el "monstruo" contra el cual Martí advertía.

Otra conclusión que muchos de su generación dieron por sentada es que los mambises, colegas revolucionarios y de guerrilla de Martí, habrían ganado la independencia total para su tierra, aun sin la intervención estadounidense.

Por muy ilusoria que esta conclusión parezca, los nacionalistas cubanos creían que los mambises habrían podido derrotar por sí solos a los españoles. Cuando al final de la guerra los generales españoles se rindieron, fue ante los estadounidenses. Los comandantes estadounidenses no permitieron siquiera que los mambises entraran a Santiago como victoriosos. Ésta sería la lección histórica que Fidel mantuvo en la mira cuando se preparó y entró triunfante en Santiago, el primero de enero de 1959.

Esa noche pronunció allí su primer discurso como el segundo "apóstol" de Cuba. Dejó consignado que él y su revolución no serían humillados como lo habían sido los mambises.

"Esta vez la revolución no será frustrada. Ahora, afortunadamente para Cuba, se consumará la revolución. No será como en la guerra de 1895, cuando los estadounidenses llegaron y se hicieron dueños del país. Intervinieron a última hora, y después ni siquiera permitieron que Calixto García, que había luchado durante treinta años, entrara a Santiago".

Ya en su tercer año de universidad, en 1948, el sentimiento antiimperialista de Fidel reflejaba el mismo miedo de Martí hacia lo que los cubanos llamaban simplemente "el Norte". Los nacionalistas detestaban lo que percibían como servilismo de los gobiernos cubanos luego de la guerra de independencia: la cesión a perpetuidad de la Bahía de Guantánamo, el mejor puerto de la isla, y, obviamente, la Enmienda Platt. Ésta dio a los presidentes de los Estados Unidos el derecho de intervenir en Cuba con casi cualquier pretexto, y de hecho fue invocada varias veces hasta que Franklin Roosevelt la revocó en 1934. Doce años después, cuando Fidel adquiría su conciencia política en la universidad, todavía persistían los amargos recuerdos de las intervenciones estadounidenses.

Con pasión retroactiva, Fidel también llegó a desdeñar a las compañías estadounidenses que, como la United Fruit, habían hecho metástasis y crecido en toda la Bahía de Nipe. La influencia económica y cultural de los Estados

Unidos estaba en todas partes. Pero al igual que Martí, Fidel buscó oportunidades de "vivir en las entrañas del monstruo". En su caso, y para poder entender mejor a este monstruo, Fidel resolvió aprender el idioma inglés.

Posteriormente, cuando luchaba por derrocar a Batista, Fidel ocultó el verdadero alcance de su antinorteamericanismo. Sabía que por entonces la actitud de muchos cubanos era decididamente proestadounidense y que, para obtener la victoria, la verdadera fuerza de este sentimiento no podría salir a la luz pública.

Siguiendo los pasos de Martí, Fidel cruzó otro Rubicón, de enorme importancia geopolítica. El "apóstol" se había considerado a sí mismo no sólo cubano, sino ciudadano de toda Hispanoamérica. En este sentido, su pensamiento coincidía con la "hispanidad" del falangista español José Antonio. En la visión emergente del mundo de Fidel, las dos corrientes compatibles confluyeron con facilidad.

Había otras sociedades en Latinoamérica, las más evidentes las de Puerto Rico, la República Dominicana, Nicaragua y Panamá, que también habían caído bajo una fuerte influencia estadounidense. De modo que, buscando nuevos retos, Fidel empezó a ampliar el horizonte de su mira, hacia estos y otros vecinos de habla hispana. Su isla y tierra natal ya no serían más un escenario lo suficientemente grande o estimulante.

Hay quienes han especulado que el despertar político y la conciencia internacionalista que se desarrolló en Fidel en la Universidad de La Habana alimentaron su resentimiento contra los explotadores extranjeros, pero también contra los propios cubanos. Por siglos, los cubanos habían soportado la dominación extranjera sin que sus levantamientos hubiesen tenido éxito. Los demás países latinoamericanos habían luchado por la independencia y habían extirpado la dominación española en el siglo XIX. Conocida como la "isla fiel de España", Cuba no empezó a pensar en su independencia sino hasta después de la Guerra Civil de los Estados Unidos. Puerto Rico y Cuba se constituían en los dos únicos países que por entonces continuaban bajo el yugo español en las Américas.

Fidel, hijo de gallego, y él mismo gallego en cierta forma, miraba con condescendencia a sus compatriotas, a medida que se intensificaba su nacionalismo. Quizás lo hacía de igual forma que cuando, todavía en Birán, maltrató a Aracelio Peña, el campesino. La gente de Cuba había esperado tanto tiempo, había soportado tanto yugo del colonialismo, que no era digna de mayor respeto. Se convertiría en misión de Fidel despertar la conciencia de los cubanos, radicalizarlos, para que, tal como él mismo había hecho, pudieran convertirse en amos de su propio destino. Pero aun así, Cuba nunca sería una plataforma suficientemente grande o importante para sus ambiciones alejandrinas[15].

En 1947, a la edad de veintiún años, ya con un horizonte que se extendía más allá de las playas de Cuba, asumió el liderazgo del Comité para la Liberación de Puerto Rico y del Comité en Pro de la Democracia Dominicana. Éste fue, quizás, el único tiempo en su vida en el que trabajó como miembro de una estructura colegiada, aunque no se sepa bien cómo funcionaban realmente estos comités.

Fidel no trabajaba bien en situaciones en las cuales tuviera que compartir el poder o las decisiones, y es poco probable que estas organizaciones estudiantiles fueran la excepción. Nunca ha sido un buen miembro de equipo. Siempre se ha mostrado recio a delegar autoridad, salvo en Raúl.

Fidel llevó su compromiso con la causa de Puerto Rico y de la República Dominicana hasta el punto de intervenir físicamente para agitar a los estudiantes y organizar protestas estudiantiles colectivas; pero no estaba interesado en presidir interminables discusiones sobre el sufrimiento de estos pueblos vecinos, ni en confinarse a la mera exposición de su posición política[16].

En ese verano se unió a cerca de mil doscientos jóvenes dominicanos y cubanos que recibían entrenamiento en Cayo Confites, al norte de la costa cubana. Su propósito era derrocar al dictador dominicano Rafael Leonidas Trujillo. Sofocándose de calor, permaneció cerca de dos meses en aquel cayo infestado de mosquitos, vistiendo uniforme militar y entrenándose en el uso de armas de gran calibre.

Fidel cuenta que ingresó en el grupo como simple soldado "raso", de infantería; si es cierto que recibía órdenes y se mantenía en la fila, este intervalo, así como los dos años que pasó en prisión, serían los únicos momentos en su vida adulta en los cuales Fidel tuvo que someterse a la voluntad o mando de otros. Sin embargo, es difícil imaginarlo como un subordinado obediente y confiable.

Juan Bosch, un erudito e intelectual que por un corto tiempo fue presidente de la República Dominicana en 1963, se hallaba en Cayo Confites como líder nominal de la expedición. Años después, en entrevista con Georgie Anne Geyer, una de las principales biógrafas de Fidel, habló de este agresivo y fiero joven cubano, a quien apenas empezaba a conocer.

Un día, otro de los jóvenes que recibía entrenamiento accidentalmente se pegó un tiro. "Todo el estómago le colgaba hacia fuera", recuerda Bosch. Fidel estaba cerca y fue testigo del accidente. Bosch vigilaba atentamente sus reacciones: "Su mirada estaba fija en el rostro del hombre herido. Alguien dijo: 'Métanle el estómago'. Al oír estas palabras, el terror se plasmó en el rostro del herido. Pero Fidel continuó observándolo fijamente, muy serio y sin ninguna expresión. El hombre murió. Fue un accidente, pero siempre recordaré la frialdad y la imperturbabilidad de Fidel. El hecho fue que no exteriorizó ninguna emoción; y así sigue siendo"[17].

En diversas ocasiones Fidel ha salido en defensa de su aventura en Cayo Confites. Siempre ha dicho que Cuba tenía una obligación —"una deuda de honor"— con el pueblo dominicano. Uno de los tres altos líderes de las guerrillas cubanas que pelearon contra España era dominicano: Máximo Gómez. Por muchos años Fidel mantuvo su decisión personal de asegurar el pago en especie de esta deuda, por los sacrificios de Gómez. Cuando conoció a Bosch en La Habana, Fidel impresionó grandemente al líder con su animada grandilocuencia. Le prometió: "Estoy dispuesto a morir por la libertad del pueblo dominicano"[18].

Después de que la intervención abortara, se presentó otra oportunidad, tal vez no coincidencial, para que Fidel apoyara al pueblo dominicano, exactamente doce años más tarde, en junio de 1959. Habían transcurrido seis meses desde que los hermanos Castro se tomaran el poder. Juntos, apoyaron una nueva expedición cuyo propósito, como el de la anterior, era derrocar al afianzado dictador; luego de entrenarse en Cuba, los insurgentes lograron desembarcar en la costa dominicana.

Esta segunda expedición también falló, pero no porque los líderes cubanos hubieran perdido su aplomo, como sucedió en 1947. Según afirmó Fidel a tres periodistas estadounidenses, en julio de 1959 (justo después de esta nueva expedición), su gobierno había planeado el intento cuidadosamente con "tres grupos, con los mejores hombres, y bien armados". Fidel dijo no entender cómo habían sido derrotados los expedicionarios, aun cuando estaba seguro de que algunos habían huido hacia las montañas para seguir luchando contra Trujillo como guerrilleros.

Esta charla con los reporteros fue extraoficial y por lo tanto inusualmente sincera. Fue una de las pocas veces en que Fidel ha admitido explícitamente haber brindado apoyo tangible a revolucionarios de otros países. Con la misma desprevención fantaseó sobre unirse a los insurgentes dominicanos, para así volver a involucrarse personalmente en la lucha contra Trujillo.

Herbert Matthews, de *The New York Times,* en quien Fidel y otros líderes cubanos confiaban, era uno de los reporteros presentes. Durante muchos años conservó en su colección privada las notas de este encuentro, antes de entregarlas a los archivos de la Universidad de Columbia. El reportero escribió que cuando Fidel supuso que las guerrillas sobrevivientes todavía estaban en las montañas de la

República Dominicana, contempló la posibilidad de unirse a ellas por cuanto estaba convencido de que necesitaban de un liderazgo decisivo e inspirador.

Según las anotaciones de Matthews, Fidel "no tenía dudas de que si hubiera podido, habría ido a liderarlas, y expresó lo mucho que deseaba hacerlo en vez de estar gobernando a Cuba"[19].

El interés de Fidel por derrocar al brutal Trujillo, por entonces en su tercera década en el poder, refleja el compromiso adquirido durante sus años de agitador universitario. Es ésta una de esas raras ocasiones en las cuales, desde los días de la Revolución Cubana, coinciden las políticas de los Estados Unidos y de Cuba con respecto a un país latinoamericano. La administración Eisenhower y la administración Kennedy tenían al dictador Trujillo en la mira y, encubiertamente, surtían armas a los disidentes dominicanos; finalmente, en mayo de 1961, Trujillo fue asesinado, cuando Kennedy todavía estaba en la presidencia[20].

Apoyar el movimiento de independencia de Puerto Rico fue para Fidel una empresa mucho más osada que ayudar a un puñado de jóvenes románticos dominicanos a combatir un dictador grotesco. La isla había sido parte de los Estados Unidos desde el final del siglo XIX. Fidel se propuso gustoso el reto, originalmente como líder estudiante militante y luego asignando a los servicios de inteligencia de Cuba la responsabilidad de alta prioridad de promover la independencia puertorriqueña por medios tanto pacíficos como violentos.

Desde sus días universitarios, Fidel ha creído que Puerto Rico es una colonia de los Estados Unidos y que, por tanto, debe ser "liberado". En su opinión, desde el poco glorioso final de la guerra hispano-cubana los puertorriqueños han sido víctimas de la explotación y la injusticia. No tuvieron otra alternativa y directamente pasaron a estar bajo el mando estadounidense. Su idioma es el español, sus costumbres y folclore poco tienen que ver con las tradiciones anglosajonas; en resumen, son un pueblo latinoamericano. Fidel expresó sucintamente su punto de vista en una entrevista televisiva.

"Los Estados Unidos se tomaron a Puerto Rico y lo convirtieron en colonia"[21].

Hay otros hechos históricos que también motivan esta obsesión. Varios puertorriqueños eminentes habían colaborado con el Partido Revolucionario de Martí en Cuba. Su contribución a la causa cubana, así como el compromiso de Martí con la causa puertorriqueña, fueron para el joven Fidel una fuente de justificación moral e histórica. Entonces, su permanente interés por la independencia de Puerto Rico se ha basado tanto en los intereses comunes de los dos países como en una deuda de gratitud que él se ha sentido obligado a pagar.

Sus esfuerzos para hacerlo datan de sus años universitarios, cuando profundizaba en el pensamiento de Martí, asumió la dirección del Comité Pro Liberación de Puerto Rico y participó en innumerables manifestaciones en pro de su independencia. Eran "muchas las manifestaciones de solidaridad que realizábamos en la universidad"[22].

Llegó incluso a resultar herido en una de ellas. Así lo recordaría treinta años después: "Un día, frente al consulado de los Estados Unidos en la Vieja Habana, la policía me golpeó sin tregua durante una manifestación en pro de la independencia de Puerto Rico"[23].

En esta forma, a partir de su tercer año de universidad y a lo largo de por lo menos cuatro décadas, Fidel mantendría la causa de la independencia de Puerto Rico como una de sus más preciadas metas internacionales. Sin importar cómo afectaría sus relaciones con los Estados Unidos, Fidel brindó su apoyo a los partidos y frentes que apoyaban la independencia. No se trató solamente de un apoyo moral e histórico. También les brindó ayuda a células terroristas involucradas en actos de violencia extrema, tanto en Puerto Rico como en varias ciudades estadounidenses. Asesoradas por algunos de los mejores agentes de la inteligencia cubana, estas campañas terroristas alcanzaron su apogeo en los setenta y principios de los ochenta.

Cuando cumplió los 22 años, en 1948, Fidel ya había desarrollado y decantado buena parte de las creencias que mantendría por el resto de su vida, así como su personalidad y rasgos de carácter, su estilo y sus métodos de liderazgo. Seguro de sí mismo y arrollador, el joven adulto ya había encontrado causas y temas que podían dar alas a sus ambiciones. No se sentía restringido por el tipo de escrúpulos morales que hacen vacilar a otros hombres. Ya podía observarse la esencia de este ícono revolucionario que habría de gobernar a Cuba con mano de hierro durante más de cuatro y media décadas. Fue por esta época cuando Raúl regresó a La Habana para colaborar con Fidel, luego de haber deambulado varios años en Birán.

Fidel no era marxista aún, pero ya había empezado a profundizar en la obra teórica de sus fundadores Marx, Engels y Lenin y ya participaba en actividades de lucha contra el gobierno promovidas por otros líderes estudiantiles comunistas. Pero aun así, si por entonces hubiera querido unirse al Partido Comunista de Cuba, o a su filial juvenil, es poco probable que dichas organizaciones se hubieran sentido a gusto con su ingreso. Para ellas, se trataba de un joven demasiado violento y volátil, incapaz de someterse a la disciplina del Partido. No obstante, en esta época de principios de la Guerra Fría y del puente aéreo de Berlín, se hacía ya evidente la dirección que tomaba su pensamiento ideológico. No se identificaba con las políticas antisoviéticas y anticomunistas adoptadas por la mayoría de las democracias del mundo occidental.

Su antinorteamericanismo era implacable. Muchos otros jóvenes cubanos también se consideraban como antiimperialistas y abrigaban fuertes rencores contra los Estados Unidos. Estaba de moda y además, históricamente, era lo correcto. Pero para la mayoría se trataba de actitudes abstractas, de asuntos que debían ser resueltos en el seno de la política nacional cubana, o ventilados en un café, sin ensombrecer las buenas relaciones con los Estados Unidos. Sin embargo, para Fidel, la confrontación con el "monstruo" del Norte de Martí era no solamente inevitable sino deseable. Sería su destino. Sería su ruta más segura hacia la fama y la gloria.

Philip Bonsal, que fue embajador de los Estados Unidos en Cuba hasta enero de 1961, hizo hasta lo imposible por establecer una buena relación con el gobierno revolucionario. No lo logró. Este liberal, diplomático de carrera, que hablaba español con fluidez y trabajó asiduamente para evitar una ruptura en las relaciones entre los dos países, terminó por concluir que Fidel consideraba a los Estados Unidos como "su principal competencia" y estaba decidido a liberar a Cuba de la presencia estadounidense. Esta interpretación de Bonsal añade una nueva dimensión al antinorteamericanismo de Fidel. El embajador posteriormente escribió que, en 1959, Fidel era antiimperialista porque "sentía que la presencia estadounidense era adversa a su propia búsqueda de un poder absoluto"[24].

En retrospectiva, es fácil distinguir en Fidel, el estudiante universitario, los signos del adulto enemigo de los Estados Unidos. Pero en aquella época esto no era tan evidente para un observador estadounidense.

A medida que labraba su ruta hacia el poder, Fidel se convirtió en un artista para enmascarar y ocultar sus verdaderas creencias. Con pocas excepciones, desde funcionarios del gobierno hasta periodistas, los estadounidenses interpretaron sus palabras literalmente. En múltiples escenarios declaró ser un demócrata. Afirmó que programaría y llevaría a cabo elecciones justas, que reinstituiría la progresista constitución cubana de 1940 y que mantendría buenas relaciones con los Estados Unidos. Repetidamente negó tener inclinaciones comunistas. Proclamaba que su revolución era "humanista".

Muchos funcionarios del gobierno estadounidense, incluso quizás de la CIA, tenían la ilusión de que Fidel y sus barbudos revolucionarios de las montañas eran jóvenes nobles y románticos, decididos a poner fin a una dictadura odiosa. Hacia mediados de 1958 su victoria parecía

inevitable, y la mayoría de los funcionarios estadounidenses esperaban que fuera para bien. Fidel ciertamente
parecía tener tendencias autoritarias, pero los especialistas
en inteligencia y diplomacia estadounidenses confiaban
en que, con el tiempo, éstas madurarían y se suavizarían.
Por lo menos no había prueba de que fuera comunista, y
seguramente mantendría a raya a Raúl y al Che Guevara,
los dos prominentes marxistas que lo secundaban.

Este sueño resultó en la primera de las innumerables fallas de juicio y de política que la inteligencia y el
gobierno estadounidense cometerían respecto a Cuba. Se
subestimaron o pasaron por alto los defectos de Fidel. Se
minimizó la importancia de su participación en otras revoluciones extranjeras. Ni la embajada estadounidense en
La Habana, ni el consulado en Santiago o la misma CIA
habían recogido información suficientemente confiable
sobre Fidel. En general se desestimaron los informes sobre su participación en actividades antiimperialistas, su
compromiso con la independencia de Puerto Rico y sus
actividades de corte mafioso.

En cada una de las décadas en que Fidel ha estado en
el poder, se han cometido muchas otras fallas de inteligencia. Tristemente, éstas se han ido agravando año tras año,
perpetuándose así una mentalidad y un modo erróneo de
evaluar a Fidel. Tal vez ningún error fue tan determinante
como el original que persistió durante muchos años. Tanto
los analistas de la CIA como el gobierno estadounidense
insistieron en creer, a pesar de la sustancial evidencia en
contra, que Fidel mantendría buenas relaciones con los
Estados Unidos.

CAPÍTULO 5

Nos podemos tomar el poder

Bogotá, la melancólica capital de Colombia, situada a dos mil seiscientos metros de altura en los Andes, no se parece a ninguna otra ciudad grande de Latinoamérica. No hay vegetación tropical, ni palmas, ni colores pastel, y poco sobrevive de la arquitectura colonial española. Construidas con ladrillos rojos, sus casas y edificios tienen un vago estilo Tudor que no encaja del todo. El ambiente de la ciudad es circunspecto, taciturno, precavido. Rodeada en tres de sus costados por imponentes picos montañosos, es una metrópolis fría y oscura. Aun en verano, en las tardes hay que usar abrigo o chal para protegerse del viento helado.

La ciudad fue escenario de posiblemente el peor brote de violencia fratricida en la historia moderna de Latinoamérica. Unos cuantos miles de personas murieron en abril de 1948, en un torbellino de asesinatos y vandalismo. El "bogotazo" (nombre que se le dio a este episodio) estalló luego del asesinato de Jorge Eliécer Gaitán, un popular líder político, jefe apreciado del Partido Liberal y casi seguro candidato ganador a la presidencia. Gaitán quería sacar del poder a su archienemigo, el Partido Conservador, y dirigió su campaña hacia el mejoramiento de las condiciones de los pobres y de la clase trabajadora. Su inesperado asesinato, a la luz del día, en una calle cercana a su oficina de abogado en el centro de la ciudad, dio inicio a un cataclismo de violencia.

Por entonces Fidel estaba en Bogotá. Era su primera temporada en el extranjero. Recién cumplidos los veintiún años, estaba acompañado de otros tres jóvenes cubanos, entre ellos Rafael del Pino, su camarada habitual en aventuras violentas. Según un reconocido historiador, Fidel y Del Pino ya habían participado juntos en un poco conocido intento de asesinato en La Habana. Dicho intento, aparentemente el cuarto en la lista de Fidel, tuvo como blanco a Rolando Masferrer, fundador y cabeza de una de las bandas de la mafia universitaria[1]. En Bogotá, lo que Fidel y Del Pino querían era crearles problemas a los Estados Unidos, y no propiamente participar en una revuelta revolucionaria. Pero terminaron haciéndolo.

George Marshall, Secretario de Estado estadounidense, y algunos ministros de Relaciones Exteriores de otros países de América Latina se habían reunido en la capital colombiana para asistir a una importante conferencia panamericana de la cual surgió la Organización de Estados Americanos. Fidel consideraba que se trataba de la última intrusión del imperialismo estadounidense en Latinoamérica, de un esfuerzo amenazante por "consolidar su dominio" en la región. Estaba decidido a perturbar el desarrollo de la conferencia y a desacreditarla.

Los cubanos organizaron otro cónclave simultáneo con la participación de estudiantes de la Argentina y otros países. Abundaron en grandes dosis de retórica antiimperialista, pero pasaron casi inadvertidos. Sin amilanarse, Fidel y Del Pino hallaron otra manera de atraer la atención y de hacer llegar sus mensajes antinorteamericanos hasta los más altos niveles.

En alguna forma entraron al ornamentado teatro Colón, en el centro de Bogotá, donde tenía lugar la reunión de los ministros extranjeros. Desde un balcón lanzaron miles de panfletos que cayeron sobre los delegados y sobre la crema de la sociedad colombiana, que se encontraban abajo. La mayor parte de esta propaganda se había impreso en La Habana. Incluía la tan conocida letanía de Fidel del momento, y varias exigencias: la independencia de Puerto Rico, la devolución del Canal de Panamá y el fin de la dictadura de Trujillo[2].

Los dos cubanos fueron arrestados e interrogados y su cuarto de hotel registrado. Fidel dice que logró ser liberado al declarar ante los detectives colombianos que sus intenciones eran inofensivas e idealistas, y que el gobierno conservador colombiano no era su blanco. Al respecto, posteriormente afirmó haber explicado apasionadamente a la policía sus puntos de vista sobre las injusticias que los países latinoamericanos sufrían por cuenta de la influencia estadounidense, y que había defendido también el carácter idealista de sus intenciones. Sea como fuese, y si su relato puede juzgarse por las apariencias, una vez más Fidel había ejercido su poder de persuasión. Pronto, Fidel y Del Pino fueron dejados en libertad.

En una entrevista con un periodista colombiano, más de treinta años después, Fidel habló de su breve detención y de sus actividades en los días que siguieron al "bogotazo": "Tuvimos suerte en esa charla con los detectives. De hecho, me dio la impresión de que alguno de los jefes estaba de acuerdo con lo que decíamos. Fuimos muy persuasivos"[3].

Fidel y Del Pino habían conocido al carismático Gaitán justo dos días antes de que fuera asesinado, y habían obtenido su apoyo implícito para la conferencia estudiantil. Habían acordado una segunda reunión para la misma tarde en que Gaitán fue asesinado. Esta coincidencia dio pie para un extravagante rumor, que todavía hoy muchos creen cierto. Según el rumor, los dos cubanos de alguna forma tuvieron responsabilidad en el asesinato y en la violencia que éste desató.

Fidel había quedado impresionado con Gaitán, un persuasivo orador con capacidad organizativa, y posiblemente el futuro triunfador de las próximas elecciones en Colombia. Gaitán tenía mucho carisma y su físico era imponente. Su política progresista y estilo enérgico se parecían a los de Eduardo Chibás, líder del nuevo Partido Ortodoxo de Cuba, al cual se había afiliado Fidel un año antes. Sin embargo, Gaitán estaba más en contacto con el común de la gente.

Poco vio Fidel en Bogotá que se pareciera a Cuba. Colombia, en lo alto de los Andes, no se parecía a nada que hubiera visto antes. Lejos de su hogar, Fidel no conocía

NOS PODEMOS TOMAR EL PODER   169

a nadie. La política e historia colombianas le eran ajenas; no tenía bases para prever que la multitud de seguidores de Gaitán pronto se volcaría a las calles para vengar la muerte de su líder. Puede que Fidel no supiera que el rencor antiimperialista estaba muy lejos de la mente de esta gente. Los Estados Unidos nunca habían intervenido en Colombia. La situación política distaba de ser como la de Panamá o de la República Dominicana.

Como cualquier otro en Bogotá, a Fidel lo tomó por sorpresa el sangriento brote de violencia en las calles. No sabía de nada parecido que hubiera sucedido en Cuba. De hecho, en toda Latinoamérica nunca había ocurrido nada que fuese comparable.

El tumulto empezó tan pronto como los seguidores de Gaitán supieron que había muerto. "¡Mataron a Gaitán, mataron a Gaitán!", clamaba la gente en las calles.

"Vimos una inmensa procesión de gente, un río de personas que bajaba por la calle —recordó Fidel más tarde—. Tenían armas. Algunos traían rifles… era un multitud enorme, miles de personas avanzaban por esa calle…Yo me uní a ellas. Me situé en la primera fila".

Sin pensarlo dos veces, Fidel se unió a los amotinados, abriéndose paso entre la multitud. Como no era suficiente ser otro cuerpo más en esa masa rodante, Fidel prontamente se movió hacia la vanguardia, hasta las filas de adelante, para así afirmar una posición de liderazgo.

No tuvo dificultades para armarse, primero con una pistola de gases lacrimógenos y luego con un rifle. Dos días permaneció haciendo parte de la muchedumbre, primero en las calles, con la masa, atacando y saqueando edificios del gobierno y estaciones de policía; luego estuvo, de noche, en un caserío en una colina, disparando y recibiendo tiros, y durante algún tiempo dirigió de hecho un pelotón de hombres que resistían un asalto del ejército.

Nunca antes había estado en medio de una situación igual. El fuego ardía sin control, en las calles había carcasas carbonizadas de buses y automóviles, y turbas armadas y enloquecidas corrían destruyendo todo a su paso. Por pura casualidad le había tocado participar en una revuelta popular que, como ésta, sólo conocía por los libros. Recordaba lo leído sobre la Bastilla, con sus enfurecidas turbas de franceses revolucionarios.

Fidel pensó que así debía ser la etapa inicial de toda revolución. Según recuerda, se sintió "lleno de fervor revolucionario, tratando de lograr que muchos se unieran al movimiento de insurrección". En la primera tarde de violencia, armado con un rifle que había robado, y en medio del caos que imperaba en el centro de la ciudad, trepó a una tribuna que estaba frente al edificio del Ministerio de Defensa.

Según cuenta, intentó "arengar a los militares que estaban presentes, para que se unieran a la revolución".

Sus reacciones ante la situación reflejan los peculiares rasgos de carácter que desde entonces siempre ha exhibido en situaciones de peligro o tensión. Pocos extranjeros reaccionaron de la misma forma cuando se vieron envueltos en la vorágine. Casi todos huyeron o se escondieron. Del Pino estuvo parte del tiempo con él en las calles, pero los otros dos cubanos se encerraron en el hotel para permanecer a salvo. Uno de ellos era un líder de las juventudes comunistas en la universidad, y después Fidel siempre le echaría en cara su medrosa actitud de entonces.

Participar en esos actos de violencia habría sido una idea descabellada casi para cualquiera, y en especial para quienes no tuvieran un interés particular en la política colombiana. Pero Fidel no lo pensó dos veces. Su decisión de unirse a los amotinados, así como la posterior de permanecer con ellos y unirse a su lucha, son completamente coherentes con su esquema mental, sus convicciones y estructura de personalidad, y con su tendencia a la violencia. Todo aquello estaba completamente en línea con su carácter.

Su recuento posterior sobre las razones por las que decidió participar tiene un tono exculpatorio y oportunista. Como siempre, su versión retrospectiva de los hechos refleja una astuta preocupación por la forma como será recordado por la historia. Fidel afirma que su decisión se basó únicamente en su convicción internacionalista, que su propósito fue honorable y desinteresado. En ninguna de sus explicaciones trasluce la verdad de fondo, la de que fueron más sus compulsiones sanguinarias que sus impulsos de nobleza los que motivaron sus acciones.

Por encima de todo, Fidel intuyó la oportunidad de ganar fama y gloria. Estaba ávido de acción y posiblemente de peligro. El "bogotazo" significaba un medio de aprender, de primera mano, cómo sacar partido de una situación de revuelta. Así, algún día podría aplicar en Cuba las lecciones aprendidas allí. Aunque dicho más tarde, ya lejos de las calles y de la turba de la cual fue parte, quizás también debe tomarse al pie de la letra su afirmación de haber sentido una obligación internacionalista que lo impulsaba a ayudar a los seguidores de Gaitán.

Según dice, no fue sino hasta la mañana del segundo día de disturbios cuando empezó a pensar seriamente en lo que estaba haciendo: "Estaba abrumado por un sentimiento internacionalista. Pensaba, bueno, esta gente aquí es la misma que en Cuba. Esta gente está oprimida y explotada… Puedo morir, pero aquí me quedo".

Sin embargo, la revuelta no llegó a ser una Bastilla colombiana. Los seguidores de Gaitán no dieron origen a una revolución; la fiebre de violencia se apagó casi tan rápidamente como se había iniciado. Se restableció el orden luego de que los líderes, tanto del Partido Conservador como del Liberal, acordaran un cese al fuego para evitar que hubiera más asesinatos. Según Fidel, tal decisión constituyó una traición contra los intereses de todos aquéllos que, como él, habían salido a las calles.

Cuando todo terminó y se preparaba para volver a su hotel, cayó en la cuenta de que su arsenal personal ya era más grande. Ahora no sólo contaba con un rifle, sino también con una espada y un machete. Se las había arreglado para conseguir un chaleco y una gorra de policía, que usaba como boina. Había tratado de robarle un par de botas a un aterrado policía, pero eran de otra talla. En resumen, había intentado reunir un buen atuendo de combate.

Pero, en diversas entrevistas a lo largo de tres décadas, a Fidel parece haberle fallado su excelente memoria al hacer el recuento de las actividades en las cuales participó en ese entonces. En tres ocasiones ha dado cifras diferentes sobre el número de balas que le quedaban cuando cesó la violencia[4].

En una entrevista grabada en los sesenta, le dijo a Carlos Franqui que había disparado cuatro de las dieciséis balas que había conseguido. En dos recuentos posteriores, dijo que, al final, todavía contaba con nueve o con catorce de las balas adquiridas. La discrepancia más interesante es que a Franqui le admitió que efectivamente había disparado cuatro veces su rifle.

Ya para 1948, Fidel era un experto tirador. Sin embargo, no le contó a Franqui si los disparos —y cuántos de ellos— habían dado en el blanco, aunque puede deducirse que dada su pericia escogía sus blancos con precisión, y que no le gustaba desperdiciar municiones. La cuestión es que si acaso llegó a herir o a matar a algún miembro del ejército colombiano leal al gobierno, Fidel no habría querido que el asunto se hiciera público. Evitó por completo el tema en cada una de las tres ocasiones en las que habló públicamente del asunto, y, por otra parte, nunca ha sido oficialmente cuestionado al respecto.

Enrique Ovares era uno de los cuatro cubanos de la delegación estudiantil que estuvo en Bogotá con Fidel. En una entrevista en Miami, en 1967, Enrique recuerda que, cuando volvieron a encontrarse, Fidel todavía cargaba el rifle que había sustraído. "Le pregunté qué había estado haciendo y Fidel escuetamente respondió: 'cumpliendo un deber'"[5].

Fidel admite haberse sentido fascinado con los terribles actos de violencia que presenció, pero no cuenta que hubiera quedado aturdido o que los hubiera rechazado.

Cuando ha descrito su participación, en sus palabras no ha habido muestras de remordimiento ni dolor por el número de muertos y heridos, o preocupación por el daño material que sufrió la ciudad, y menos aún por el salvaje y sangriento conflicto al cual dio lugar el "bogotazo" en el campo. Cada vez que ha hablado de ello, lo único que se trasluce es frialdad, impasibilidad, indiferencia. Repetidamente ha insistido en que se siente orgulloso de lo que hizo: "Actué según mis principios morales, con dignidad y honor, con disciplina y sin egoísmo"[6].

En agosto de 1993, Fidel volvió por primera vez a Colombia desde los hechos de 1948. Irónicamente, fue para asistir a una reunión muy similar a la que había perturbado en Bogotá, en ese entonces. Fue a Cartagena, una ciudad colonial situada en la costa caribeña colombiana, para reunirse con otros jefes de Estado de los países de América Latina y España. En una conferencia de prensa en la Casa de Huéspedes Ilustres donde se hospedaba, le preguntaron si era cierto el rumor de que él, personalmente, había instigado el "bogotazo". Por supuesto que lo negó, pero sacó a relucir su participación, envolviéndola en un manto de virtud internacionalista: "Fue uno de los momentos más desinteresados y de mayor altruismo de mi vida"[7]. Enrique Ovares guarda un recuerdo completamente diferente: "Quien actuó en esos eventos fue un Fidel histérico, ambicioso e incontrolable"[8].

Alfredo Guevara, presidente de la federación estudiantil de la Universidad de La Habana, el comunista que había permanecido en su habitación en el hotel, era el cuarto estudiante cubano en Bogotá. Él también recuerda con horror el comportamiento de Fidel y Del Pino. Del Pino había saqueado varias joyerías durante la revuelta, y aunque a Fidel nunca lo habían incriminado por eso, se le podía considerar culpable por asociación. Después del "bogotazo", la mala fama de Fidel fue peor que hasta entonces.

Ya a salvo en La Habana, Fidel se ufanaba de la notoriedad alcanzada en la prensa colombiana. Se hablaba de Fidel y Del Pino como "los cubanos". El gobierno conservador estaba a la caza de chivos expiatorios foráneos y hasta de cómplices que pudiera tratar de implicar en el asesinato de Gaitán. Una conspiración internacional era una explicación políticamente más aceptable para toda esa violencia que la verdad, esto es, que un amplio segmento de la población había sido lesionado.

Cundían toda clase de rumores, algunos de los cuales todavía hoy siguen siendo creídos por muchos. Algunos respetados diplomáticos estadounidenses que asistieron a la conferencia interamericana de Bogotá afirmaron más tarde haber oído a Fidel proclamando por radio exaltadamente, en el momento más álgido de la violencia, que se había dado comienzo a una revolución socialista.

Los agentes de inteligencia colombianos repetidamente afirmaron haber observado a Fidel y Del Pino reunirse y conspirar con líderes sindicales radicales. Se dijo también que el asesino de Gaitán había sido visto con Del Pino esa mañana, en un café en el centro de Bogotá, mientras Fidel vigilaba de cerca el encuentro[9]. Proliferaron historias aun más fantasiosas, que nunca han podido corroborarse y algunas de las cuales ya se han refutado definitivamente. Cualquiera que sea la verdad que encierran estas versiones más incendiarias, la leyenda del extraordinario comportamiento de Fidel fue cobrando fuerza, y no solamente en Cuba.

Como profesor adjunto de Georgetown University, durante veinticinco años he dictado cursos sobre la Revolución Cubana. En ellos siempre he enfatizado la importancia del "bogotazo". De allí emergió Fidel con su carácter revolucionario casi completamente consolidado. Repetidamente he encuestado a mis estudiantes, preguntándoles qué hubieran hecho de haberse encontrado en una ciudad extraña en medio de un brote de violencia salvaje. Ni uno solo de ellos ha contestado que se habría unido a los manifestantes.

La participación de Fidel en esos actos de violencia llegaría a tener una importancia perdurable para él y para Cuba. El "bogotazo" le inculcó diversas lecciones — estratégicas, doctrinarias, tácticas y personales.

Fidel afirmó más tarde que había quedado impresionado con "el fenómeno de cómo un pueblo oprimido puede estallar... La revuelta del nueve de abril tuvo una enorme influencia en mi vida revolucionaria posterior".

De forma más inmediata, iluminó su camino hacia la victoria en Cuba. Dio relevancia visceral a sus reflexiones de infancia y adolescencia sobre la toma de la Bastilla y sobre otros momentos revolucionarios en la historia. Específicamente, le demostró que un acto súbito e inesperado de violencia, planeado o no, podía encender la chispa revolucionaria. Bogotá, en 1948, fue entonces un precursor del asalto al cuartel Moncada en Cuba.

Otra lección estratégica, de significado más perdurable para Cuba y muchos otros países, fue la cimentación, en Bogotá, de la visión internacionalista de Fidel. Cayo Confites había sido como la prueba de vestuario; Bogotá fue la representación de la obra. El compromiso adquirido de luchar por otro pueblo quedó colmado de certidumbre y de finalidad.

El despertar de Fidel ocurrió en las calles de Bogotá y, según él mismo afirma, de forma más contundente en las faldas de Monserrate, casi a tres mil metros de altura, cuando esperaba que el ejército colombiano lanzara un ataque con tanques en aquella primera noche de violencia. El peligro parecía ser agudo, pero él estaba decidido a quedarse y luchar al lado de los seguidores sitiados de Gaitán. Por la forma como lo cuenta, su decisión parece haber sido un acontecimiento electrizante que cambiaría su vida.

A lo largo del resto de su carrera, Fidel siempre esperaría que sus subordinados y seguidores se comportaran como él lo había hecho durante aquel episodio. Cuenta que dos o tres veces escapó de la muerte en Bogotá y da a entender que, a su alrededor, varios colombianos murieron en esas escaramuzas bajo el fuego del ejército. Recuerda que, en un momento dado, decidió liderar un ataque contra una estación de policía, con el objeto de conseguir más armas. Parecía un ataque "suicida", pero los policías no sólo no opusieron resistencia, sino que decidieron unirse a los amotinados. Esos momentos de peligro fueron, según él, pruebas de valor, momentos críticos, llenos de adrenalina.

Independientemente de cuán autocomplacientes sean sus recuerdos, lo cierto es que siempre ha esperado que los revolucionarios emulen este tipo de comportamiento. El requisito fundamental en la prosecución de la causa revolucionaria sería el fanatismo. Fidel llegó a la conclusión de que el verdadero revolucionario debe lanzarse voluntaria y heroicamente a la acción, sin enredarse en innecesarias discusiones teóricas. Llegó a considerar el fanatismo requisito indispensable de quienes debían encargarse de defender la revolución en Cuba y de promoverla en el extranjero. Para Fidel, esa decisión suya de quedarse y luchar en Bogotá, se constituyó en un modelo para todo futuro revolucionario internacionalista.

Una vez en el poder en Cuba, con la posibilidad de ayudar a la gente que consideraba oprimida o explotada, nunca vacilaría en cumplir deberes internacionales. El internacionalismo sería una sagrada obligación de Cuba y de Fidel, mientras prestaba apoyo clandestino y propagandístico, y, en algunas ocasiones, masivo respaldo militar a guerrillas y revolucionarios en unas dos docenas de países en tres continentes.

En particular, nunca perdió la esperanza de que algún día los revolucionarios colombianos llegasen a completar la tarea que había sido frustrada en abril de 1948. Con ayuda del gobierno cubano, e inspirados por su revolución y el constante llamado de Fidel a la acción revolucionaria, las primeras guerrillas marxistas se alzaron en apartadas regiones de la cordillera andina a principios de la década de 1960. Más de cuarenta años después, dos de estos movimientos continúan empeñados en una sangrienta lucha guerrillera en vastos territorios del área rural colombiana. No existe otra nación que por tanto tiempo haya sido objeto de los embrollos revolucionarios de Fidel.

El Ejército de Liberación Nacional y las Fuerzas Armadas Revolucionarias de Colombia ya no pueden ser confundidos con los románticos seguidores del legado de Gaitán. Hoy por hoy, no cuentan con el apoyo de más del 3 o 4 por ciento de la población colombiana, e incluso este exiguo porcentaje ha disminuido como consecuencia de los actos de terrorismo urbano especialmente salvajes que han estado perpetrando, y a medida que su creciente dependencia del narcotráfico se ha hecho evidente.

Ambos grupos han sido incluidos en la lista internacional de organizaciones terroristas del Departamento de Defensa de los Estados Unidos. Las Fuerzas Armadas Revolucionarias, el grupo más grande, han secuestrado y asesinado a ciudadanos estadounidenses y han estado a la cabeza de brutales campañas en Bogotá y en otras ciudades, donde civiles inocentes han sido el blanco. El Ejército de Liberación Nacional, históricamente el más cercano al gobierno cubano, se ha especializado tanto en secuestros como en el bombardeo de oleoductos e instalaciones petroleras situadas principalmente en lugares remotos. A pesar de las muchas iniciativas de paz y de las ofertas de negociación con asesoría internacional, ambos grupos se han negado obstinadamente a deponer las armas y a participar en el proceso democrático colombiano.

K. S. Karol, un intelectual marxista franco-polaco, que vivió en Cuba por largos períodos en los sesenta, bajo la revolución, escribe acerca de una tercera lección, quizás la de mayor trascendencia, que Fidel derivó del "bogotazo".

Karol viajó con Fidel por toda la isla y fue, hasta que cayó en desgracia, un influyente colaborador con sede en París. Terminó por concluir que Fidel había quedado tan impactado por la experiencia vivida en Bogotá que por primera vez sintió que debía desarrollar una verdadera filosofía social. Según el bien informado análisis de Karol, la reflexión condujo a Fidel hacia la doctrina marxista-leninista. Según Fidel, lo que vio en Bogotá fue la manifestación de una cruda lucha de clases.

Karol opina que Fidel regresó a Cuba con un entendimiento más profundo de los agudos problemas sociales de la región, gracias a haber presenciado esta "extraordinaria violencia que ardía justo bajo la aparentemente pacífica superficie de Latinoamérica". El asesinato de Gaitán fue lo que prendió la chispa de la revuelta pero, según Karol, las causas básicas subyacentes eran "la desesperación y el hambre".

Como bien lo explica Karol en su libro *Guerrillas en el poder*, Fidel "se dio cuenta de que la lucha por la justicia y por los derechos morales debía estar acompañada de una búsqueda de mejoras sociales". Karol cree que "este descubrimiento dejó una profunda huella" en Fidel[10].

Lionel Martin, que ha entrevistado a Fidel y a otros funcionarios del gobierno cubano, concuerda con Karol. En su estudio biográfico titulado *El joven Fidel*, Martin escribe: "...fue precisamente en el período que siguió al "bogotazo" cuando Fidel empezó a estudiar seriamente el marxismo"[11].

El mismo Fidel nunca lo ha expresado así, aunque sus comentarios hechos en diferentes momentos apuntan en el mismo sentido. A Lee Lockwood le dijo que antes de 1948, durante uno o dos años, había sido "una especie de socialista utópico", posiblemente parecido a muchos estudiantes universitarios curiosos en casi cualquier país del mundo durante buena parte del siglo XX.

Fidel dice que su despertar marxista-leninista empezó cuando leyó la obra cumbre de Lenin, *Estado y Revolución,* y cuando se familiarizó con los escritos de Karl Marx y de Freidrich Engels. Comenta que Marx y Engels tuvieron "una influencia casi apocalíptica" sobre él. En un discurso que pronunció en Chile en 1971, dijo al respecto que este descubrimiento había sido como una epifanía: "Para mí fue una revelación... tan persuasiva que quedé completamente sobrecogido. Me había convertido a estas ideas"[12].

Algo muy similar le dijo al sacerdote brasileño Frei Betto, al confiarle que en 1948 su descubrimiento del pensamiento marxista había abierto sus horizontes intelectuales: "Me arrastró por completo. De la misma forma que Ulises quedó atrapado por el canto de la sirena, yo fui cautivado por las irrefutables verdades de la literatura marxista. Empecé a absorberla de inmediato"[13].

A pesar de la certeza que estas aseveraciones sugieren, Fidel todavía no era un consagrado marxista. Siempre se ha mostrado contradictorio e impreciso acerca de la fecha de su conversión. En una entrevista con el biógrafo simpatizante Lionel Martin en 1974, Fidel dijo que cuando se había graduado de la universidad "ya tenía una sólida formación marxista-leninista". Esta equivocación es lo más cerca que ha estado de asegurar que ya en 1950 su pensamiento se había fundido del todo con el marxismo-leninismo.

No hay duda de que Fidel sentía una fuerte atracción hacia la doctrina comunista, pero también estaba decidido a evitar, con la misma fuerza, el abrazo del Partido Comunista. Un comunista cubano de rango que lo conocía bien cuenta que hacia el final de la época universitaria a Fidel le gustaban ciertos comunistas individualmente, pero no el Partido Comunista cubano como tal[14].

Fidel era consciente de que nunca podría avanzar políticamente como miembro del Partido. En general, los comunistas cubanos eran demasiado cautelosos, incluso burgueses, y no tolerarían su militancia contenciosa. Durante la Segunda Guerra Mundial habían apoyado al gobierno de Batista, y dos veteranos del Partido detentaban cargos en el gobierno. Es decir, el Partido se había asociado con el establecimiento político. La mayoría de sus miembros eran lo que podría llamarse diletantes de café, y Fidel sabía que de ningún modo aceptarían un programa revolucionario.

Pero las reservas eran mutuas. Ellos detestaban su carácter presuntuoso, su amor por la notoriedad, así como su inclinación a la violencia. Más tarde denunciaron el ataque al cuartel Moncada, tildándolo de temerario y "putchista", término utilizado para acusarlo de fascista. Sabían que nunca se amoldaría a la disciplina partidista. En cambio, su hermano Raúl, más dúctil, era un prospecto más viable.

Al volver de Bogotá, Fidel se dio cuenta de que para dar curso a sus ambiciones políticas debía ocultar o matizar

NOS PODEMOS TOMAR EL PODER

su radicalismo. En 1948, el apoyo a la causa antiimperialista en Cuba se había debilitado. Las ruedas de la historia giraban en otra dirección, a medida que cambiaban las relaciones globales. Acababa de empezar la Guerra Fría en Europa, luego del golpe de Estado comunista en Checoslovaquia. El puente aéreo de Berlín comenzó justo después de que Fidel regresara de Bogotá. La Unión Soviética de Stalin retaba agresivamente a Occidente, a tiempo que consolidaba una vasta esfera de influencia comunista en Europa Oriental. Mao triunfaba en la China.

De repente, había poca simpatía por la retórica antiimperialista, o por las manifestaciones a favor de causas consideradas de importancia tangencial, como la independencia de Puerto Rico. Según Fidel ha dicho, cuando regresó de Bogotá, el número de estudiantes antiimperialistas ya se había reducido considerablemente. Quedaban sólo unos treinta, incluyendo a los comunistas y al mismo Fidel[15]. Comprendió que para el bien de sus aspiraciones políticas, y si quería que su carrera política avanzara, no debía demostrar abiertamente su antiimperialismo ni hacer alarde de él.

Continuaba siendo tan antiimperialista como antes, pero estas convicciones fueron, por pragmatismo, relegadas a un plano secundario, y permanecerían así hasta pocos meses después de haber subido al poder. En apariencia las había sublimado pero la realidad es que nunca las había abandonado.

Fidel dejó de organizar tantas manifestaciones antiimperialistas, permaneció aparentemente alejado de la causa de la independencia de Puerto Rico y se alineó con los programas del Partido Ortodoxo de Cuba. Chibás y algunos de los otros líderes de este partido eran decididamente antisoviéticos y anticomunistas, de modo que no esgrimían el antiimperialismo.

Por su parte, como muestra de su inclinación por el marxismo-leninismo, Fidel no mordió el anzuelo del anticomunismo. Cuando estalló la guerra de Corea en junio de 1950, se hicieron evidentes sus diferencias con Chibás respecto de la Guerra Fría. El líder del Partido Ortodoxo apoyaba la administración de Truman, restando importancia a su antiimperialismo de antes, porque ahora el bloque soviético surgía como una amenaza aun más fuerte. Por su parte, Fidel nunca apoyó la guerra de Corea, la participación de Cuba, o la política exterior estadounidense de la Guerra Fría.

En esa época escribía artículos para dos publicaciones de la juventud comunista. Expresaba su inquietud por la situación y demandas de los trabajadores y campesinos cubanos. Firmó una petición internacional, organizada por frentes prosoviéticos, a favor del veto al uso de armas nucleares. No se identificó abiertamente con una causa soviética o comunista, pero sí rechazó la paranoia anticomunista que moldeaba las actividades de los Estados Unidos durante los primeros años de la Guerra Fría. Situándose en un espacio estratégico, Fidel ni condenó abiertamente ni dio su apoyo a los comunistas o al comunismo.

Sin embargo, en su bagaje intelectual pesaban cada vez más las obras acerca de los preceptos dominantes del comunismo. Todos los volúmenes de Martí pasaron a un segundo plano de su biblioteca, para ser reemplazados por los tratados marxistas. Compró un ejemplar de *El Capital* de Marx, durante su luna de miel en Nueva York. Comenzó a estudiar —aparentemente por primera vez— la revolución bolchevique y el ascenso de la Unión Soviética. Estrechó su amistad con los líderes estudiantiles comunistas, a la par que frecuentaba la librería del partido en la Vieja Habana. Si bien intelectual y políticamente parecía moverse en direcciones distintas, Fidel sabía que algún día su destino y su doctrina habrían de converger.

Cuando Fidel terminó sus estudios de derecho en septiembre de 1950, fue como quedar a la deriva, sin rumbo fijo y sin instrumentos de navegación. Sus ambiciones y necesidad de triunfo político permanecían incólumes, pero no tenía un plan definido. Su futuro parecía incierto, dadas las nubes que pesaban sobre su reputación. Robert Quirk, uno de sus biógrafos, concluye que Fidel había adquirido notoriedad, cuando lo que esperaba era fama: "Quienes lo defienden pueden interpretarlo de diversas formas, pero el hecho es que durante sus cinco años de estudiante universitario no se distinguió en nada"[16].

Ahora, con un certificado bajo el brazo, podía ejercer el derecho. No objetaba cuando lo llamaban "doctor Castro", pero era evidente que no tenía interés en ejercer la profesión. ¡Qué desilusión para Ángel y Lina, quienes esperaban que Fidel regresara a Oriente y representara los intereses de la familia! Con toda seguridad, entre los planes de Fidel no estaba vivir como abogado de provincia. De hecho, despreciaba la lentitud y la complejidad de los procesos legales, la necesidad de sopesar evidencias meticulosamente, y sabía que buena parte del sistema legal era corrupto.

En otro tipo de sociedad quizás le hubiera gustado ejercer como un brillante litigante, fiscal o procurador. Y es cierto que a comienzos de los cincuenta incursionó por lo menos una vez en la práctica del derecho. Entabló una acusación contra el nuevo presidente de Cuba por malversación de fondos. No tenía esperanzas de ganar, pero sí la intención de avergonzar al presidente y hacerse notar.

Irónicamente, su único caso importante fue de defensa propia, durante el juicio que siguió al asalto al cuartel Moncada. Su perorata en la corte, copiada y muy difundida luego en un panfleto, se constituiría en un importante documento. En ella detallaba y justificaba su programa revolucionario.

El discurso "La Historia me absolverá" es recordado por sus últimas cuatro palabras. Muchos estudiosos y biógrafos de Castro han señalado que esta frase final de Castro guarda una estrecha semejanza con la frase final que en defensa propia dijo Hitler cuando fue juzgado en Munich, en 1923. Sin embargo, es evidente que los modelos de Fidel fueron los discursos de los oradores clásicos que había estudiado.

"Condenadme. No importa. La Historia me absolverá".

Sin mayor entusiasmo, junto con dos compañeros de universidad pertenecientes a la clase obrera, Fidel abrió un bufete en un modesto edificio en Tejadilla, una calle de la Vieja Habana. Según el anuncio, se representaban casos "civiles, penales y sociales". Era el equivalente cubano de una práctica del "derecho de pobres". Casi todos sus clientes eran pobres y generalmente no podían pagar con dinero. Uno de sus defendidos, un escultor español a quien logró exonerar, le pagó con un busto de Martí que Fidel colocó en un sitio de honor en su biblioteca[17].

En octubre de 1948 Fidel se casó con Mirta Díaz Balart y al año siguiente nació Fidelito, su hijo. La familia Castro estaba encantada con el matrimonio; la mayoría de la conservadora familia Díaz Balart estaba horrorizada. Ángel continuó enviando un subsidio, y lo hizo por lo menos hasta 1951, cuando Fidel cumplió 25 años[18]. Pero aunque estaba casado y ya era padre, no estaba interesado en un estilo de vida burgués.

Casi todos coinciden en que Fidel estaba profundamente enamorado, aunque algunos detractores lo han acusado de haberse casado por conveniencia, por las conexiones políticas de la familia Balart. Lo cierto es que Fidel no era el mejor sostén para su familia. No se interesaba en los asuntos domésticos y con frecuencia no estaba en casa. Cuando estaba, comían casi siempre espaguetis. A los pocos años inició una aventura con la igualmente bella Natalia Revuelta, con quien tuvo la única hija que se le conoce, Alina Fernández.

En octubre de 1948, Carlos Prío Socarrás había sucedido a Grau San Martín, ganando la presidencia con una campaña de lugares comunes y llamados a la vigilancia contra el comunismo. Sería la última vez que los cubanos irían a las urnas para participar en una elección democrática.

Prío Socarrás pertenecía al mismo partido político que su antecesor y no significaba mayor avance. La política cubana permanecía sumergida en la corrupción, y la violencia política entre bandos continuaba fuera de control. No obstante, en medio del característico florecimiento de la economía de la postguerra, el pueblo cubano resolvió soportar con estoicismo los escándalos políticos de su país. Eduardo Chibás era su mejor esperanza para el futuro.

En mayo de 1947, Chibás rompió con el partido gobernante y anunció la creación del nuevo Partido Ortodoxo, de centro izquierda, que pronto se convirtió en la principal fuente de oposición al gobierno. Fidel fue uno de los primeros en unírsele, aportando al partido buena parte de su pasión por organizar protestas y manifestaciones. Chibás era un apasionado y carismático orador, y hacía infatigable campaña contra la corrupción y la violencia. Cada domingo en la noche los cubanos se reunían en casas y cafés para escuchar por la radio sus andanadas en que fustigaba a funcionarios públicos y denunciaba sórdidos casos concretos de corrupción oficial. Su reputación de hombre honesto y probo lo distinguía en medio del bilioso panorama político, y el número de sus seguidores crecía cada día.

Chibás no sabía dónde acomodar a Fidel, quien sin descanso buscaba unirse a esta estrella política del momento. Según José Pardo Llada, amigo de Fidel, el líder del Partido Ortodoxo no quería tener a Fidel a su lado por considerar que "era un gánster", un "pistolero" notorio que podía dañar su imagen y la del Partido[19]. Poco importaba que en el momento de ingresar al Partido Fidel ya se estuviera desligando de las mafias universitarias. Las manchas en su pasado no se podían borrar tan fácilmente.

Chibás y los otros jefes del Partido consideraban a Fidel un hombre sin principios. Eran conscientes de su oportunismo, siempre a la caza de una buena coyuntura tanto en la derecha como en la extrema izquierda. Hasta era posible que mientras denunciaba a Prío, también estuviese maniobrando para asegurarse un cargo en el gobierno; algunos especulaban incluso que recibía un estipendio ilícito de éste.

Es posible que estuviera sopesando rutas alternas que condujesen a un futuro más promisorio. El socio político de Fidel en esa época, Luis Conte Agüero, sugirió en una entrevista que le hice en Coral Gables muchos años después de haber abandonado a Cuba que el comportamiento de Fidel era el de "un camaleón".

A principios de febrero de 1950, Fidel Pino Santos, tocayo y padrino de Fidel, por aquel entonces miembro del Congreso, escribió al secretario de Agricultura de Prío y le pidió un cargo para "el hijo de nuestro amigo Ángel Castro". Carlos Hevia, el ministro, un graduado de la Academia Naval de los Estados Unidos que en una ocasión fue presidente de Cuba durante aproximadamente setenta y dos horas, respondió seis días después. Cortésmente, lamentaba no poder satisfacer la solicitud de Prío. Hevia era conocido como hombre honesto y anticomunista consumado. No tenía interés en el controvertido joven, cuya reputación seguramente conocía[20].

También, durante este período, Fidel flirteaba con la posibilidad de establecer algún tipo de relación con

Fulgencio Batista, antiguo sargento del ejército y el único cubano que llegó a abrirse campo desde la pobreza hasta la presidencia. Había ocupado diversos cargos, luego de un golpe de Estado en 1933. En 1940 resultó electo presidente, por un período de cuatro años, y fue acumulando un historial mixto. Por una parte, lanzó reformas progresistas que reforzaron su popularidad entre las clases trabajadoras. Pero, por otra, sancionó actos de violencia dirigidos contra sus oponentes. En 1948, Batista obtuvo una curul en el Senado y su plan era volver a ser elegido a la Presidencia en 1952, como candidato de centro derecha.

Fidel se reunió con su futuro mortal enemigo en Kukines, la finca de Batista. Batista y Ángel se habían conocido en Oriente. Ahora, este hombre, que había llegado de recluta a general, aceptó reunirse con el enigmático y prometedor joven, hijo de Ángel Castro. Rafael Díaz Balart, cuñado de Fidel y entonces miembro del partido en ciernes de Batista, fue el intermediario. La mayor parte de lo que ocurrió en esa reunión permanece en el misterio, pero lo que sí quedó claro fue la mutua fascinación entre estos dos hombres. Muchos años después, Díaz Balart le contó a Georgie Anne Geyer que "se tuvieron mutua admiración"[21].

Cada uno evaluó cautelosamente al otro, y aunque parece ser que no llegaron a un acuerdo sobre cómo podían trabajar juntos, tampoco excluyeron una futura colaboración. Díaz Balart recuerda que Fidel pidió otra reunión y le contó que quería estimular a Batista para que diera un golpe de Estado. Esta reunión se celebró en la biblioteca de Batista. Díaz Balart estuvo presente, así como otro de los colaboradores del candidato. La reunión transcurrió en medio de bromas. Fidel examinó la biblioteca de Batista y en voz alta señaló: "Su biblioteca es muy buena pero parece que le falta una obra muy importante". Hizo una pausa y añadió que la obra a la cual se refería era un viejo y poco conocido tomo sobre técnicas para llevar a cabo un golpe militar[22].

Por medio de esta alusión tan transparente, Fidel quería indicar que apoyaría a Batista si éste se decidiera a dar un golpe de Estado. Díaz Balart recuerda que todos rieron con entusiasmo aunque también con cierta incomodidad. Batista no mordió el anzuelo. Después de la reunión, le comentó a Díaz Balart que su amigo era "muy inteligente pero peligroso". Según escribió Pardo Llada, el amigo de Fidel del Partido Ortodoxo, hubo más reuniones con Batista, siempre solicitadas por Fidel. Éste quería mantener un abanico de alternativas, ya fuese por la vía legítima o por la vía revolucionaria[23].

Fidel todavía abrigaba esperanzas de que un evento como el de la Bastilla o el "bogotazo" pudiera abrirle el camino. Cuando Chibás se mató de un tiro, de una forma muy sensacionalista durante una transmisión radial en vivo en agosto de 1951, en Fidel se reavivó el deseo anarquista de provocar una revuelta masiva. El suicidio de Chibás causó profunda consternación e inquietud. Muchos creían que ganaría las elecciones presidenciales del año siguiente. ¿Podría repetirse el "bogotazo" en Cuba?

En el entierro, y después de pronunciar cinco versiones diferentes de un extenso panegírico, Fidel se aproximó a Pardo Llada para preguntarle a dónde sería llevado el cuerpo después de la ceremonia.

"Al cementerio".

Fidel sugirió entonces insistentemente que los restos debían ser llevados hasta el palacio presidencial, en una especie de cortejo, a través de las calles. Entendía la fuerza del sentimiento popular y quería sacar partido de la multitud de dolientes que se había congregado. "¿Por qué al palacio?" preguntó Pardo Llada. "Porque nos podemos tomar el poder", respondió Fidel[24].

A diferencia de otros recuentos sobre sus propuestas incendiarias, Fidel se enorgullece en confirmar ésta. En 1967, ante un grupo de periodistas latinoamericanos, dijo que llegaban a quinientos mil los dolientes de Chibás. Dijo también que recordaba lo que había sugerido a los líderes del Partido Ortodoxo reunidos en el entierro: "Llevemos el cuerpo al palacio y allí el pueblo derrocará al gobierno. Con una confrontación tan multitudinaria, el gobierno caerá. En una hora habrá triunfado la revolución"[25].

Dieciséis años después de la muerte de Chibás, Fidel se sentía orgulloso de lo que había querido hacer y estaba convencido de que habría logrado hacer estallar una revolución. En ese momento, con incredulidad, se había descartado su idea, pero la reputación de Fidel cayó aun más bajo ante los ojos de los líderes del Partido Ortodoxo.

No obstante, y contra los deseos del Partido Ortodoxo, se las arregló para abrirse paso y hacer campaña como candidato a una curul en la cámara baja del Congreso. No obtuvo los votos necesarios, a pesar de haber hecho campaña con su acostumbrado fervor y energía, y de recurrir a ingeniosas formas para ser reconocido por los votantes de la clase trabajadora en los barrios pobres de

La Habana. En general, los historiadores concuerdan en que probablemente Fidel habría ganado. Pero Fidel ha declarado repetidamente que no tenía la menor intención de convertirse en un miembro perpetuo del Congreso. En 1967, describió su plan: "Tan pronto hubiera estado en el Congreso, habría presentado un programa revolucionario, cuatro o cinco proyectos de ley. No necesariamente para que fuesen aprobados, sino para presentar el programa de una revolución"[26].

Pero así como Fidel no tenía disposición para ejercer el derecho, su personalidad y su proclividad a la violencia también descartaban cualquier posibilidad de que pudiera encajar en un ambiente democrático.

Ya en 1952, Fidel había condenado casi la totalidad del proceso democrático de Cuba. El país había recorrido prácticamente toda su vida como nación independiente bajo el mando de dictadores o caudillos corruptos que posaban de demócratas. A lo largo de toda su educación, Fidel no había encontrado elementos que lo condujesen a apreciar la democracia de su país. Ni siquiera en el voluminoso cuerpo de las obras de Martí halló pronunciamientos a favor de la democracia. Aun más, Fidel opinaba que la democracia más cercana, la de los Estados Unidos, era la de un amo rapaz explotador e imperialista, difícilmente un modelo para Cuba.

Su propia experiencia con el proceso y la política electoral le habían confirmado la podredumbre del sistema cubano. Si no había podido avanzar políticamente durante sus años universitarios, no era a causa de sus propias limitaciones. Culpaba a la universidad y al sistema corrupto en general. Recordaba que, aún niño, ayudó una vez a su medio hermano Pablo Emilio en una campaña para obtener un cargo en Oriente. Perdieron, según él, por la corrupción del sistema. En la entrevista con Frei Betto, también recordó su malestar cuando veía a su padre subsidiar a esos políticos locales tan fácilmente sobornables. Entonces, no había nada en la democracia, tal y como él la conocía, que inspirara a Fidel. Su posterior campaña para el Congreso era sólo un paso en su tarea revolucionaria, otro peldaño para derrocar la pseudodemocracia cubana y llegar al poder.

Pero Batista lo logró primero. Las elecciones de 1952, que habían sido programadas para junio, quedaron anuladas como consecuencia del sorpresivo golpe militar que dio Batista —casi sin derramamiento de sangre— el 10 de marzo de ese mismo año. Aunque desde luego él no lo consultó con su futuro némesis, el golpe se hace aun más interesante a la luz de la conversación que Batista tuvo con Fidel en Kukines.

De hecho, ¿esperaba Fidel un golpe militar? Si no, ¿qué explicación tiene su indirecta alusión a una toma de poder cuando se encontró con Batista por primera vez? ¿Sería que Fidel era tan sagaz estratégicamente que llegó a considerar que una futura dictadura impopular de derecha podría convenirle para sus propias aspiraciones? ¿O sería que Fidel estimuló de forma más directa a Batista en alguna secreta reunión posterior?

No es posible dar respuesta a estos y otros interrogantes. Teniendo en cuenta su reconocida trayectoria de duplicidad y astucia, es concebible que el golpe de Estado de Batista, con su consecuente dictadura de derecha, fuese para Fidel algo así como una bendición del cielo. Era hasta entonces el más promisorio y crucial paso para alcanzar sus metas políticas. Desacreditado y visto con recelo en los círculos políticos más influyentes de Cuba, quizás este golpe significaba la posibilidad de ser reconocido por su audacia y tener una oportunidad de que sus métodos violentos y conspirativos fueran considerados no sólo necesarios sino virtuosos. Si había quedado a la deriva luego de graduarse en la universidad, ahora tomaría el timón para dirigirse hacia un destino que, de estar vivo, Martí seguramente aprobaría. Su misión de David contra Goliat sería derrocar la dictadura. Con Batista instalado ilegalmente en el poder, Fidel podría intentar tomarse el poder *legítimamente*.

Aprovecharía lo mejor de su intelecto y capacidad de liderazgo en la lucha contra la dictadura. Poseía diversas cualidades estratégicas: Su decisión e infatigable capacidad de trabajo, su estilo de oratoria y talento para desenvolverse en un escenario público, su don para motivar y reclutar seguidores. Ya no parecería exagerada ni ególatra su convicción de estar destinado a desempeñar un papel histórico de crucial importancia. Incluso su historial de confrontación y su rebeldía, dirigidas contra figuras de autoridad desde la infancia, eran cualidades perfectamente legítimas, dada su nueva misión.

Sus principales defectos de carácter, a saber, su narcisismo, su egoísmo y su obsesiva necesidad de control y poder, podrían, en realidad, convertirse en una ventaja. El movimiento revolucionario obligatoriamente habría de tener una estructura vertical, con un liderazgo central fuerte y decidido, y con una figura carismática al mando. A nivel práctico, su necesidad de tener el control de hasta el ínfimo detalle, incluso sobre un inventario de municiones, también se constituía en una ventaja. Fidel tenía ahora veintiséis años, y astutamente presentó su juventud como otro de sus activos. Él y sus jóvenes seguidores, en lo que después del ataque al cuartel Moncada se conoció como el movimiento Veintiséis de Julio, representaban un desafío generacional contra hombres de más edad, corruptos y fracasados, que habían gobernado a Cuba por tanto tiempo.

Aprendió a simular humildad y sencillez, a la vez que enriqueció su habilidad para comunicarse con audiencias sofisticadas, utilizando mensajes cargados de matices. Todo en su vida se subordinaría al desafío que le permitiría derrocar a Batista. Abandonó su pequeño bufete. Su esposa e hijo poco lo veían, menos aún su familia en Birán.

Como en un juego de ajedrez, planeó con anticipación muchos movimientos. Sabía que necesitaba contar con el apoyo de diversos sectores de la sociedad cubana. En consecuencia, evitó a los amigos comunistas de su época universitaria. No estaba interesado en reclutarlos ni en ofrecerles un entrenamiento militar. Años más tarde reconoció este elemento calculado de su estrategia. En una entrevista afirmó que a bordo del *Granma* no había comunistas. Podría haber afirmado lo mismo respecto del Moncada, pero había una excepción: su hermano Raúl. Cualquier asociación con los comunistas, o con el comunismo cubano, aparte de Raúl —quien también la negaba—, habría tenido un efecto perjudicial para su estrategia.

Con igual previsión y claridad de propósito, a partir del golpe de Estado de Batista, suspendió casi todas las críticas a los Estados Unidos y apenas si volvió a hacer mención de asuntos internacionales. Sólo volvió a hacerlo cuando ya estuvo en el poder. Prometió elecciones libres e imparciales, restituir la progresista Constitución cubana de 1940, que Batista había abolido, y restaurar la democracia. Sabía que necesitaba el apoyo de la clase media urbana de Cuba y que no lograría la victoria si el gobierno estadounidense se decidía a impedirla

CAPÍTULO 6

Él es nuestro padre

"Él es nuestro símbolo viviente —dijo Raúl a gritos, con la voz más profunda que pudo emitir—. El símbolo más importante que tenemos se llama Fidel Castro".

A mediados de junio de 1989, Raúl le daba golpes al atril, airado y adulador a la vez, al hablarle a un público numeroso y tenso de militares en uniforme, en el principal auditorio de las fuerzas armadas en La Habana. Llevaba dos horas de una perorata a menudo incoherente, al parecer ebrio o a punto de sufrir un colapso nervioso. Al infortunado fotógrafo que se interpuso entre él y las cámaras de televisión le dijo, gruñendo: "¿No se da cuenta, camarada periodista, de que hay orden en el salón?"

Todos sabían que el severo Raúl imponía una férrea disciplina, y eran pocos los oficiales jóvenes que lo habían visto tan nervioso como en esa ocasión. Uno de sus ayudantes más cercanos recordó que éste fue su discurso más difícil. Tenía enormes dudas sobre lo que debía decir, pero su lealtad hacia lo que el comandante en jefe le había solicitado era indudable.

"Él es nuestro padre", continuó Raúl, bramando. Sin que los incitaran y sin que hubiera ningún evidente desacuerdo con esa curiosa caracterización, los generales y oficiales de menor rango empezaron a dar vigorosos y sostenidos aplausos. De pronto, uno de ellos empezó el coro: "¡Fi-del! ¡Fi-del! ¡Fi-del!"

"Vamos a ser sus fieles hijos", entonó finalmente Raúl.

Le había correspondido explicarle a la élite militar cubana —muchos de los oficiales se mostraban escépticos y estaban preocupados por lo que pudiera pasar después— por qué el general favorito del país —Arnaldo Ochoa, héroe de las campañas internacionales en media docena de países— acababa de ser arrestado para ser juzgado por traición. No había en el auditorio nadie que no comprendiera que Raúl era simplemente el mensajero que ejecutaba el designio de Fidel. Muy pronto sabrían qué se proponían los hermanos, pero entre tanto no podían hacer nada al respecto.

La actuación de Raúl durante aquel episodio particularmente agitado nos da una clave para interpretar el substrato psicológico de su relación con Fidel. Al referirse a Fidel como su "padre", Raúl estaba revelando un nivel secreto de su psiquis.

Rufo López Fresquet, el primer ministro de Finanzas de los hermanos Castro que se exilió después de estar aproximadamente catorce meses en el gabinete, fue el primero en comentar la retorcida relación padre-hijo que existe entre Fidel y Raúl. "Fidel actúa como un padre para Raúl, como un padre estricto". López Fresquet habló sobre

varios incidentes que presenció en La Habana a principios
de 1959 cuando Fidel reprendió y regañó brutalmente a su
hermano. La peor de estas humillaciones ocurrió en presencia de centenares de oficiales y burócratas. Raúl estaba
tan abrumado que lloró abiertamente y huyó del sitio[1].
Otros testigos han contado historias similares.

Sin embargo, la referencia de Raúl a Fidel como figura paterna no tenía precedente en ninguno de los dos
hermanos. Durante años, la rutina de Raúl había sido
alabar públicamente a Fidel, tal como sigue haciéndolo,
con panegíricos reverenciales, pero nunca antes se había
referido a su hermano en esa forma. La presión del momento había despertado esas emociones en lo profundo
de su espíritu. Les estaba diciendo a los oficiales que
Fidel, su "padre", era también el "padre" de ellos, y que
necesitaba que todos sus hijos reafirmaran su lealtad
inquebrantable.

Raúl no estaba exagerando la complejidad de la
relación con su hermano. Desde cuando eran niños en
Birán y en los colegios católicos de Santiago, y después
cuando ambos estaban en La Habana a principios de los
cincuenta, Fidel actuaba a veces como padre sustituto de
su hermano menor. Eso fue lo que dijo Raúl exactamente
en el discurso de 1989.

"Siempre fue mi segundo padre cuando yo estaba en
la primaria".

Quería decir que siempre había visto a Fidel como un
gran personaje, que lo había respetado no sólo como hermano y protector sino como alguien mucho más importante.
Fidel cuidaba de él y lo defendía. Era una figura paterna

que suplantaba al distante e indiferente Ángel, quien nunca se preocupó mayor cosa por el menor de sus hijos.

El colegio donde Raúl hizo la primaria era el de La Salle, de los Hermanos Cristianos, donde parece que él era un niñito sumiso y dócil, que tal vez era fácil de intimidar. Luis Conte Agüero ha escrito que a Raúl le endilgaron el apodo de "Pulguita", de lo que él no se quejó y que incluso repetía con una especie de orgullo masoquista. Les enviaba a sus padres tarjetas postales con imágenes religiosas en las que escribía, "A mis padres con amor, de la 'pulguita'". Con unas tijeras se cortó el pelo tan corto, que casi se rapa. Afortunadamente para él, pronto dejaron de llamarlo con el burlón apodo, tal como había sucedido con el afectuoso "Muso" de su madre[2].

Raúl idolatraba a Fidel, siempre su contrario en casi todas las cosas. Durante toda la vida ha tratado de complacerlo y de obtener su aprobación y respeto. Nunca ha sido fácil. Fidel es igual de intolerante con los parientes que lo contrarían como con cualquier otra persona.

Cuando Raúl regresó a La Habana después de sus años de indecisión adolescente, no tenía intereses intelectuales y ninguna educación fuera de la primaria. Uno de sus amigos habaneros de principios de los cincuenta recuerda que Raúl tenía una de las colecciones más grandes e impresionantes de historietas estadounidenses que había visto en su vida. A Raúl le encantaba mostrarla orgulloso a sus amigos y registrar sus caras de admiración. Si Fidel hubiera sabido de esa afición ociosa, la habría visto con despiadado desdén.

Raúl no tiene ni memoria fotográfica ni locuacidad y persuasión, dones que sí posee Fidel. De joven le gustaba ir a fiestas, beber y salir con muchachas, diversiones que Fidel rechazaba para concentrarse en su carrera. En La Habana, Raúl ocupó el cuarto de arriba de la casa donde Fidel vivía con su esposa Mirta, y en otros momentos vivió con diferentes hermanas. No se sabe si tuvo o alquiló alguna vez algún apartamento en La Habana, o si tuvo un trabajo o entradas diferentes de las mesadas de Birán.

Es fácil, entonces, imaginar a Raúl, entonces de veinte o veintiún años, siguiendo dócilmente a Fidel, sentado en un café mientras escuchaba, algo apagado, a su hermano que discurría brillantemente sobre temas políticos o históricos. Probablemente, no podía contribuir con nada de peso a la charla, pero absorbía las lecciones de su hermano como una esponja. A un editor de *El Sol de México* le dijo en 1993: "Es un privilegio ser hermano de Fidel. Él ha sido mi héroe desde la niñez"[3].

Raúl, inmaduro y sin experiencia, le tenía un respeto reverencial a su talentoso y conocido hermano mayor y padre sustituto. Era, por lo tanto, material maleable para la tutela y las manipulaciones de Fidel.

Su hermana Juanita está convencida de esto desde hace mucho tiempo. Cree que cuando Raúl empezó a vivir con su hermano mayor, éste comenzó a moldearlo a fondo para convertirlo en un seguidor leal y servil de sus objetivos políticos.

En su testimonio en Washington ante un comité del congreso en 1965, Juanita dijo que Fidel le había prometido a Ángel tomar su lugar para "hacerse cargo de Raúl" después de su regreso a La Habana. Recordaba que Fidel le había prometido esto a su padre en 1951, cuando es-

taba haciendo campaña para el congreso con el Partido
Ortodoxo, sólo que estaba demasiado preocupado en ese
momento para cumplir su promesa[4].

Entre las críticas más agudas de Juanita a Fidel está la
de que, ya fuera por descuido o con astucia maquiavélica,
produjo en Raúl el cambio del niño y del joven suave y
generoso que recordaba con tanto cariño al revolucionario
brutal y despiadado en que se convirtió. En sus palabras,
Raúl se volvió "duro, e incluso adusto".

Ella insiste en que la severa imagen pública de Raúl
"no es del todo exacta" porque el verdadero "tirano" es
Fidel. En varias ocasiones, Juanita ha hablado y escrito
sobre las dos facetas, aparentemente contradictorias, de
la personalidad de Raúl. Por un lado recuerda su travieso sentido del humor, su amor a la familia y a Birán, su
pertinaz sentimentalismo y su lealtad a los amigos. Ella
siempre estuvo más cercana a él que a sus demás hermanos,
y aparentemente sigue estándolo cuarenta años después de
haber abandonado Cuba.

Pero para recalcar por qué cree que cambió para mal
bajo la influencia de Fidel cuando tenía poco más de veinte
años, menciona la brutalidad y los feroces impulsos que
adquirió. Recuerda Juanita algo que le dijo Raúl en abril
de 1959, justo antes del matrimonio de su hermana menor
Emma en La Habana. Planearon una gran ceremonia a la
que asistiría casi toda la familia Castro. Sin embargo, Raúl
estaba preocupado por la seguridad si el matrimonio se
celebraba en una iglesia, porque muchos sacerdotes católicos ya se estaban oponiendo a la revolución. Sus temores
eran muy exagerados, y le gritó a Juanita unas palabras que

resonaron en su cabeza durante años: "Si algo le pasa ahí a Fidel, mataremos a todos los curas de Cuba"[5].

La transformación personal e ideológica de Raúl empezó en 1951. Fue entonces cuando, incitado por Fidel, tuvo una precoz conversión al marxismo-leninismo. Juanita le contó al comité del Congreso que Fidel le encargaba a Raúl recibir a miembros del Partido Comunista que iban a la casa "a ofrecerle ayuda en su campaña política".

Ella dijo que para Fidel "en ese momento no era conveniente o no estaba interesado" en hablar directamente con ellos. Sabía que si aceptaba el apoyo de los comunistas, sus posibilidades como candidato del Partido Ortodoxo se verían perjudicadas, y que además pondría en peligro su relación con los líderes de ese Partido. Juanita declaró que "Fidel le pedía a Raúl que recibiera a los comunistas".

Fidel quería evitarlos, pero sin cerrarle la puerta a una futura cooperación. De modo que Raúl se convirtió en su complemento o testaferro, su intermediario de confianza con el comunismo. Era, pues, un elemento importante en la planeación a largo plazo y de contingencia tan característica de la mentalidad de Fidel.

Raúl confirmó después buena parte de la versión de su hermana sobre el momento de su conversión ideológica y el papel motivador de Fidel. En una entrevista de 1975 para el periódico de Ciudad de México El Día, declaró: "Mi primer contacto con el marxismo fue hacia 1951". Dijo que hasta entonces había sido anticomunista como la mayoría de los cubanos —pero no Fidel— en esa primera, tendenciosa etapa de la Guerra Fría. Fue Fidel, dijo, quien le dio una copia de uno de los tratados de Engels sobre el marxismo y quien lo animó a leerlo y apreciarlo. Recordó que se trataba de *El origen de la familia, la propiedad privada y el Estado*[6]. "Lo leí dos veces. No era un libro difícil de comprender", y añadió, refiriéndose a Fidel, "él me explicó algunas de las cosas".

En la entrevista con *El Sol de México* de 1993, Raúl confirmó su versión anterior: "Fue Fidel quien influyó para que me volviera comunista... él me explicó el comunismo y me prestó libros"[7].

Fue poco lo que tardó Raúl en pasarse al campo radical y marxista después de estas incitaciones de Fidel. Entró pronto al consejo de redacción de *SAETA*, una publicación marginal muy influida por el partido comunista. En marzo de 1951 publicó con su nombre un artículo criticando la intervención estadounidense en la Guerra de Corea, posición que Fidel se negó a apoyar porque el Partido Ortodoxo apoyaba la guerra.

No se sabe cuánta influencia tuvo Fidel en la redacción de ese artículo o en las personas que invitaron a Raúl a formar parte del consejo editorial de *SAETA*, aunque lo más probable es que desempeñara un papel decisivo en ambas cosas. En ese momento también estaba escribiendo para esa revista, aunque sobre temas mucho menos polémicos que la Guerra de Corea. Como mínimo, Fidel probablemente dio las ideas para el artículo y luego ayudó a Raúl a redactarlo. También es muy probable que haya tenido un papel mucho mayor, y que fuera de hecho el verdadero autor.

Después del golpe de Batista en marzo de 1952, Raúl, como tantos otros estudiantes universitarios cubanos, dedicó todas sus energías al activismo contra el régimen. Posteriormente escribiría en *Verde Olivo*, el periódico de las Fuerzas Armadas, que había sido parte de un pequeño grupo de estudio que se reunía para estudiar la doctrina marxista y para escribir y distribuir panfletos y boletines contra Batista. En enero de 1953 trabajó con varios jóvenes comunistas en la organización de una manifestación que conmemoraba la muerte del fundador del Partido Comunista cubano. Se estaba convirtiendo en un activista callejero, al participar en manifestaciones, pero al contrario de su hermano en años anteriores, no era violento[8].

Es importante anotar que hasta la participación de Raúl en el ataque al cuartel Moncada en 1953, no consta que haya participado en algún acto violento. Nunca había tenido en la mira a ningún ser humano, ni había sido implicado en un asesinato o intento de asesinato. Nunca le tomaron fotos vendado o ensangrentado después de haberse enfrentado a la policía habanera. Ninguna noticia lo había vinculado a la violencia entre bandas o a aventuras criminales internacionales. Y nadie hasta ahora ha contado cosas sobre él parecidas a las que se cuentan sobre las extrañas travesuras de Fidel. Raúl era por naturaleza más moderado que Fidel, menos inclinado a actuar agresivamente.

Por estas razones, y a causa de los crecientes vínculos de Raúl con el comunismo, Fidel no lo reclutó en el nuevo movimiento revolucionario que estaba organizando para enfrentarse con violencia a la dictadura. Raúl escribió en *Verde Olivo* sobre el "pequeño estado mayor" que Fidel había formado para dirigir su naciente organización, pero no se convirtió en uno de sus miembros. Sin experiencia y nada imponente físicamente, Raúl simplemente no servía para luchar. Fidel seguía pensando en él como su hermano menor de modales suaves, y no como en un potencial militante revolucionario. Según Jesús Montane, uno de los miembros originales del movimiento, Raúl sólo participó ocasionalmente en sus actividades antes de junio o julio de 1953, justo antes del ataque al cuartel Moncada[9].

Entretanto, bajo la vigilante mirada de Fidel, Raúl fortalecía sus convicciones y afiliaciones marxistas. En marzo de 1953 viajó fuera de Cuba por primera vez, a Viena, para participar en una conferencia internacional de jóvenes patrocinada por el Kremlin. Después visitó las capitales de tres países comunistas de Europa Oriental y regresó a Cuba fascinado con lo que había visto.

Nuevas pruebas recientemente descubiertas demuestran en forma convincente que Fidel en efecto empujó a Raúl hacia el sendero marxista-leninista. Esta nueva interpretación de uno de los más importantes y reveladores momentos cruciales en la relación de los dos hermanos se ve confirmada por la información que descubrí en los archivos de la Universidad de Columbia en Nueva York.

Herbert Matthews, el periodista de *The New York Times* que fue muy cercano a Fidel y a otros líderes cubanos, entrevistó a varios de ellos en abril de 1966 en La Habana. Sus notas inéditas sobre esas conversaciones se encuentran entre el material que donó a la Universidad de Columbia. El material incluye un breve relato de la conversación de Matthews con Carlos Rafael Rodríguez, entonces uno de los funcionarios de más alto nivel del gobierno de Castro, quien rara vez aceptó ser entrevistado por estadounidenses.

"Comunista viejo", Rodríguez estaba entre los dos o tres comunistas cubanos anteriores a Castro más importantes y mejor informados. Era un intelectual marxista elegante y sofisticado que tenía la reputación de ser uno de los principales moderados del gobierno de Castro y su nuevo Partido Comunista "fidelista". Ningún otro "comunista viejo" fue nunca más cercano a Fidel y en ningún otro confió más que en éste.

Rodríguez le dijo a Matthews que Fidel se había ufanado ante otro "comunista viejo" importante de su papel de guía de Raúl hacia el marxismo. Rodríguez dijo que Fidel "había vuelto marxista a Raúl deliberadamente, al darle libros para leer y enviarlo al famoso congreso de juventudes comunistas..."[10].

Un documento que estuvo clasificado en los archivos soviéticos de Moscú confirma que Fidel se jactó de esto más de una vez. En un informe al Kremlin de noviembre de 1960, el muy bien conectado embajador soviético en La Habana escribió: "Fidel está convencido de que la formación de las opiniones de Raúl es obra suya"[11].

El congreso de juventudes de Viena fue el primer contacto de Raúl con la hermandad comunista internacional. Más de cuatrocientos delegados de setenta y un países se reunieron en el ornado auditorio de la sociedad de música durante seis días, a partir del 22 de marzo. Vladimir Semichastny, el futuro director de la principal agencia de inteligencia soviética, la KGB, se dirigió a ellos en el barroco auditorio principal. El congreso tuvo amplio cubrimiento en la prensa comunista internacional. *Pravda*, el diario oficial del partido comunista soviético, publicó un artículo realzando la valentía de los delegados cubanos que habían desafiado "el terror" del régimen de Batista para asistir[12]. Raúl, todavía un marxista novato que no era miembro del partido, no fue mencionado, aunque Cuba y su Partido Comunista —entonces uno de los más grandes e influyentes de América Latina— eran claramente del mayor interés para los soviéticos.

Varios agentes de la KGB daban vueltas por el vestíbulo y se mezclaban con los delegados en el auditorio, con la intención de espiar a los participantes. Hacían contraespionaje para detectar cualquier penetración de la CIA. Vigilaban en particular a sus propios leales adherentes, que recitaban debidamente la línea del Kremlin. Y lo que era más importante, estaban buscando entre los delegados de los países no comunistas agentes influyentes y reclutas encubiertos que pudieran espiar para ellos.

Raúl era ciertamente un candidato prometedor. Al "enviarlo" al congreso, como dijo Carlos Rafael Rodríguez, Fidel —conscientemente o no— lo había puesto directamente ante los ojos de la KGB. Y la KGB estaba dispuesta a aceptar la oferta.

Después de Viena, Raúl pasó un mes en la comunista Rumania y visitó las capitales de dos países comunistas: Hungría y Checoslovaquia.

"En el congreso tuve una discusión en el salón con un delegado de Rumania —le contó al reportero del *Chicago Tribune* Jules Dubois a fines de 1958—, lo que hizo que el jefe de la delegación me invitara a su país… Yo viajaría a China si tuviera la oportunidad porque me gusta viajar y quiero ver el mundo, pero eso no quiere decir que yo sea comunista"[13].

Raúl después se retractó de esta última declaración y admitió que había engañado a Dubois sobre su creencia comunista. Riéndose y aclarando las cosas en una entrevista con un periodista de *El Día*, dijo que no tenía otra alternativa sino mentir "debido a la naturaleza de nuestra lucha", y se apoyó en forma incongruente en el Nuevo Testamento.

"Pedro negó tres veces a Cristo y después fue el fundador de la Iglesia. Yo sólo negué ser miembro dos veces"[14].

Durante la entrevista con Lee Lockwood en 1965, cuando le preguntaron si Raúl había sido comunista antes de 1959, Fidel reconoció por primera vez que así era. Pero no añadió nada más. Reconoció que si hubiera admitido su manipulación de Raúl, habría dado una mala impresión sobre su relación y su propia integridad. Insistió en que Raúl había actuado independientemente.

"Sí, mientras Raúl estudiaba en la universidad decidió unirse a la juventud comunista por voluntad propia"[15].

Raúl volvió de Europa en un viejo barco de pasajeros italiano, el *Andrea Gritti*. El deteriorado barco zarpó de Génova el 5 de mayo de 1953, lo que quiere decir que la exploración de Raúl del comunismo internacional había durado cinco o seis semanas. La mayoría de los pasajeros del barco eran emigrantes italianos que viajaban en tercera clase, pero Raúl y Nikolai Leonov, un joven ruso de más o menos su edad, viajaron en primera. Se hicieron buenos amigos durante el lento viaje, que atravesó primero el Mediterráneo, pasó por el estrecho de Gibraltar y luego cruzó el Atlántico. Según Leonov, "se comprendieron inmediatamente, y ambos estábamos ardiendo en el deseo de dedicar nuestras vidas al servicio del pueblo"[16].

El joven ruso se convirtió después en el principal especialista en América Latina de la KGB y, antes de su retiro, en el subjefe de la Primera Dirección responsable del espionaje en el extranjero. Había comprado su pasaje en el mismo barco que Raúl para asegurarse de que pasaran mucho tiempo juntos. Su convergencia en el barco recuerda la vieja sentencia repetida sin cesar por los recelosos espías de muchas nacionalidades: "Las coincidencias no existen".

El hecho de que estableciera un vínculo cercano con Raúl, y de que hubiera mantenido la amistad desde entonces, ciertamente no perjudicó la carrera de Leonov en la inteligencia soviética. A bordo del *Andrea Gritti*, el entusiasta ruso practicó el español que ya había aprendido a hablar con bastante fluidez, y Raúl rebosó de entusiasta curiosidad sobre la vida en la Unión Soviética.

Leonov insiste en que todavía no estaba trabajando para la inteligencia soviética en 1953, pero se puede pensar que se trata de un desmentido técnico y engañoso. Probablemente estaba bajo la influencia de la KGB, si no bajo su control formal, y de todos modos cumplía con su función de evaluar e informar sobre Raúl y otros jóvenes izquierdistas latinoamericanos. En *My Turbulent Years,* el libro que escribió después del colapso de la Unión Soviética, Leonov reveló que en el viaje con Raúl en 1953 ya estaba familiarizado con algunos secretos básicos del espionaje.

De vuelta en La Habana, Raúl fue arrestado en el muelle y detenido unos pocos días por la policía secreta de Batista. El diario que había escrito durante su peregrinación tras la Cortina de Hierro fue confiscado, así como también un bolso lleno de propaganda comunista y panfletos ideológicos. Contó que lo habían golpeado, y de ser así, seguramente esto ayudó a radicalizarlo aun más.

Jesús Montane lo visitó en la cárcel y recordó vívidamente que "estaba lleno de entusiasmo sobre el viaje". Tan encantado estaba que, con juvenil jactancia, le dijo a un amigo en La Habana que estaba dispuesto a morir por la causa comunista. Sus experiencias en Viena y en Europa Oriental, y su amistad con Leonov, habían influido en él profundamente.

No mucho después de ser liberado, se afilió formalmente a la juventud comunista cubana. Acababa de cumplir veintiún años.

Raúl se unió al movimiento revolucionario de Fidel hacia la misma época. Al hacerlo, estaba consciente de que se estaba ofreciendo simultáneamente para participar en alguna clase de acción militar liderada por su hermano, y para ser en ella un simple soldado raso.

De modo que en cosa de pocas semanas había tomado dos decisiones que cambiarían su vida. En ambas, se comprometía a complacer a su hermano. Quería ganarse el respeto y la estima de Fidel, impresionarlo, al igual que un hijo díscolo que quiere complacer a su padre. Raúl acordó arriesgar su vida en la lucha para derrocar a Batista, y ayudar a Fidel en su marcha hacia la fama y la gloria.

Fue el primer paso irreversible de Raúl en lo que sería una vida de violencia despiadada. Sin embargo, nadie que lo hubiera conocido antes de 1953 habría pensado eso posible. Una foto suya tomada después de su captura tras el cuartel Moncada muestra a un joven delgado, carente de músculos, con una camiseta y una gorra, mirando inexpresivo a la cámara. Parecía de dieciocho años, o un *beatnik* de Greenwich Village[17].

Tal como resultaron las cosas, durante el asalto al cuartel Moncada Raúl no tuvo la oportunidad de impresionar a Fidel con su valor. Tuvo una misión marginal, mucho menos peligrosa que el asalto principal al cuartel. Acorde con sus antecedentes, nada de lo que hizo el 26 de julio de 1953 causó daño físico a alguien en ninguno de los dos bandos. Él y todos los de su bando salieron ilesos de la acción. No se cubrió, pues, de gloria.

Sin embargo, las historias oficiales de la revolución han inflado regularmente su papel en el ataque al Moncada. Supuestamente había sido el líder de un grupo que había ocupado el Palacio de Justicia, situado en una colina pequeña que dominaba el cuartel en el centro de Santiago. Su misión era montar un nido de francotiradores en el techo para cubrir la acción principal en la calle.

En julio de 1971, *Verde Olivo* publicó un artículo sobre el incidente en el palacio. Pero el relato sancionado oficialmente reveló claramente, de manera inadvertida, que uno de los primeros reclutas de Fidel, Lester Rodríguez, había estado a cargo de la operación en el palacio y que Raúl había participado como subordinado suyo. Rodríguez había recibido previamente información sobre la misión. Había inspeccionado el edificio y tomado nota de las entradas y puntos de acceso antes del ataque. Si Raúl hubiera estado al mando, él habría sido el responsable de hacer esto[18].

El grupo tuvo éxito y se apoderó del edificio. En el proceso ni causaron ni sufrieron bajas y al parecer nunca estuvieron en peligro. No es claro si alguno de los atacantes llegó a disparar. Una vez rechazado el principal ataque al cuartel, Lester Rodríguez y Raúl simplemente salieron de allí caminando con sus hombres. La familia de Rodríguez vivía en Santiago, y él llegó a su casa sin ningún problema.

Raúl dejó su arma y emprendió viaje a pie hacia Birán a lo largo de la carrilera del tren. Su instinto fue irse a casa, tal vez movido por una completa sensación de fracaso después de presenciar el fiasco sangriento del plan de su hermano al cual él no había contribuido en nada. Raúl fue apresado en el camino, lo sometieron a juicio y lo encarcelaron en la Isla de Pinos. Su siguiente oportunidad de impresionar a Fidel no se presentaría sino hasta cuando ambos estuvieron en Ciudad de México.

Peter Bourne, uno de los biógrafos de Fidel, cuyas investigaciones contaron con la colaboración de funcionarios del gobierno cubano, concluyó que a Raúl le dieron el crédito de la operación en el palacio para proteger a Rodríguez, que había eludido su arresto. Si no se revelaba que había participado en el ataque, Rodríguez podría luchar anónimamente en la clandestinidad[19]. Pero la razón fundamental de la revisión de la historia era que una vez en el poder y dirigiendo Raúl las Fuerzas Armadas, era necesario asegurar que había desempeñado un papel heroico en el ataque al cuartel Moncada. El enfrentamiento de ese día simbolizó la fuente mítica de la Revolución Cubana. Fue el crisol que legitimó todo el proceso revolucionario que siguió, y los "moncadistas" han sido desde entonces los héroes nacionales más reverenciados de Cuba, comparables sólo con Martí y los mambises del siglo XIX.

En la fabricación de los mitos era esencial que Raúl hubiera luchado con valentía en el ataque al cuartel y que hubiera tenido una posición de liderazgo. En 1987, Raúl le dijo a un periodista que lo entrevistó que él había estado al mando en el palacio. Parece complacido en atribuirse el crédito de un papel de liderazgo que muy seguramente jamás tuvo.

Más interesante es el hecho de que la primera actuación de Raúl como revolucionario no estuvo ni de lejos a la altura de la expectativa de Fidel, y que él lo sabía. Después de que ese día se escabulló de Santiago sin un rasguño, a ojos de Fidel seguía sin pasar ninguna prueba. No había demostrado ninguna de las cualidades de combatiente que naturalmente había mostrado Fidel en Bogotá y en tantas otras ocasiones. Serían necesarias otras pruebas del temple de Raúl y su capacidad de subordinar su conciencia en actos de violencia revolucionaria. Tenía que volverse más duro, más despiadado, menos presa de sentimentalismo. No tenía la suficiente sangre fría para ocupar una posición de mando.

Los Castro, junto con otros "moncadistas" capturados, fueron encarcelados en la Isla de Pinos, llamada después Isla de la Juventud. En la prisión comían bien y tenían contacto con sus seguidores de afuera. Fidel estableció clases y una rutina militar para sus hombres. Con la ayuda de Raúl Roa, un profesor izquierdista de la Universidad de La Habana y futuro ministro de Relaciones Exteriores de Fidel, formaron una buena biblioteca. En esta forma, los hermanos siguieron profundizando su comprensión de la doctrina marxista-leninista, y el tiempo que pasaron entre rejas fue para ambos el más apropiado que jamás habían tenido para leer y reflexionar seriamente.

Todos fueron liberados en mayo de 1955, beneficiados por una amnistía general. A causa de sus vínculos comunistas, la policía empezó a acosar a Raúl e incluso lo acusó, probablemente en falso, de poner una bomba en una sala de cine. Por eso él fue uno de los primeros en buscar asilo en México. Su misión allí se prestó más para que ejerciera sus calidades como organizador. Buscó vivienda para los otros miembros del movimiento que empezaron a llegar, hizo trabajo logístico, adquirió armas y reclutó nuevos miembros. Raúl nunca ha podido encantar e inspirar a otros como lo hace Fidel con tanta naturalidad, pero en México fue particularmente eficaz por su propia cuenta.

Su más espectacular éxito fue el reclutamiento del personaje más carismático, fuera de Fidel, relacionado con la Revolución Cubana. Poco después de su llegada a Ciudad de México, Raúl conoció a Ernesto "Che" Guevara, un joven médico marxista argentino, un revolucionario errante siempre en busca de nuevas aventuras. Se hicieron buenos amigos y almas gemelas ideológicas de inmediato, y se reunían casi a diario para hablar sobre el marxismo y la forma de adaptar los principios leninistas para tomarse el poder en Cuba. El Che conoció después a Fidel, pero ya Raúl había completado prácticamente su incorporación a la causa cubana.

Hilda Gadea, la nueva esposa peruana del Che, le tomó un aprecio tan entusiasta a Raúl como el mismo Che. Lo describió como hermoso y sin barba, como un estudiante universitario que revelaba menos años de los que tenía. Pero sus ideas sobre la forma como la revolución debía imponerse en Cuba eran claras y sólidas. Las expresaba con gran convicción. Su "manera de ser alegre y espontánea pronto creó una fuerte amistad entre nosotros", escribió ella en sus memorias. Escribió también que Raúl era devoto seguidor de su hermano y un marxista convencido, gran admirador de la Unión Soviética[20].

La esposa del Che describió a un Raúl más maduro, más militante, más seguro de sí mismo e incluso más elocuente. Había cambiado en la prisión, donde su convicción sobre el comunismo y el destino revolucionario de su hermano se había fortalecido. Su admiración por Fidel, si eso fuera posible, era ahora incluso más fervorosa que antes. Hilda Gadea escribió que escuchar a Raúl hablar sobre las ideas revolucionarias era algo inspirador. Era alegre, comunicativo, seguro de sí mismo. Dijo que "tenía una increíble capacidad de análisis y de síntesis", y añadió que era por estas razones que comprendía tan bien al Che.

Su descripción de Raúl es tal vez la más efusiva y elogiosa que se haya hecho de él, en contraste con lo que se ha dicho y escrito a lo largo de los años. Parece que sólo observó a Raúl cuando estaba en compañía del Che, disfrutando su compañía y apoyado psicológicamente. Raúl y el Che fueron particularmente unidos y siguieron siéndolo en

Cuba. Durante el segundo año de la insurgencia, cuando luchaban en frentes diferentes, se escribían regularmente a través de mensajeros, al parecer tratando sobre todo temas ideológicos. Después de la victoria conspiraron y presionaron a Fidel para que acelerara el ritmo del cambio revolucionario y la confrontación con los Estados Unidos.

Nikolai Leonov, el compañero de viaje de Raúl en el *Andrea Gritti,* que estaba trabajando entonces en la embajada soviética en Ciudad de México, supuestamente en calidad de diplomático común, entró de nuevo en su vida. Leonov dice que un día se encontró en la calle con Raúl. Con la participación del Che, Raúl renovó sus extasiadas discusiones sobre la vida y los ideales soviéticos que había ya compartido con el joven ruso.

A Leonov le sorprendieron los progresos de Raúl en la comprensión de la literatura marxista soviética desde que lo había visto por última vez dos años antes. Raúl y el Che le pidieron que les consiguiera traducciones al español de tres libros soviéticos. Uno era una biografía idealizada —*Cómo se templó el acero*— de Vasily Chapaev, un legendario comandante de caballería durante la feroz guerra civil rusa en la década de 1920. Los otros dos libros también eran glorificaciones de héroes míticos de principios de la era soviética. Leonov se las arregló para encontrar las ediciones en español y dárselas a sus amigos.

En México, Raúl también mantuvo estrechas relaciones con Lázaro Peña, uno de los principales y más astutos "comunistas viejos", líder de la Unión de Trabajadores del Tabaco, y su principal contacto con el Partido en La Habana. Raúl se unió tanto a este hombre mayor que antes de partir en el *Granma* le confió lo que después describiría como un "testamento político sin título". Dijo que lo había escrito con un camarada cubano y dio a entender que era tan radical y revelador de su verdadero pensamiento socialista que no quería que estuviera a bordo del *Granma* en caso de que lo capturaran o lo mataran.

Dijo que Fidel y el Che también habían aprobado el "testamento" antes de dejar México. Se negó a decir más sobre el documento y se mostró irritado con el periodista de *El Día*, revelando inadvertidamente más de lo que tal vez Fidel habría deseado acerca del grado en que el marxismo de ambos hermanos se había desarrollado hacia fines de 1956. Raúl pareció sugerir que él, el Che y Fidel estaban todos de acuerdo antes de dejar México en que su lucha era por una Cuba comunista.

Raúl le hizo una pregunta retórica al periodista mexicano: "¿Cómo crees que hubiéramos hecho una revolución socialista sin tener eso claro?"[21].

Pretendiendo olvidar que Raúl le había presentado a Leonov en Ciudad de México, Fidel le dijo una vez a un periodista que nunca había conocido a un soviético antes de 1959. Quiso así recalcar que su lucha por el poder había sido independiente de cualquier influencia extranjera, como de hecho lo fue.

Fidel es propenso a sentirse ofendido por las acusaciones de que en México fue reclutado como agente secreto de la KGB, lo cual negó vigorosamente en la entrevista con Lockwood. Es casi imposible, se puede concluir, que él o su hermano haya sido reclutado como agente clandestino por la inteligencia soviética. No existen pruebas creíbles que apunten en esa dirección, y más bien hay datos convincentes en los archivos soviéticos que descartan esa posibilidad.

A principios de los noventa, en el cenit de la apertura y la introspección postsoviéticas, dos investigadores tuvieron acceso sin precedentes a los archivos soviéticos supersecretos sobre Cuba, incluyendo los de la KGB y el Politburó. Timothy Naftali y Aleksandr Fursenko, un canadiense y un ruso, no encontraron nada que indicara que a Raúl le hubieran asignado un alias o nombre en código secreto en las muchas referencias a él en los documentos que revisaron. Esto habría sido parte de la rutina de haber sido empleado por la inteligencia soviética para trabajos encubiertos. Los documentos también muestran que, tal como lo deseaba, Fidel siguió siendo inescrutable para los soviéticos hasta mucho después de tomar el poder[22].

Raúl no fue reclutado como un agente "controlado", pero para fines de los cincuenta los soviéticos lo consideraban su "hombre en La Habana" o, más precisamente, su hombre en el círculo de asesores más allegados a Fidel, primero en la sierra y luego en el gobierno. De lo que no se dieron cuenta fue del hecho de que Raúl era en realidad el agente de Fidel que le permitía el acceso al propio gobierno soviético. O, para decirlo en la jerga de los servicios secretos, era Fidel el que funcionaba como manejador u oficial a cargo, usando a Raúl como un conducto para llegar a los comunistas cubanos y después a sus amos en el Kremlin. Aunque no en el sentido más estricto del término, Raúl era un agente doble.

Siempre con la aprobación de Fidel, Raúl mantuvo vínculos estrechos con los "comunistas viejos". En 1958, algunos miembros jóvenes del partido fueron aceptados en forma desapercibida en las unidades guerrilleras que Raúl y el Che comandaban, pero Fidel siguió rechazando contactos obvios con ellos que pudieran desmentir sus insistentes negativas públicas de tener tendencias marxistas. Pero en las amplias áreas del norte de Oriente que controlaba para el verano de 1958, Raúl experimentó con métodos de organización comunistas.

Y una vez en el poder los Castro, mientras Fidel viajaba por el este de los Estados Unidos, Raúl hacía los primeros contactos clandestinos con los líderes soviéticos en 1959, a tiempo que su hermano declaraba solemnemente que no tenía ningún interés por el comunismo. Pero, a pesar de las impresiones de muchos en ese momento, no hay la menor duda de que cada movimiento hecho por Raúl en su calidad de comunista estaba coordinado con su hermano.

Raúl recurrió a Lázaro Peña, su "comunista viejo" de confianza y consejero en Ciudad de México, que había regresado a La Habana para ayudar a revivir el "viejo" Partido Comunista, de nuevo legal en ese momento. Peña viajó secretamente a Moscú como emisario de Raúl y pidió ayuda para fortalecer las Fuerzas Armadas y la inteligencia de la revolución. Fue un paso temprano básico para la consolidación del poder, y los Castro sabían que la ayuda soviética en esas áreas sería esencial a medida que la oposición a su régimen seguía aumentando en los Estados Unidos[23].

En el Kremlin, el primer ministro Nikita Kruschev aprobó rápidamente la solicitud de Raúl. Después, Raúl participó en cónclaves secretos con Fidel en cada encrucijada de la prolongada ruta que tomaron para radicalizar la Revolución Cubana, enfrentarse a los Estados Unidos y entrar a la órbita soviética. Raúl desempeñó el papel principal de intermediario de Fidel con Moscú durante más de treinta años, hasta que la Unión Soviética se disolvió.

Fue por buenas razones por lo que Raúl siempre fue considerado el líder más prosoviético entre los allegados a Fidel, y el que más probablemente defendería las posiciones soviéticas, adularía a los dignatarios soviéticos de visita y se deleitaría en presencia de los altos funcionarios del Kremlin. Estaba enamorado de la cultura y las instituciones soviéticas; secretamente tomó largas vacaciones en diferentes sitios de la Unión Soviética; y llenó su oficina en el Ministerio de las Fuerzas Armadas con objetos de interés y recuerdos de su país extranjero favorito.

Incluso Kruschev, el curtido sobreviviente de las purgas y el terror de Stalin, creería durante todo el resto de su vida que Raúl había sido *su* hombre en La Habana. El líder soviético estaba convencido no sólo de que Raúl trabajaba en forma encubierta para la URSS sino de que se las arreglaba para ocultar de Fidel ésta y otras muchas cosas.

Kruschev, la KGB y otros funcionarios bien informados del Kremlin insistieron tercamente en creer que Raúl era su fiel y secreto hombre en el más alto nivel del movimiento guerrillero y luego del nuevo gobierno revolucionario. Increíblemente, Kruschev creía, como escribió en sus memorias, que Raúl "había mantenido ocultas sus verdaderas convicciones" de Fidel.

La CIA y la inteligencia estadounidense han cometido innumerables errores al evaluar a los hermanos, pero éste no fue uno de ellos. Más bien, lo opuesto tendió a ser el caso. Los dones de liderazgo y la contribución de Raúl al éxito y supervivencia de la revolución fueron menospreciados durante muchos años. Para algunos era débil, para otros andrógino, y para todos el fiel y dócil subordinado de Fidel. Yo nunca estuve de acuerdo con esta interpretación y para mediados de los ochenta me dediqué a averiguar más cosas sobre él.

En Ciudad de México, Raúl se volvió el confiable socio revolucionario de Fidel. Aunque todavía no había hecho nada para distinguirse como soldado o revolucionario, la experiencia del cuartel Moncada y luego la prisión y el exilio realzaron cualidades personales que nunca había mostrado antes. Quería sobre todo complacer a Fidel, ganarse una posición en su círculo de allegados, y poder compensar por su gris desempeño en el cuartel Moncada, asumiendo una posición de liderazgo en la guerrilla.

Maduró y se volvió firme y seguro de sí mismo. Todavía idolatraba a su hermano como sustituto de la figura del padre, pero ahora estaba más asentado y tenía un propósito en la vida. Estaba afirmando su personalidad y hablando con voz propia a medida que aumentaba su confianza en las convicciones que había adquirido. Siguió siendo indudablemente fiel a su hermano, hasta el punto

de que trataba de ser más como Fidel que el mismo Fidel.
Y en un aspecto importante que sólo los dos hermanos
comprendían, las creencias y contactos comunistas de
Raúl le dieron una tarea propia estratégicamente esencial.
Era un campo en el que no tenía que competir con Fidel
o seguirlo paso a paso.

Teresa Casuso, que nunca vio a Raúl mientras estuvo
en Ciudad de México, dijo que los hermanos no vivían
juntos allí y que no se veían con frecuencia. Raúl tenía suficiente tiempo libre para interesarse en la tauromaquia, y
tal vez como ejercicio para ganar confianza en sí mismo se
entrenó por un tiempo para ser torero. Desarrolló vínculos
personales con muchos de los cubanos que vivían y se en-
trenaban allí para la insurgencia, y empezó a desempeñar
el papel de sustituto de su hermano y de intermediario
entre ellos. Estaba desarrollando dones de liderazgo que
no habían sido evidentes antes.

La creciente amistad con el Che Guevara probablemente
fue definitiva para su desarrollo personal e ideológico. Antes
de 1955, nadie habría podido escribir los elogios que le
prodigaba Hilda Gadea porque hasta entonces había sido
indeciso, inseguro y vacilante. El Raúl que la esposa del
Che describió tenía todas las cualidades compasivas que su
hermana Juanita siempre había admirado más en él. Pero
ya en 1956 esos rasgos se habían mezclado con la dureza,
la seguridad y la pasión política que han caracterizado su
carrera pública desde entonces.

Fue en México donde primero actuó en el papel de
implacable partidario de la pena de muerte, y después, en

vísperas de la partida del *Granma*, en el propio verdugo. Estas dos pruebas de despiadada firmeza revolucionaria lograrían por fin fortalecer su posición ante su implacable hermano.

El primer caso se centró en Calixto Morales, un joven maestro rural cubano que dejó el hogar y la familia para unirse al movimiento revolucionario de los Castro. Tenía educación, y por lo tanto sus antecedentes eran distintos de los de los demás reclutas de Fidel. Casi todos los "moncadistas" eran pobres y de la clase obrera, con escasa educación. Según el cálculo de Fidel, esto hacía que estuvieran menos dispuestos a desafiar sus órdenes o renegar demasiado de la lógica o la justicia de todo lo que él les exigía. Morales cometió los dos errores de renegar y quejarse.

Mientras recibía entrenamiento guerrillero en una hacienda cerca de Ciudad de México, bajo la dirección de un veterano de la Guerra Civil Española, Alberto Bayo, con la ayuda de su estudiante favorito, el Che Guevara, Morales desafió sus duros métodos. Ninguno de los instructores era cubano, y sus exigencias eran realmente agotadoras. Un día, durante un ejercicio particularmente duro, el exhausto Morales se hartó y, sin violencia o histrionismo, simplemente se sentó al lado del sendero por el que iban y se negó a seguir[24].

A través de los años, todos los reclutas de las iniciativas revolucionarias de Fidel han estado sujetos a una disciplina draconiana, y la acción de Morales era causa de alarma. El Che escribió después que Fidel le había aclarado a su personal que había tres ofensas que siempre serían castigadas con la muerte: la insubordinación, la deserción y el derrotismo[25].

Al sentarse ese día al lado del sendero durante el entrenamiento, Morales no tenía ni la menor idea de que en realidad estaba al borde del precipicio, que era culpable de derrotismo, un crimen capital en el extraño mundo de la incomprensible moral revolucionaria. Había violado uno de los principios claves de Fidel y tenía que ser convertido en chivo expiatorio.

Llamaron a los hermanos Castro que se encontraban en Ciudad de México para que se hicieran presentes en el campo de entrenamiento y presidieran una corte marcial. Fidel, el general Bayo y Gustavo Arcos, un "moncadista" que años después fue uno de los disidentes importantes que aún quedaban en Cuba, oirían el caso y decidirían la suerte de Morales.

Escogieron a Raúl como fiscal. Tal vez él se ofreció para el papel, o tal vez Fidel se lo asignó, con el fin de observarlo y evaluarlo en una situación de mucha tensión en la que era mucho lo que estaba en juego. La mayoría de los demás hombres estaban horrorizados de que las cosas hubieran llegado a ese punto. Pero Raúl comprendía lo que estaba en juego para él. Su actuación sería la prueba de su fortaleza revolucionaria.

El relato, palabra por palabra, del general Bayo del frío alegato de acusación de Raúl fue reconstruido varios años después de memoria, posiblemente basándose en notas. Bayo fue uno de los primeros admiradores de Raúl, y por lo tanto la versión publicada de las palabras de Raúl seguramente está adornada. Pero el viejo general no podía pasar por alto el tono, la fuerza o la ferocidad de la acusación de Raúl contra Morales, o no podía olvidar algunas de sus frases más dramáticas.

Bayo habló en defensa del acusado, en busca de clemencia. Pero cuenta que Raúl lo interrumpió en la mitad de una frase, arremetiendo verbalmente contra Morales. Raúl se lanzó como un "león enfurecido", escribe Bayo, y luego pronunció una larga y encarnizada acusación[26].

Morales había roto la disciplina militar, y no tenía el respeto debido a la autoridad. Se había insubordinado, olvidando la ética militar. Había manchado el uniforme revolucionario. Un comportamiento de esta clase destruiría todo nuestro noble esfuerzo. Raúl le gritó a Bayo: "¿Quiere salvar la vida de este individuo? Yo le digo ¡no, mil veces no! No podemos empezar nuestra historia con esta basura apestosa".

Bayo estaba asombrado. Escribió que éste era "un Raúl que yo desconocía". El hombre que había conocido hasta ese momento era un joven imberbe, escribió. "Pero cómo ha crecido ante mis ojos… Se ha convertido en un gigante".

El general no registró la reacción de Fidel, pero parece seguro concluir que Raúl había pasado la prueba con gran éxito. Lo que los dramaturgos describen como una "escena obligatoria", el momento en que un personaje desarrolla una plena expresión de su ser más oculto, o cuando el desarrollo de una línea de la trama de pronto se ve claramente, había ocurrido para Raúl en la improvisada "corte" en la campiña mexicana.

Demostró que podía ser incluso más duro que Fidel. Bayo escribió que después de observar la actuación de Raúl, sacó por primera vez la conclusión de que estaba hecho de "acero templado". Por ello, Fidel lo apreciaba ahora mucho más. Según las estrictas normas de su hermano, ahora tenía credibilidad como potencial comandante de hombres. Podía, finalmente, habilitarse para ser el Fidel de Fidel.

Al final, a Morales le perdonaron la vida, y según algunos luchó eficazmente en la sierra. Fue Fidel, naturalmente, quien decidió el perdón.

Hubo por lo menos otro caso similar ocurrido durante el período de entrenamiento, en el que sí se llevó a cabo la ejecución de un sospechoso de ser espía de Batista. Su nombre nunca fue revelado, y no es claro quién dio el golpe de gracia. Este acusado, según un veterano cubano de las guerrillas entrevistado años después por el biógrafo de Fidel, Tad Szulc, fue encontrado culpable por otro improvisado tribunal revolucionario en México. El hombre fue "muerto y enterrado ahí mismo en un potrero"[27].

El nombre del colega cubano que Raúl ejecutó justo antes de dejar Ciudad de México a fines de noviembre de 1956 tampoco ha sido revelado. Ordenado por Fidel y al parecer hecho sin tribunal o algún otro debido proceso revolucionario, nadie había hablado antes de esta muerte.

Lo que parece claro es que al dar el golpe de gracia bajo órdenes de Fidel, Raúl había cruzado el último de sus obstáculos formativos. Aun más decisivo que su actuación en el caso anterior de Calixto Morales, le demostró a su hermano que era lo suficientemente duro como para tener una posición de mando. Cuando Raúl admitió el asesinato años después ante un pequeño grupo de camaradas de confianza, sin duda en medio de una juerga llorona, dio pocos detalles pero admitió estar arrepentido.

De vuelta en Cuba, Raúl procedería a ordenar y presidir muchas ejecuciones, tanto antes como inmediatamente después de la victoria castrista. Un ex colega recuerda que Raúl y el Che "competían en asesinatos y crueldad".

Una anotación del 25 de marzo de 1958 en el diario de campaña de Raúl, justo dos semanas después de recibir su puesto de mando, revela que la primera ejecución que ordenó tuvo lugar frente a los camaradas del condenado y había sido llevada a cabo con "gran solemnidad". Otras, tal vez centenares, fueron ejecuciones más precipitadas.

Los condenados eran considerados culpables de muchas clases de crímenes, fuera de los tres descritos por el Che. Algunos eran bandidos, violadores, asesinos, ladrones, pero la gran mayoría de las ejecuciones tenían razones políticas. Un periodista estadounidense de visita en el campamento de Raúl en la sierra lo fotografió —de pie, severo y tranquilo— junto a un asesino condenado atado a un árbol, poco antes de que le dispararan.

Algunos eran ejecutados para saldar viejas cuentas. Raúl ha hablado en público en dos ocasiones sobre la ejecución de un oficial de Batista de quien se decía que una década antes había sido el responsable de la muerte de un conocido líder sindical comunista. Como él, muchos de los muertos eran oficiales militares y de inteligencia de Batista[28].

Fidel le admitió una vez a un congresista estadounidense de visita en Cuba que las ejecuciones de Raúl ocurrían en gran escala: "Cuando Raúl llegó al Segundo Frente, encontró que centenares de personas estaban siendo organizadas por Batista, haciendo creer que eran revolucionarios. Los desarmamos y los despachamos"[29].

Hay una escalofriante apostilla de estos cuentos sobre la sangre fría de Raúl. Un antiguo confidente de alto nivel de los hermanos Castro me contó sobre el sorprendente final de toda esta matanza. En 1966, Raúl había ordenado que exhumaran los huesos de todos los que habían sido ejecutados en Santiago y en la sierra. Los restos fueron puestos en grandes "ataúdes" de concreto especialmente hechos para eso. Los pusieron a bordo de barcos costeros y los echaron al mar en la costa sur de Oriente. Allí las aguas son de las más profundas del Caribe[30].

CAPÍTULO 7

Mi trabajo es hablar

Docenas de chatos edificios de oficinas han surgido en los últimos años en el pujante corredor de alta tecnología en los suburbios del norte de Virginia de Washington, muchos de ellos sedes de agencias del gobierno y de firmas contratistas dedicadas al trabajo de inteligencia o de seguridad. Uno de los que menos llama la atención es la sede del Foreign Broadcast Information Service, la organización de inteligencia extranjera más antigua de los Estados Unidos. El FBIS fue fundado en febrero de 1941 y ya estaba trabajando a toda máquina cuando el presidente Franklin Roosevelt estableció la Oficina de Servicios Estratégicos (OSS), precursora de la actual CIA.

Con una red de oficinas, la mayor parte en países extranjeros cooperantes, el FBIS monitorea emisiones de radio y televisión extranjeras en más de sesenta idiomas. Conocida por los analistas de inteligencia como Fibiss, es una firma pequeña, nada misteriosa, que opera sin ninguna parafernalia encubierta. Aunque transcribió y tradujo emisiones de radio japonesas anteriores a Pearl Harbor, la primera generación de sus analistas de propaganda no previó el ataque, al igual que otros muchos en el gobierno. Informaron, sin embargo, que Tokio se había vuelto más "hostil y desafiante". Ésta fue una de las pistas importantes de las que el gobierno hizo caso omiso[1].

El FBIS es excepcional entre las entidades de inteligencia estadounidenses que realizan actividades de recolección de información porque los datos que reúne todos los días del año no son secretos y los obtiene en las ondas de radio abiertas del mundo. Su modesto presupuesto anual probablemente sería gastado en menos de una semana por cualquiera de los servicios más grandes. Los espías, los aviones de reconocimiento, los satélites, los escuchas electrónicos y otros sistemas técnicos absorben la mayor parte de los casi cuarenta mil millones de dólares invertidos cada año en actividades de inteligencia. Pero la información que reúne este oscuro y pequeño servicio a menudo es más valiosa para los analistas de inteligencia que los informes ultrasecretos y confidenciales de los programas más grandes y sofisticados.

El FBIS nunca fue más esencial que durante la Guerra Fría. La Unión Soviética, sus satélites de Europa oriental y la China de Mao eran blancos de inteligencia "duros" o "áreas vedadas", donde el espionaje y otras operaciones encubiertas eran difíciles y peligrosos. Los espías y los sistemas de escucha pueden ser neutralizados, las instalaciones secretas pueden esconderse de los sistemas de reconocimiento aéreos, pero los gobiernos en esos países cerrados tenían que comunicarse abiertamente con sus propios pueblos, y difundían gran cantidad de propaganda para públicos extranjeros en los que querían influir.

Con todo ese material para monitorear, la recolección de datos del FBIS nunca decaía. Las transcripciones de los programas de radio de los países objeto de estudio llegaban a los analistas casi al mismo tiempo y en flujo continuo. Era importante saber qué estaban diciendo los miembros del Politburó, o qué presagiaban las declaraciones de los partidos comunistas y los panfletos ideológicos. Esta fuente abierta de información llenaba vacíos sobre temas políticos, la formulación de políticas, los desarrollos económicos y militares y la dinámica básica de liderazgo en países que de otra manera eran en gran parte vedados para los observadores extranjeros.

Cuba gradualmente se convirtió en otra de esas áreas vedadas después de la victoria de los Castro. Con la inteligencia soviética y la ayuda militar que Raúl solicitó en abril de 1959, la capacidad de inteligencia y de contraespionaje cubana mejoró constantemente. Fuentes bien colocadas y confiables que le habían dado información a la CIA prefirieron exiliarse en lugar de correr el riesgo de quedarse en la isla en el papel de traidores de la revolución. Para los cubanos que se quedaron era comprometedor ser vistos con un diplomático estadounidense. Los informes de inteligencia sobre el funcionamiento del nuevo gobierno y el pensamiento de sus líderes se volvieron cada vez más difíciles de obtener.

Luego, en enero de 1961, justo antes de que terminara el segundo período de Eisenhower, su gobierno rompió relaciones diplomáticas con Cuba y la embajada estadounidense en La Habana fue cerrada. El papel del FBIS de llenar vacíos de información se volvió entonces más crucial al empezar un largo período de absoluta escasez informativa para los analistas estadounidenses de Cuba. Los discursos, las conferencias de prensa y las declaraciones de los líderes cubanos y los decretos y la propaganda del gobierno se volvieron importantes fuentes primarias que podían ser analizadas para obtener datos valiosos y difíciles de conseguir de otra manera.

Como analista corriente de Cuba de la CIA, me impresionaron los aparentemente interminables discursos que salían lentamente de los teletipos del FBIS en el centro de operaciones de la Agencia. Hubo noches en que me quedé horas frente a ellos recibiendo hoja tras hoja de los discursos de Fidel no muchos minutos después de que él los pronunciara.

Cuando Fidel bajó de la Sierra Maestra para tomar el poder en el día de año nuevo de 1959, el FBIS —para entonces integrado a la CIA— ya estaba preparando el monitoreo de sus presentaciones públicas. La primera fue un discurso de celebración que dio desde un balcón que daba a la plaza Céspedes de Santiago, en la noche de su victoria. Fue uno de los pocos discursos de Fidel que no fue transcrito por el FBIS, aunque el texto fue publicado por un periódico de La Habana.

A los pocos minutos de iniciar ese primer discurso le aclaró su intención de que Cuba nunca sería la misma a cualquiera que todavía tuviera dudas al respecto. El largo conflicto guerrillero había terminado, pero una revolución, no un simple cambio de gobierno o de líderes, estaba empezando. No iba él a dirigir un simple programa de reformas. El viejo orden político y económico sería removido hasta las raíces. Le advirtió a los tibios de corazón que una "tarea dura y peligrosa" había empezado.

Su visión estaba dominada por un pensamiento marxista-leninista y antiimperialista no admitido, y por unas aspiraciones internacionales acordes. Pero no tenía un programa o un cronograma en mente. No tenía un grupo de expertos para planificar la transición, porque fuera de Raúl no había nadie en quien Fidel confiara lo suficiente. Durante todas las campañas para derrotar a Batista, Fidel había tomado todas las decisiones estratégicas, y tenía la intención de seguir haciéndolo.

Había establecido su estilo de liderazgo desde que empezó a organizar el ataque al cuartel Moncada. Fue entonces cuando les dijo por primera vez a sus camaradas que la revolución no tendría más que un solo líder. La victoria lo convenció de que su estilo de mando centralizado había sido reivindicado. Su amiga Teresa Casuso recordó que en México había dicho que "era esencial inspirarle al pueblo la fe en una sola persona"[2]. El que fuera una vez simpatizante suyo, K. S. Karol, describió más a fondo la obsesión de control de Fidel como una "sensación arrolladora de ser indispensable".

La inmediata prioridad de Fidel en esos primeros días en el poder fue consolidar lo ya logrado. En primer lugar, su pequeña fuerza guerrillera —no más de unos pocos miles de individuos armados y con experiencia— tenían que asumir el control de La Habana y neutralizar cualquier restante reducto de oposición. Fidel tenía que asegurar su control personal de otros pocos grupos opuestos a Batista y asegurar su autoridad sobre los elementos prodemocráticos en su propio movimiento.

El enfrentamiento con los Estados Unidos era inevitable. No era sólo el objetivo de "hacerles la guerra" a los estadounidenses. Era su "verdadero destino". Extirpar de Cuba la gran y contaminadora presencia estadounidense no podía, por supuesto, ser tema de discusión con la embajada de los Estados Unidos, lo cual fue una de las razones por las que evitó hablar con el embajador Bonsal, liberal y bienintencionado. Sabía que no podía iniciar el cambio revolucionario sin suscitar el antagonismo del gobierno de Eisenhower y de los poderosos intereses económicos estadounidenses en la isla, así que prefirió moverse con cautela. Raúl, en contraste, lo estaba presionando para que implementara rápidamente un programa radical y abrazara abiertamente el comunismo.

Los hermanos estaban de acuerdo, sin embargo, en que había tres direcciones en que la revolución los llevaría. Habría conflicto con los Estados Unidos, apoyo para el internacionalismo revolucionario en América Latina y convulsiones en Cuba para crear una sociedad más justa.

También fue evidente desde ese primer discurso de Fidel en Santiago que se veía a sí mismo como sinónimo de la revolución. Empezó a usar el "nosotros" mayestático. En los años siguientes el empleo del pronombre de primera persona prácticamente desapareció de sus discursos. Por insistencia suya, se promulgó una ley que prohibía la instalación de estatuas de líderes en lugares públicos, o nombrar calles, parques o pueblos con sus nombres. No habría en Cuba culto de la personalidad, como en la Unión Soviética de Stalin o la China de Mao. Pero la fusión de Fidel de su yo y la revolución ha hecho más en realidad para fomentar el culto del líder de lo que las estatuas jamás hubieran podido lograr.

Muchas de las pistas que Fidel dio sobre sus intenciones en ese primer discurso de Santiago pasaron desapercibidas o fueron desestimadas por Washington y su embajada en La Habana. En la euforia de la victoria guerrillera, tanto los cubanos como los estadounidenses estaban ansiosos por darle el beneficio de la duda. Lo que parecía paranoia antinorteamericana o internacionalismo militante podría tener justificación. Fidel sólo tenía treinta y dos años, y carecía de experiencia en las sutilezas diplomáticas o los matices políticos. Algunos pensaron que se estaba dejando llevar por la excitación ante las multitudes extáticas cuando pronunciaba sus discursos. Seguramente, la mayoría de las personas en el gobierno de los Estados Unidos creían que pronto se asentaría y adoptaría un tono más moderado y predecible.

A mediados de febrero de 1959, cerca de seis semanas después de su llegada al poder, la embajada estadounidense envió un cable al Departamento de Estado diciendo que no había habido "un solo discurso de Castro desde el triunfo de la revolución en que no haya mostrado algún sentimiento contra los Estados Unidos". Pero los diplomáticos, esperando cándidamente lo mejor, añadieron que no había razón para creerlo "tan antinorteamericano

como parece"³. Sin embargo, en realidad lo que dijo en
los discursos transcritos por el FBIS fue bien calculado y
fiel a su pensamiento.

Todavía receloso de entrar a La Habana, Fidel viajó
lentamente, con un cada vez mayor contingente de ruidosos
seguidores, y se dirigió hacia el oeste de la isla rumbo a la
capital, haciendo paradas en pueblos y ciudades a lo largo
del camino para pronunciar largos discursos.

Cuando se detuvo el 4 de enero en la importante
ciudad azucarera y ganadera de Camagüey, los monitores
del FBIS estaban listos. Su discurso, transmitido por la
estación de radio local, fue el primero en ser captado por
el FBIS. No mucho después, la traducción al inglés era
estudiada en Washington por los analistas.

"Una era totalmente nueva" estaba empezando, se
ufanó, sin reconocer que también estaba iniciando una
nueva y extraña sociedad con los analistas de inteligencia
estadounidenses. Muchos miles de sus discursos y conferencias de prensa, que contienen miles de millones de
palabras, han sido transcritos durante las décadas que han
pasado desde entonces. Desde ese primer discurso grabado
en Camagüey, las transcripciones de su oratoria han sido
el patrón oro de los que han tratado y tratan de evaluar la
Revolución Cubana.

En Camagüey, Fidel prometió engañosamente, como
lo haría durante los meses siguientes, establecer "un sistema democrático civilizado". Insistió en que restauraría la
Constitución de 1940 y prometió elecciones en "quince
meses, más o menos". El 14 de enero, después de su llegada
a la capital, dijo: "…nuestra revolución es genuinamente

cubana, genuinamente democrática". Cuando lo presionaban, describía su filosofía personal como "humanista".

Prometió "lanzar una ofensiva contra la corrupción,
la inmoralidad, los juegos de azar, los robos, el analfabetismo, las enfermedades, el hambre, la explotación y la
injusticia".

En el de Camagüey, y en otros discursos a lo largo
de los años, hizo hincapié en los dos últimos temas, sus
conceptos profundamente personales de la explotación y
la injusticia. Estos dos males equivalentes, ampliamente
concebidos y vagamente expresados, estaban, pensaba él,
en la raíz de los males de Cuba. El combate contra ellos
proporcionaría la justificación perdurable de todo lo que
seguiría en su larga jornada revolucionaria, no sólo en
Cuba sino también en sus muchas causas internacionales.
Había empezado a expresar los temas definitorios de lo
que en adelante sería el soporte de casi todas sus políticas
domésticas y extranjeras.

Empapado en creencias marxistas que habían madurado durante sus dos años en la sierra, Fidel había llegado
a identificarse más íntimamente con los guajiros y campesinos, la mayoría de ellos sin tierra y analfabetos. Su niñez
en Birán y las burlas que soportó por sus cualidades guajiras
lo acercaron a ellos. Sabía que ellos serían los principales
beneficiarios y símbolos de la revolución. La conciencia
social que vivió primero después del "bogotazo" se había
perfeccionado y convertido en una concepción marxista
de la lucha de clases.

En esos primeros días su mensaje era vago pero solemne. Combatiría a todos los que creía que explotaban a los pobres y desfavorecidos. Los explotadores serían mortales enemigos suyos y de la revolución. Las injusticias existentes serían rectificadas por la justicia revolucionaria, los programas de redistribución y la concesión de poder a las masas. Ningún otro problema social sería más resaltado en su prédica revolucionaria. Durante décadas, los temas de la explotación y la injusticia han sido regularmente los más mencionados en sus discursos públicos.

La conversión de Fidel al comunismo se aceleró durante las primeras semanas después de la victoria. Raúl y el Che lo estaban presionando para que acogiera abiertamente a los "comunistas viejos", y todos los imperativos políticos inmediatos también lo estaban empujando en esa dirección. Dentro de su movimiento variopinto había simplemente muy pocas personas con la educación y las capacidades políticas, administrativas u organizativas para dotar el nuevo gobierno. Los guerrilleros barbudos que habían luchado en la sierra eran revolucionarios curtidos pero serían risibles como burócratas o gerentes.

Y Fidel no tenía ni la menor intención de confiar en su movimiento clandestino urbano, los civiles partidarios de la democracia que habían sido indispensables en la recolección de fondos y la acción política, pero que ahora eran prescindibles. Muchos de ellos eran precisamente la clase de profesionales educados y capaces que necesitaba desesperadamente para formar un gobierno, pero él los consideraba insuficientemente revolucionarios, demasiado dispuestos a desear buenas relaciones con los estadounidenses y a presionar por unas prontas elecciones.

Estaba aun menos inclinado a escuchar a los tecnócratas y figuras políticas de las épocas de Grau San Martín y de Prío Socarrás, y aun menos a los antiguos líderes del Partido Ortodoxo que lo habían menospreciado. Inicialmente, unos cuantos hombres y mujeres de esa vieja generación liberal fueron nombrados en el gobierno, pero casi todos ya no estarían en él ocho o nueve meses después.

Había sólo otro contingente al que podía recurrir Fidel: el de los "comunistas viejos". Formaban ellos el partido político más disciplinado del país. Con cerca de diecisiete mil miembros —más que los de su propio movimiento— estaban bien organizados en toda la isla. Tenían capacidad administrativa, contaban con el respaldo de la clase obrera y gozaban de bastante influencia entre los intelectuales y otros grupos importantes. Estaban a favor de la completa reestructuración de la sociedad y la economía que Fidel también deseaba pero que todavía no sabía cómo llevar a la práctica. El proceso de integración de los comunistas al ejército ya estaba bien adelantado, liderado por Raúl. El siguiente paso sería incluirlos en el gobierno.

Los biógrafos y los historiadores no han estado de acuerdo en cuándo exactamente tomó Fidel la decisión trascendental de convertirse en un comunista plenamente convencido. En abril de 1961 anunció por primera vez el carácter socialista de la revolución, y en diciembre de ese mismo año se declaró marxista-leninista. Algunos, entre ellos su hermana Juanita, han dicho sin embargo que ya era un devoto pero secreto marxista en 1956 en México, y Raúl también sugirió esto mismo en su entrevista de 1975 con el periódico mexicano *El Día*[4].

El biógrafo de Fidel Tad Szulc concluyó que la conversión ocurrió "definitivamente" dos años después en la Sierra Maestra, a mediados de 1958. También ha habido muchas otras opiniones, a veces absurdamente divergentes. Lo más cercano a un consenso es que Fidel cruzó la línea ideológica en la primavera o el verano de su primer año en el gobierno.

Durante mucho tiempo yo estuve de acuerdo con este consenso, aunque más recientemente he llegado a pensar que la manipulación política de su hermano por parte de Fidel demostraba que su propia convicción política ya era sólida a principios o mediados de la década de 1950. Para entonces casi todo en el carácter y las ideas de Fidel apuntaban en una sola dirección, o sea hacia el marxismo-leninismo.

Pero en cierta medida, esta cuestión y el ya largo debate pueden inducir a error. Fidel no tuvo un momento decisivo al que él o cualquier otro pueda señalar como el de su paso al marxismo. No hubo un momento crucial, un viraje, después del cual cambió definitivamente. No hubo un incidente, un acto de seducción política o un panfleto inspirador que influyera concluyentemente en él. Como todas las principales decisiones que toma Fidel, su conversión tuvo como base las ideas acumuladas de una mente calculadora que buscaba lo más conveniente para su ambición. No había necesidad —de hecho había muchas cosas en contra— de que aceptara públicamente el comunismo o a los comunistas antes de derrocar a Batista. Él quería el poder, no la oportunidad de matar el tiempo en los cafés discutiendo sobre los matices más sutiles y esotéricos de la doctrina marxista.

Una vez en el poder, la afiliación al comunismo internacional dirigido por la Unión Soviética era el único camino que estratégica, personal y políticamente tenía sentido para él. Probablemente, eso era exactamente lo que él y Raúl ya habían decidido en México.

Estratégicamente, su destino y el de la revolución sólo podían avanzar en alianza con la Unión Soviética. Necesitaba al Kremlin para que le ayudara a proteger la revolución contra la inevitable arremetida estadounidense. Además, la alianza suya y de su revolución con Moscú sería el definitivo repudio a los Estados Unidos.

Personalmente, su sentido de predestinación lo impulsaba a ejercer un control autoritario mientras viviera. Esto era posible en las monarquías pero también en los países comunistas donde los líderes se podían aferrar al poder indefinidamente y con cierto grado de legitimidad.

Políticamente, necesitaba las capacidades y la base organizada de los "comunistas viejos" para reestructurar profundamente la sociedad cubana. En una carta desde la prisión en Isla de Pinos en abril de 1954 había escrito: "Cómo me gustaría revolucionar este país de arriba abajo"[5].

El último factor en la decisión de abrazar abiertamente el comunismo entró en juego a fines del primer mes en el poder. Fidel gozaba de un apoyo popular tan avasallador apenas unas semanas después de bajar de la sierra que ninguna posible combinación de fuerzas políticas podía

amenazarlo. Fue entonces cuando se sintió lo suficientemente seguro como para adoptar en sus propios términos
a los "comunistas viejos" y sin temer para nada que esos
zorros astutos se impusieran.

Los comunistas que conoció en la universidad recuerdan haberle oído decir que sólo pensaría en ser miembro
del partido si podía ser como Stalin. Quiso decir que nunca
se podría subordinar a la disciplina de otros, especialmente
a un Partido en el que tendría que empezar desde abajo.
De convertirse en comunista tendría que estar al mando.
Poco después de tomar el poder se dio cuenta de que ahora
estaba en posición de hacer precisamente eso.

Pero eran las lecciones y los logros de Lenin, no de
Marx, los que más atraían a Fidel. El sabio "comunista
viejo" Carlos Rafael Rodríguez le dijo a Herbert Matthews
que a Fidel le impresionaban más los escritos de Lenin
que los de Marx. Fidel había empezado a leer a Lenin en
la universidad. Después llevó consigo una de las obras de
Lenin cuando estaba reclutando hombres para el ataque
al cuartel Moncada, al parecer el mismo libro que requisó
la policía de Batista después del ataque. Fidel perfeccionó
su comprensión acerca de Lenin durante su reclusión en
la Isla de Pinos y en México, donde estudió al líder soviético con el Che[6].

Todos los instintos políticos de Fidel desde fines de
los cuarenta eran esencialmente leninistas. Mediante una
peculiar y fanática determinación, a veces contra circunstancias increíblemente adversas, Lenin había impuesto
el gobierno revolucionario bolchevique en la Revolución
de Octubre. Organizó el Partido Comunista y el Estado,

creando a la Unión Soviética sobre las ruinas de la Rusia zarista. Su método comprobado para tomar el poder y luego estructurarlo en torno a un partido político hegemónico bajo su control único constituía un modelo imponente para Fidel. Lenin era un autócrata convencido de que había que interpretar literalmente el concepto de Marx de la dictadura del proletariado. El Partido, bajo su implacable control, sería el motor de la dictadura.

Para Fidel, Lenin era un revolucionario de carne y hueso, un hombre de acción, no un intelectual de bibliotecas como Marx. Fue así como Lenin se convirtió en guía y modelo de Fidel, ejemplo de un destino personal institucionalizado. Antes del derrumbe de la Unión Soviética, Fidel daba con frecuencia discursos en que conmemoraba a Lenin. En estos discursos hablaba de él como un viejo tío favorito y se refería a él como el perfecto modelo de vida. Lo que le dijo a Barbara Walters en una entrevista de 1977 era típico: "Lenin fue un hombre extraordinario en todos los aspectos y no hay ninguna mancha en toda su vida"[7].

Cuando yo era un joven analista en los años sesenta, nadie dudaba de que los dos hermanos Castro eran comunistas dedicados. Pero, como tantos de mi generación en esa época turbulenta, quise creer que sobre todo eran nacionalistas cubanos.

Si los Estados Unidos concibieran las políticas apropiadas, pensaba yo, Fidel podría resultar siendo como Tito, un marxista no alineado que en la Guerra Fría podría tratar como país neutral con ambas superpotencias. La conclusión en ambos casos era que terminaría o reduciría en gran medida su alianza económica y militar con la Unión Soviética si los Estados Unidos le daban la oportunidad.

Había buenas razones para postular esta hipótesis. Ya estaba desafiando al Kremlin al purgar, e incluso ejecutar, a "comunistas viejos". Nada en él era más claro que su espíritu agresivo de independencia personal y nacionalista. Por tanto, no tenía sentido suponer que erradicaría la dependencia de Cuba de los Estados Unidos sólo para poner a la Unión Soviética en su lugar.

Durante muchos años, y tras varias crisis bilaterales, yo seguía creyendo ciega y equivocadamente en esa lógica. La falla en esa forma de pensar era que desconocía o malinterpretaba el grado de la profunda antipatía que Fidel sentía por los Estados Unidos. Para él se trataba de un simple cálculo, y esto nunca ha cambiado. No podía haber una revolución exitosa mientras Cuba siguiera teniendo buenas relaciones con los Estados Unidos. Su autoridad personal absoluta podía verse amenazada si este país continuaba ejerciendo alguna clase de influencia en la isla.

Por lo menos media docena de gobiernos estadounidenses desde 1959 quisieron encontrar la forma de tener mejores relaciones con él, y en los setenta los presidentes Ford y Carter emprendieron serios y largos procesos diplomáticos para lograrlo. Mi opinión en esa época era la visión típicamente ingenua de mi generación. Yo creía que Fidel le daba una alta prioridad al logro de una solución diplomática, al ver que le convenía la apertura del comercio y un alivio del bloqueo económico estadounidense que vetó casi todo el comercio bilateral.

Yo todavía era optimista en 1975 cuando ya era un especialista en Cuba de mayor rango y en mi calidad de principal consejero de inteligencia trabajaba estrechamente con unos altos funcionarios del Departamento de Estado que estaban tratando de negociar un arreglo diplomático con sus homólogos en Cuba.

Pero yo ya llevaba mucho tiempo cometiendo el mismo error. Era un mal oficio de inteligencia basar conclusiones en suposiciones infundadas o pensar con el deseo. Aprendiendo a las malas, después me di cuenta de que el compromiso perdurable de Fidel con las causas revolucionarias internacionales, que se remontaba a Cayo Confites y al "bogotazo", era para él una prioridad mucho mayor que mejorar las relaciones con los Estados Unidos. Lo mismo sucedía con su alianza con Moscú. Yo había menospreciado ambas cosas, así como también el grado de su hostilidad hacia el Goliat del Norte.

Finalmente, llegué a dudar de que Fidel hubiera alguna vez deseado sinceramente tener mejores relaciones con los Estados Unidos, como no fuera, por supuesto, de poder él hacerlo estrictamente en sus propios términos.

Fidel habló en La Habana el 21 de enero de 1959 ante una gigantesca concentración al aire libre; los informes de prensa dijeron que allí había un millón de extáticos cubanos. Empezó a expresar una posición en su política exterior que sabía no podía ser compatible con la de las sociedades democráticas. Aunque pocos fueron los que en el gobierno estadounidense se dieron cuenta de esto en ese momento, sus declaraciones revelaron la rápida absorción de la orientación marxista-leninista: "Cómo se necesitan América y los pueblos de nuestro hemisferio una revolución como la que ha tenido lugar en Cuba. Cómo necesita América un ejemplo como éste en todas sus naciones. Cómo se necesita que los millonarios que se han enriquecido robando el dinero del pueblo pierdan todo lo que se han robado".

El discurso fue una violenta arremetida contra los plutócratas y las clases gobernantes de los países latinoamericanos. Fidel estaba amenazando los intereses de los más ricos y poderosos de la región, y pidiendo a los jóvenes con ideas afines que emularan la Revolución Cubana. Era imposible no ver la incitación a la violencia internacional cuando añadió: "Cómo necesita América que sean fusilados los criminales de guerra de sus países".

Se estaba refiriendo indirectamente a las oleadas de ejecuciones que Raúl y el Che habían estado realizando. Muchos de los cubanos condenados habían recibido los mismos juicios apresurados de los otros condenados en México y durante la insurgencia. Hubo abusos grotescos, juicios circenses y ejecuciones filmadas que provocaron agudas críticas en los Estados Unidos, sobre todo de algunos miembros del Congreso. Fidel reaccionó como si esas críticas hubieran sido una intervención directa estadounidense.

Su lenguaje beligerante recordaba sus arranques anárquicos en el balcón presidencial y en el entierro de Chibás. Pero ahora estaba hablando sobre la toma del poder por los revolucionarios en toda América Latina. En esa etapa candente de la Guerra Fría, ningún gobierno estadounidense, de izquierda o de derecha, podía tolerar estas políticas subversivas. Sin embargo, estas políticas eran teóricamente compatibles con la estrategia y la doctrina comunista internacional. Los marxistas aceptaban casi a pie juntillas que la revolución mundial era inevitable. Los líderes soviéticos, empezando con Lenin, eran todos internacionalistas dedicados a generar nuevos gobiernos comunistas.

Fidel pronunció docenas de discursos durante ese primer año. Algunos duraron seis o más horas y sus palabras grabadas y transcritas por el FBIS llegaban a dimensiones colosales. La mayor parte de sus intervenciones, extravagantes y a menudo melodramáticas, produjeron tanta excitación en el mundo que de inmediato se convirtió en una superestrella global. Los discursos de Raúl y del Che también eran monitoreados, pero no con tanta prioridad.

Una especie de pelea con las sombras se desarrolló entre Fidel y los analistas de inteligencia estadounidenses que analizaban sus palabras en busca de pistas e indicaciones. A menudo su público más atento no eran los burócratas cubanos reunidos o la multitud frente a él dondequiera que hablaba, sino nosotros, los anónimos analistas estadounidenses de inteligencia que trabajábamos en remotos cubículos, analizando cada una de sus frases.

Pronto se dio cuenta de que lo estábamos rastreando y sometiendo a escrutinio, pero, halagado tal vez por la atención o atraído por el juego mismo, rara vez ha pronunciado un discurso extraoficialmente o en lugares seguros. Al saber que lo escuchábamos, se impuso a sí mismo una disciplina aparentemente bienvenida.

Le encantaba el desafío de comunicarse permanentemente con las masas cubanas, sin revelar secretos o cometer errores que pudieran ser usados en su contra. Esto puede ayudar a explicar su extraordinario éxito —con sólo unas pocas excepciones perjudiciales a través de los años— en evitar lapsus o explosiones precipitadas en sus presentaciones públicas.

A menudo trata de confundir o engañar a sus distantes escuchas incluyendo pistas atractivas y engañosas sobre sus intenciones. También ha hecho lo opuesto, al hacer advertencias cuidadosamente formuladas, más o menos equivalentes a notas de protesta diplomáticas del más alto nivel. Desde las últimas semanas del gobierno de Eisenhower hasta septiembre de 1977, Cuba y los Estados Unidos no tuvieron representación diplomática en sus capitales. Esto le inspiró a Fidel el hábito de hacer advertencias y amenazas en sus discursos públicos dirigidas a los funcionarios estadounidenses. Parte de esa grandilocuencia era real y parte tan sólo simples bravuconadas, pero nada podía o puede ser descartado desprevenidamente.

En ocasiones, Fidel ha establecido una especie de diálogo con sus escuchas de inteligencia estadounidenses. Él y yo nos hemos comunicado gracias a la asiduidad de los transcriptores de sus discursos, tanto cubanos como del FBIS. El primero de nuestros intercambios "secretos" fue, por lo menos para mí, el más memorable.

En febrero de 1990, cuando se estaban desintegrando la Unión Soviética y el bloque comunista, fui invitado por la Universidad de Miami para hablar sobre Fidel en un gran foro público. Para entonces yo era un alto funcionario de la CIA y ya bastante conocido por Fidel y el servicio secreto cubano. Me di cuenta de que lo que yo dijera estaría en un día o dos en su informe diario de inteligencia, probablemente después de ser grabado por alguien en el público y luego transcrito y traducido en La Habana. Durante años yo había sido un blanco de alta prioridad del servicio secreto cubano y sabía que Fidel estaba interesado en lo que yo decía y escribía sobre él. A eso había llegado el seguimiento que le había hecho durante décadas.

En Miami hablé sobre cómo pensaba yo que estaba reaccionando Fidel ante el derrumbe del comunismo internacional que se estaba produciendo en ese momento. Habían pasado sólo unos meses después de la caída del muro de Berlín, y se estaban agotando los enormes subsidios soviéticos que Cuba recibía. ¿Cómo iba él a compensarlos? ¿Qué pensaba ahora sobre la trascendental decisión, tomada muchos años antes, de volverse comunista y alinearse con el imperio soviético que ahora se desplomaba? ¿Reconocía el tremendo error que había cometido?

Una charla suya de unos meses antes y transcrita por el FBIS me dio la clave de la conferencia. Fidel visitó el hospital Salvador Allende de La Habana y habló ante un público reducido en un patio exterior. Había unos árboles de mango allí, y en medio de su charla sobre los logros revolucionarios en la asistencia médica, se fue por las ramas. Los árboles lo distrajeron en alguna forma y lo hicieron irritar. La transcripción del FBIS lo registró palabra por palabra: "¿Por qué está ese mango aquí? Este mango no debe estar en este patio. Hay que talarlo".

Esta reacción no fue característica de él. Fidel no era dado a soliloquios públicos, y no se permitía divagar abruptamente. La acotación era una rara perla en medio de los miles de millones de palabras registradas de sus discursos y revelaba ciertos defectos de su carácter. Revelaba plenamente parte de su arbitrario estilo de liderazgo, y por esa razón usé esa frase como centro de mi conferencia.

"No hay duda posible —dije— de que el mango pronto fue talado, a pesar del placer que pudiera proporcionar a los pacientes". Seguramente no había habido discusión alguna con los administradores del hospital o con alguien más. El comandante en jefe había dicho que el árbol tenía que ser talado y no había nada más que decir.

Era un ejemplo perfectamente característico, dije, del estilo micro de gobierno de Fidel, en que de pronto y sin razón aparente los asuntos más nimios e insignificantes se vuelven importantes para él. Allí estaba pintado Fidel en su peor aspecto autocrático. Reflejaba mezquindad, obstinación, egocentrismo y desprecio por todo el mundo. Increíblemente, un simple árbol de mango se había vuelto un asunto de Estado.

Pasó un año y yo todavía estaba pensando en los temas que había tratado en Miami. Para entonces, a principios de los noventa, los discursos de Fidel se habían vuelto monótonos, sin la elegancia y las sorpresas de los sesenta, pero yo todavía los seguía leyendo concienzudamente, en busca de pistas y significados ocultos. Al leer con cierta dificultad un discurso que había pronunciado en 1991 en una asamblea provincial, me sorprendió una parte sobre el hospital Salvador Allende.

Estaba hablando sobre los logros de la medicina y la asistencia médica. Se ufanó de que el hospital era "una institución muy buena… orgullo de la capital".

Después hizo una pausa, según anotaron los transcriptores del FBIS. Su mención del hospital Salvador Allende le había traído a la memoria mis críticas de Miami. En un airado arranque, reaccionó defendiendo lo que había hecho. Yo había tenido razón. El mango fue talado. Sólo que en realidad había sido un grupo pequeño de árboles lo que había destruido. Como dirigiéndose a sí mismo —y a mí—, se quejó: "Lo que resultó de la reunión en el hospital Salvador Allende fue increíble. Habían echado abajo las cercas por un trabajo de construcción que llevaba quién sabe cuántos años. Había un grupo de mangos. Ésa fue la única vez en mi vida en que ordené talar unos mangos.

»Los mangos estaban dentro del hospital. Los niños saltaban por todas partes. De hecho no tenían que saltar porque como no había cerca se metían sin problema para comerse los mangos. Todos allí comían mangos. Incluso los pacientes. El lugar estaba lleno de moscas y la falta de higiene era terrible".

Y concluyó recalcando: "Ahora hay allí un bello parque".

Al leer esto me pregunté si alguien en el público ese día, o alguien que oyera la transmisión del discurso o leyera después el texto, podía tener la menor idea de lo que estaba hablando. No explicó el contexto de la extraña digresión que me dirigía. Me imaginé a los obedientes burócratas cubanos del público rascándose la cabeza, confundidos. ¿Pudo alguien entre los líderes cubanos, fuera de algunos consejeros de inteligencia, darse cuenta de lo que estaba hablando?

Me sorprendió particularmente la intensidad y la franqueza de su respuesta. Revelaba a un hombre mucho más susceptible a las críticas de lo que yo había imaginado. Nunca lo creí tan delicado, pero ahí se puso en evidencia. No recuerdo ningún otro caso en que lo hubieran provocado a incurrir en semejante explosión confesional. Estaba a la defensiva, incluso algo avergonzado, tal vez en especial porque había sido un alto funcionario de la CIA el que había agrandado el asunto. ¿Era el pequeño parque que había hecho instalar en el hospital una idea tardía como penitencia por el pecado de haber ordenado la destrucción de los mangos?

Incluso me imaginé que yo había sido el responsable de la creación del parque en el hospital Salvador Allende. Supongo que ésta fue mi pequeña contribución a la obra de la Revolución Cubana. Estoy pensando en ir a verlo algún día.

Cuando el FBIS empezó a transcribir todo lo que Fidel decía en público, nadie en Washington podía imaginarse cuánto duraría esa tarea o cuál sería su costo y compromiso. Lo que había empezado como un hilo de palabras en Camagüey en enero de 1959, siguió como un flujo continuo en otras ciudades en su ruta hacia La Habana la primera semana, y pronto saldría en oleadas para luego convertirse en un inmenso torrente de oratoria sin paralelo en la historia.

No es exagerado decir que ha dicho más palabras en público que cualquier otro líder político de cualquier época. Probablemente de ningún ser humano en cualquier clase de trabajo se ha registrado tal avalancha oratoria. Lo mismo se habría podido decir de los cientos de discursos que ya había pronunciado y que lo hubieran hecho acreedor, ya en los setenta o principios de los ochenta, al dudoso honor de figurar en el libro de los Guinness Récords. Y ahora, a punto de cumplir ochenta años, todavía no muestra señas de retirarse del atril de los oradores.

El biógrafo de Fidel, Tad Szulc, escribió en 1986 que para entonces el número de sus discursos probablemente superaba los veinte mil[8]. Szulc no tuvo éxito cuando les pidió una cifra más exacta a los historiadores del gobierno cubano que tal vez tampoco tenían un registro confiable. Una extensa pero incompleta base de datos electrónica con varios miles de discursos y entrevistas, todos transcritos por el FBIS, se encuentra en el sitio de Internet de la Universidad de Texas. Mi propia colección en inglés y español de los discursos, conferencias de prensa y entrevistas también llega a los miles, y el total sigue creciendo. La inclinación de Fidel a hablar largo y oficialmente sigue siendo irreprimible. "Como ustedes saben —dijo en un discurso de noviembre de 1993—, mi trabajo es hablar".

Pararse muy derecho para pronunciar sus discursos ha sido tan esencial para su estilo de liderazgo y su imagen, y tal vez también para su bienestar emocional, que insiste en seguir haciéndolo en esa forma sin importar lo mucho que se hayan debilitado su aura, su salud y su agudeza. Pensar que algún día dejará de pronunciar discursos es casi tan inimaginable como que se va a cortar la barba o admitir que ha cometido algunos errores graves.

Muchos de los discursos, sobre todo durante su primera década en el poder, eran tan aburridos como incomprensiblemente largos, de cinco, seis y hasta ocho horas de duración. Uno que pronunció en enero de 1968, durante una importante purga política, se prolongó durante doce horas. Hacia la mitad, sin duda para el estremecido alivio del público cautivo, Fidel concedió un intermedio, aunque normalmente, incluso durante los de cinco o seis horas, no permitía descansos o interrupciones.

Todavía tiene el récord del discurso más largo jamás pronunciado en las Naciones Unidas. Lo inició con una atractiva pero incumplida promesa: "Aunque tenemos fama de hablar largo, no se preocupen. Haremos todo lo posible para ser breves".

Luego empezó a improvisar, usando unas pocas notas en pedazos de papel, durante cuatro horas y media, mientras los exhaustos diplomáticos se iban saliendo uno por uno. En un punto se molestó abiertamente al notar que algunos estaban dormitando. Otros, sin embargo, estuvieron pendientes de cada una de sus palabras. El primer ministro soviético Nikita Kruschev y una falange de funcionarios del bloque soviético estaban presentes, y a menudo lo interrumpían con prolongados aplausos.

Esto tuvo lugar el 26 de septiembre de 1960, en las últimas semanas de la campaña presidencial estadounidense. Los candidatos habían estado compitiendo con promesas de ser cada cual el más duro contra el régimen cubano, y en respuesta Fidel fue agresivo. John Kennedy, dijo, era "un millonario iletrado e ignorante", añadiendo que "eso no implica que nos guste Nixon". En este punto lo interrumpió el presidente de la Asamblea General, advirtiéndole que se abstuviera de hacer ataques personales.

Fuera de los discursos, Fidel ha dicho millones de palabras registradas en entrevistas y conferencias de prensa, algunas de las primeras tan prolongadas que dejaba a sus interlocutores estupefactos y aturdidos. Nadie en el mundo lo ha superado en los monólogos. Todos sus discursos han sido completamente parciales. Siempre se muestra controlado, sereno y se expresa con mucha claridad; manipula espléndidamente la ocasión y a menudo edita más tarde sus palabras antes de que sean publicadas para quedar mucho mejor.

Al contrario de otros líderes mundiales, nunca ha tenido un vocero o consejero de prensa, y si lo tuvo hay muy poco de lo que dijo en público que se preste a correcciones o elaboraciones. Nunca ha habido un comunicado de prensa del gobierno cubano que diga: "Lo que el comandante realmente quiso decir fue…".

Los miles de millones de palabras que ha dicho en público están registradas, conservadas para la posteridad porque durante más de cuarenta y siete años un pequeño contingente de analistas de inteligencia estadounidenses las ha seguido fielmente. El registro acumulado de palabras y transcripciones, que todavía continúa, es simplemente asombroso.

También es notable que entre todos esos miles de millones de palabras, Fidel no será recordado ni por un solo discurso electrizante o un trozo verdaderamente brillante que sea por completo personal. Al contrario de muchos grandes oradores que ha esperado emular, nada de lo que ha dicho en público ha tenido eco en el tiempo como un momento retórico definitorio. Su oratoria carece de adornos, frases memorables o trozos conmovedores. Hay escasa sutileza en ella, y no aparecen metáforas, aforismos o alusiones. La mayoría de sus discursos han sido un recitado tremendamente aburrido de datos y estadísticas, que con demasiada indulgencia consigo mismo duran horas y horas.

Sin duda, Fidel debe ser catalogado como una de las figuras mundiales más carismáticas de los últimos cien años. Pero sus palabras, transcritas fuera del contexto de sus dramáticas actuaciones, son sorprendentemente triviales.

CAPÍTULO 8

Detesto la soledad

Durante los años sesenta, La Habana fue una Meca revolucionaria. Intelectuales, periodistas y turistas simpatizantes izquierdistas de todo el mundo acudían en masa a La Habana para ver por sí mismos los presuntos milagros que estaba haciendo el gobierno. Muchos esperaban reunirse como fuera con Fidel, o por lo menos verlo ir de aquí para allá haciendo el trabajo completamente desorganizado pero noble de la revolución. Todo era espontáneo e improvisado.

Estaba "constantemente en las calles", le contó a un congresista estadounidense.

Necesitaba consultarle directamente al pueblo para asegurar su popularidad. Ser sedentario, sentarse en una oficina con aburridos funcionarios y arribistas aduladores era algo contrario a su carácter.

"Soy enemigo de las oficinas y los burócratas... Visito las universidades y las fábricas, y hablo con los trabajadores", le dijo al congresista. "Y fuera de todo eso, a veces me reúno con el gobierno"[1].

Durante los siguientes quince años no tuvo un verdadero hogar o una oficina, según su amigo Gabriel García Márquez. "La sede del gobierno era donde él estuviera"[2].

La impredecible forma de actuar de Fidel aumentaba aun más su atracción carismática. Delegaciones de simpatizantes europeos y norteamericanos trataban de colaborar en alguna forma, y muchos trabajaban en los cañaduzales con las brigadas Venceremos del régimen. Muchos jóvenes latinoamericanos también se ofrecían como voluntarios, y algunos se quedaban para ser entrenados en técnicas de guerra de guerrillas en campamentos dirigidos por el ejército y los servicios de inteligencia. Todos estaban firmemente empeñados en que el experimento tuviera éxito y en que fuera imitado en otros países. Fidel hablaba continuamente sobre la eliminación de la injusticia y la explotación, y no se refería solamente a Cuba.

El viejo orden social y económico del país estaba siendo puesto patas arriba. Los ricos y los profesionales estaban huyendo, muchos bajo gran coacción física, al ser forzados a dejar todo lo que poseían para que fuera confiscado por el gobierno y distribuido a los que se quedaban, o vendido para obtener efectivo. En 1965, Fidel mismo estimuló el primero de los sorpresivos éxodos por mar, desde la ensenada de Camarioca en la costa norte. Miles de refugiados abordaron pequeños botes y se dirigieron hacia Miami hasta que el gobierno negoció un puente aéreo con Washington. Y entonces centenares de miles más dejaron el país en los "vuelos de la libertad". La revolución, insistían sus líderes, era una empresa de los dispuestos y los dedicados. A todos los demás los denunciaban como "gusanos", y hasta que podían irse legalmente, tenían que vivir en cinturones de miseria.

Las familias guajiras de todo el país recibieron títulos de las tierras que labraban. La reforma agraria de 1959 abolió las grandes propiedades, incluyendo la mayor parte de la tierra que Ángel Castro había acumulado en Birán a lo largo de su vida. Fidel se mostraba indiferente ante todo esto, pero Raúl insistió en hacer una última visita sentimental a la tierra que tanto quería, antes de que fuera expropiada[3]. La reforma urbana redujo los arriendos para los pobres; las brigadas de alfabetización se regaron por todas partes para llegar a todas las chozas y cuchitriles. Hordas de niños campesinos fueron llevados a la capital para ser educados, recibir lo mejor de todo lo disponible y ser alojados en las mansiones recién abandonadas de los ricos en Miramar.

Fue una época de desenfrenada efervescencia revolucionaria. El corazón de lo que se conocería después como la "Nueva Izquierda" en los Estados Unidos y Londres, París, Frankfurt, Tokio y muchas otras ciudades, estaba latiendo ¡nada menos que en La Habana! Sus ídolos eran los líderes cubanos, y el "nuevo revolucionario" moralmente superior e idealista que, pensaban ellos, estaban inspirando. "Cuba sí, yanquis no" se convirtió en el lema característico de la época, no sólo en la isla, sino en buena parte de América Latina. Y después de derrotar la intervención estadounidense en Bahía de Cochinos, la revolución parecía invencible. Ningún líder latinoamericano había humillado a los Estados Unidos como lo hizo Fidel allí.

Él era el primer héroe nacional triunfante cubano. En los cuatro siglos y medio anteriores a él, nadie había sido tan popular. Durante esos primeros meses de euforia tal vez habría podido ganar unas elecciones limpias con más del noventa por ciento de los votos, sólo que no se vio tentado a convocarlas en absoluto. Tomó el lugar de Martí, pero él era más firme, más versátil, misteriosamente ungido para un destino especial. Había sobrevivido al conflicto militar, había derrotado la fuerza superior de la dictadura y se estaba enfrentando a los estadounidenses. Era algo que hasta entonces sólo había visto en sueños.

Habían terminado siglos de frustrado nacionalismo. Las humillaciones del gobierno colonial, la enmienda Platt y la dependencia de los Estados Unidos que por tanto tiempo había herido el ego nacional, eran cosa del pasado. Fidel inspiró en los cubanos un sentimiento de orgullo y de identidad nacional que nunca habían tenido. Por primera vez desde que Colón pisó la isla, eran verdaderamente independientes, dueños de su destino. Después de consolidada la alianza con la Unión Soviética y la adopción pública del marxismo, la popularidad de Fidel disminuyó, pero mantuvo muchos y entusiastas seguidores, sobre todo de su base guajira.

Él y el Che Guevara —antes de que lo mataran mientras lideraba un pequeño grupo de insurgentes sin esperanza en Bolivia— fueron las primeras superestrellas internacionales de los tumultuosos años sesenta. Sus imágenes se veían reproducidas en todas partes, en fotografías y películas, en libros, revistas y folletos y en grafitos. En los Estados Unidos, prácticamente no había dormitorios de estudiantes universitarios desde cuyas paredes no mirara intensamente el Che Guevara. Entonces, como siempre,

Raúl permaneció en segundo plano; era demasiado adusto,
inaccesible y mecánicamente prosoviético como para que lo
consideraran un ídolo. Era el primero en la línea de sucesión, pero más odiado o temido que admirado. Dedicado
como estaba al oscuro trabajo de defender el Ministerio
de Defensa, carecía por completo de carisma.

El Che estaba en el otro extremo; su atractivo rivali-
zaba con el de Fidel, e incluso lo superaba. Era más sereno
pero también más inquieto y complejo, un férreo líder
guerrillero que también escribía poemas. El intelectual
estadounidense I. F. Stone se deshizo en elogios y afirmó
que el Che era el primer hombre que conocía que "consi-
deré" no sólo bien parecido sino bello"[4].

Esa clase de frases eran buenas para la revolución, pero
fueron el principio del fin para el Che. Los celos de Fidel
y la necesidad que tenía de ser el centro de atención no
permitían ninguna competencia. Pocos meses después, el
argentino fue enviado en una larga misión diplomática, y
la tropa que comandaba fue dispersada mientras estaba en
el extranjero. En esa forma no podía amenazar a ninguno
de los hermanos Castro[5].

Otros héroes de la campaña guerrillera, también rivales
potenciales de los Castro, no duraron ni siquiera un año.
Huber Matos, uno de los más populares, fue sentenciado
a veinte años de prisión por haber protestado contra la
marcha hacia el comunismo. Él y Raúl tenían una relación
competitiva y pendenciera, y según alguien cercano al régimen, Raúl pidió que Matos fuera ejecutado[6].

Camilo Cienfuegos, el tercero más fotogénico después
de Fidel y el Che, era un rival potencial de Fidel y *tam-*

bién de Raúl. Desapareció en un misterioso accidente de aviación en octubre de 1959, al mismo tiempo que Matos fue encarcelado y que Raúl se hacía cargo de las Fuerzas Armadas. Desde entonces proliferaron rumores no confirmados según los cuales Raúl hizo sabotear o derribar a tiros el avión. De hecho, es muy posible que fuera el responsable, actuando por cuenta propia o bajo órdenes de Fidel. Cuando entrevisté a Huber Matos en Miami varios años después de que fuera liberado, me dijo que Raúl "odiaba a Camilo porque era encantador"[7].

Los aduladores extranjeros seguían acudiendo a La Habana. El brillante filósofo existencialista Jean-Paul Sartre y su famosa compañera, Simone de Beauvoir, viajaron por la isla durante dos días con Fidel. Ambos escribieron páginas a cual más elogiosas sobre sus impresiones de Cuba.

Según Sartre, Fidel le dijo que él era un revolucionario profesional. Cuando Sartre le preguntó qué quería decir con eso, Fidel le respondió: "Quiere decir que no soporto la injusticia".

Fidel debe de haberse sentido relajado con el filósofo, porque le contó cosas sobre sus sufrimientos de niño, y "el maltrato al que habían querido someterlo". Fue una de las pocas veces que Fidel tuvo el ánimo de hablar sobre los años dolorosos en el hogar de crianza haitiano, y en el libro que escribió sobre su visita Sartre anotó lo mucho que lo había impresionado el hecho de que Fidel hubiera prevalecido sobre la adversidad. Sartre admiró las cualidades del niño rebelde porque le parecieron decisivas para el desarrollo del exitoso revolucionario adulto que estaba empezando a conocer. Y pensó que jamás sería doblegado[8].

"Nunca dejaba que las cosas pasaran nada más —me dijo—, y devolvía golpe con golpe".

Cuando los conocidos visitantes parisinos viajaron con él, a Fidel lo acosaban afectuosamente los guajiros en cada aldea que visitaban. Sartre y De Beauvoir estuvieron entre los primeros que quedaron fascinados por la afinidad franca que Fidel sentía por las gentes sencillas y casi todas analfabetas que había conocido tan bien desde pequeño. Cuando estaba con ellos, usaba la jerga propia del campo, hablaba informalmente y hacía chistes hablando exactamente como ellos.

Los guajiros lo agarraban, le tocaban el uniforme y lo llenaban de cartas y solicitudes. Las mujeres se acercaban para tocarle la barba, y muchas suplicaban la ayuda del gobierno.

Sartre, el sabio, le preguntó a Fidel: "Todos los que piden, sin importar qué sea, ¿tienen el derecho a obtenerlo?"

Al principio Fidel no respondió.

"¿Usted cree eso?", insistió Sartre.

"La satisfacción de sus necesidades es el derecho fundamental del hombre", dijo Fidel finalmente.

"¿Y si piden la luna?"

Sartre escribió que Fidel había chupado el cigarro, lo había puesto lentamente en el cenicero y se había dado por fin vuelta hacia él.

"Si alguien me pide la luna, es porque alguien la necesita".

Al filósofo lo abrumó la emoción. Escribió que Fidel había mirado a Simone de Beauvoir y había añadido:

"Gracias a nosotros, ahora ellos se atreven a revelar sus necesidades. Tienen el valor de comprender su sufrimiento, y de exigir que termine"[9].

Hasta este grado llegaba la euforia de la revolución y sus acólitos en los primeros días. Fidel había encantado totalmente a sus visitantes franceses. También les encantó el Che, y al regresar a París escribieron elogiosos comentarios. Sobre las cavilaciones del Che, Sartre dijo que "tras cada frase suya hay depósitos de oro".

El filósofo pudo haber adornado las palabras de Fidel, pero no exageró el poder de los sueños utópicos que caracterizaron esos años. Muchas innovaciones revolucionarias fracasaron estruendosamente, y otras ideas descabelladas e imprácticas nunca despegaron. Una, seriamente propuesta, fue la eliminación de la hache muda del español. Si la Revolución Francesa había creado un nuevo calendario y cambiado los nombres de los meses del año, ¿por qué la Revolución Cubana no podía crear su propia variante lingüística para facilitar la erradicación del analfabetismo?

Al plantear visiones utópicas del futuro, Fidel desempeñaba el papel de un profeta secular. Todo el mundo iba a tener una casa o un departamento decente. La comida y los servicios del gobierno llegarían hasta los más remotos lugares. Cuba se industrializaría rápidamente y no dependería ya del monocultivo de la caña de azúcar. Reflexionaba abiertamente acerca de drenar los enormes pantanos de Zapata cerca de la Bahía de Cochinos para cultivar arroz allí. Pensó prohibir el dinero porque en la sociedad ideal que estaba surgiendo desaparecerían todas las formas de materialismo. El "nuevo hombre revolucionario" trabajaría por alicientes morales, por amor a la revolución, sin competir con nadie o por una ganancia tangible. Todas las supuestas influencias corruptoras de las economías de mercado capitalistas desaparecerían. Todo era posible.

La innovación más duradera de esos primeros meses también resultó ser la más espectacularmente exitosa. Era el nuevo Fidel. El ingenuo guerrillero barbudo de uniforme caqui —la nueva imagen pública que adoptó entonces— era una invención de talla mundial, completamente creada por él mismo.

Ningún otro líder cubano o latinoamericano anterior había adoptado una personalidad pública tan fascinante y original. Fidel sería el prototipo del nuevo cubano revolucionario. Antes de llegar a La Habana en esa semana después de la victoria, ya se estaba transformando en la figura heroica idealizada, papel que, sólo con algunas variaciones menores, ha desempeñado desde entonces.

Si hubiera contratado a un agente de Hollywood, un director de vestuario, un guionista y un profesor de actuación, no habrían podido inventarse un personaje más memorable e inimitable que el Fidel Castro conocido en el mundo desde hace tanto tiempo.

Después de que salí de la CIA, un ex oficial de la inteligencia cubana me dijo en el curso de una larga conversación en Miami que Fidel había estudiado en una academia de actuación durante su exilio en Ciudad de México[10]. El oficial cubano y yo estuvimos de acuerdo en que seguramente Fidel había sido el alumno estrella y fácilmente hubiera conseguido papeles estelares en los novelones de televisión o en el teatro. Ha sido un actor durante toda su vida. Con la posible excepción de Ronald Reagan, cuya presentación en el teatro del mundo fue bastante más corta que la de Fidel, ningún otro líder moderno ha actuado con tanta naturalidad y versatilidad.

Para su nuevo papel, Fidel se deshizo de sus egos anteriores y privados. El hombre que había sido —su pasado antes del cuartel Moncada— quedó sumergido bajo el nuevo y mucho más interesante personaje. Las impresiones negativas acerca de él en cuanto pistolero, asesino a sueldo de pandillas, orador exhibicionista, seudoanarquista y oportunista sin principios fueron reemplazadas por su nueva identidad supuestamente honorable como personificación de la Revolución Cubana. Se mostró noble, moral y con principios. Cualquier indicio de ambiciones personales desapareció por completo. Todo lo que hacía ahora tenía un solo propósito: impulsar y perfeccionar la revolución.

Al abandonar cualquier evidencia de vida personal, pareció como si hubiera entrado a una orden monástica religiosa con votos de pobreza, castidad y humildad. Sin aparentes obligaciones familiares, podía desempeñar mejor su papel de abnegado apóstol revolucionario. Él sería su único foco. De modo que, empezando en enero de 1959, casi todos los elementos de su vida personal fueron desapareciendo hasta no quedar huella de ellos. No reconocía esposa, familia o relaciones importantes. No tenía hogar, ni necesidades personales fuera de las básicas. No estaba interesado en honores ni estatuas. Él era el sirviente de la revolución, un clérigo secular.

Como tal, nunca se presentó Fidel en público escoltando a una mujer. Jamás se le ha visto abrazando, besando, tomando de la mano o incluso sonriéndole cariñosamente a una mujer. No se le ha visto en público acompañando a sus hijos. Nunca se han publicado fotos íntimas de él o de sus hijos. Ha ocultado el lugar donde ha vivido desde el primer o segundo año, y no se menciona su residencia oficial. Fuera de un pequeño círculo de confianza, nadie ha sido invitado a la casa grande, una fortaleza amurallada, donde ha vivido, cerca de Raúl, en los últimos años. La consiguiente impresión en la imaginación del público es que Fidel está casado con la revolución, y que ésta constituye su único y absorbente interés.

Mientras tanto, Vilma Espín, esposa de Raúl y desde hace mucho tiempo presidenta de la Federación de Mujeres Cubanas, y en el pasado miembro del Politburó del Partido Comunista, ha sido en Cuba lo que más se parece a una primera dama. Estudió ingeniería química un año en MIT antes de unirse a los hermanos Castro con el *nom de guerre* Débora, por la profetisa del Antiguo Testamento.

Como su esposo, Vilma tuvo fuertes vínculos con los "viejos comunistas" antes de unirse al Segundo Frente en la Sierra Cristal. Allí la entrevistó —tal vez sea esa la única entrevista que ha concedido— un periodista estadouni-dense que trabajaba para un diario de Filadelfia y había viajado a la Sierra Cristal en 1958 para entrevistar a Raúl, pero que encontró más interesante a Vilma, pareciéndole que su futuro esposo era desagradable y taciturno.

"No pude imaginarlo como alguien que me hubiera gustado tener de amigo íntimo. Era insolente y petulante", anotó el reportero[11].

Dalia Soto del Valle, la misteriosa mujer con quien Fidel ha vivido desde principios o mediados de los sesenta, permanece recluida con sus cinco hijos. No asiste a las presentaciones públicas de Fidel —a no ser que lo haga disfrazada— y no lo acompaña a recepciones diplomáticas, actos oficiales o viajes al extranjero. Sólo la conocen un pequeño círculo de funcionarios cubanos y unos pocos extranjeros muy cercanos a Castro.

Dalia era maestra en un pueblo pequeño cuando Fidel la conoció. Unos años después, cuando sus hijos ya tenían la edad para entrar a primaria, empezó a dirigir una pequeña academia ultraelitista para sus propios hijos y algunos, muy pocos, niños escogidos. Los muchachos también estudiaron en la Unión Soviética. Dalia y sus hijos podrían estar también acogidos a un programa de protección de testigos, tan grandes son las precauciones de seguridad que los rodean.

Su existencia misma era un gran secreto hasta hace pocos años. Ni siquiera los analistas de la CIA sabían de ellos. Yo nunca había oído hablar de Dalia o de sus hijos hasta que leí las referencias a ella en la biografía de Fidel de Georgie Anne Geyer, y sólo a fines de 1999 vi un documental del gobierno cubano que había sido visto en Cuba por un público muy limitado. El documental y unas pocas noticias de prensa fueron los primeros reconocimientos de que Fidel tenía realmente una vida privada, una relación íntima y una prole. Esta ventana fue abierta brevemente en Cuba, pero la cerraron casi inmediatamente. Dalia y sus hijos regresaron a la oscuridad.

Incluso dentro del gran clan Castro en Cuba, ellos han sido extrañamente invisibles. Vilma, la esposa de Raúl y sus cuatro hijos han tenido también muy poco contacto con la familia clandestina de Fidel. Alina Fernández, su hija, nunca conoció a Dalia. En una conversación en el estudio de una estación de radio de Miami, antes de que empezara su programa, Alina me confió algunas historias, nunca antes publicadas, sobre la familia Castro.

En 1980, Vilma viajó a Moscú para ver los juegos olímpicos de verano. Estaba en el área de los espectadores durante un evento en el que competía el equipo cubano y se sorprendió al ver unos guardaespaldas de Fidel sentados cerca de ella en medio de unos aficionados cubanos. Los guardias estaban protegiendo a tres muchachos que Vilma nunca había visto antes. Dedujo que los niños eran los aislados hijos de Fidel y Dalia, pero como comprendía la necesidad patológica de privacidad de Fidel, no hizo el menor esfuerzo para hablarles[12].

Las fortificaciones que Fidel ha construido en torno a su familia han dado pie para incidentes aun más extraños. El único hijo hombre de Vilma y Raúl, Alejandro, le habló a su prima Alina sobre el primer encuentro casual que tuvo con otro de sus primos, uno de los hijos de Fidel y Dalia.

Alejandro iba a hacer ejercicio en un gimnasio de élite de unas tropas especiales del Ministerio de las Fuerzas Armadas. Antonio Castro Soto del Valle, de quien se decía era el favorito de Fidel entre los hijos de Dalia, también estaba yendo y un día empezaron a hablar como si fueran completos extraños. Estos primos hermanos, ambos de dieciocho o diecinueve años, pueden haber estado apenas vagamente concientes de su mutua existencia. Entablaron una breve amistad, y tal vez llevados por una larga curiosidad reprimida, quisieron permanecer en contacto. Alejandro le contó después a Raúl sobre su encuentro. Él y su primo, le dijo, querían conocerse y conocer mejor sus familias. Raúl dejó pasar el tiempo, pues comprendía que ésa era una decisión que él no podía tomar y encontraba difícil comentar el asunto con su hijo. Cuando finalmente le contó a Fidel, éste le dijo que debían mantener aparte a los muchachos[13].

Esta negación patológica de la familia y la vida personal es la clave de la imagen heroica y libre de trabas que Fidel proyecta. También refleja elementos fundamentales de su tipo psicológico. Durante toda su vida ha cultivado una absoluta autonomía personal.

Cuando fui profesor en la Georgetown University en Washington, desafié a cada grupo de estudiantes a nombrar un personaje político de los tiempos modernos —fuera de Fidel Castro— que nunca hubiera tenido jefe. Les dije a mis estudiantes que, con la posible excepción del episodio de Cayo Confites, Fidel nunca había pasado un solo día de su vida trabajando para alguien o recibiendo órdenes. Nunca se ha subordinado a la voluntad de otra persona. Nunca le ha dicho "Sí, señor" a nadie, ni siquiera a su padre o a los líderes soviéticos, que en diferentes épocas de su vida le pagaron las cuentas. Durante más de treinta años, Raúl le rindió pleitesía al Kremlin, en público y en privado, pero

Fidel se las arregló para guardar la distancia y mantener su independencia a pesar del abrazo del oso.

Después de pensar en mi pregunta durante muchos años y de pedir otras opiniones, descubrí que en los tiempos modernos sólo hay otra figura política importante que encaja en esta extraña categoría: Vladimir Lenin, el líder de la Revolución Rusa, tampoco tuvo nunca un jefe[14].

Es posible que Fidel no conozca un memorable aforismo de Oscar Wilde, el genial e ingenioso dramaturgo irlandés: "El primer deber en la vida es adoptar una pose", pero desde 1959 ha seguido a la letra esta máxima. El actor que desempeña un papel debe expresar fielmente el carácter y la esencia del personaje. Si hay vacíos o contradicciones, si el intérprete traiciona aunque sea por un instante al personaje, pierde credibilidad. Fidel siempre ha comprendido esto. Al representar su personaje de revolucionario durante más de cuarenta y siete años, no se ha permitido actuar en forma que no corresponda a esa imagen.

En primer lugar está el rostro archiconocido. Empezó a dejarse la barba en la Sierra Maestra. Allá en el monte tenía ventajas prácticas que ha mencionado ocasionalmente. De los hombres que se afeitaban se sospechaba que eran espías o infiltrados, de modo que la barba llegó a definir a la hermandad guerrillera. Era difícil conseguir con qué afeitarse. Cuando la revista *Playboy* lo llevó a comentar esto en 1985, le dio una nueva interpretación. Con lápiz y papel calculó cuánto tiempo se ahorraba en el monte no afeitándose. Ciertamente la vanidad era un factor. Las fotos que le tomaron durante sus días de guerrillero muestran el inicio de una doble papada poco favorecedora, que pronto fue cubierta y ocultada para siempre[15].

Durante la insurgencia y los primeros años, la barba sugería imágenes bíblicas que Fidel fomentaba astutamente. Casi como Jesucristo, tenía treinta y dos años cuando bajó victorioso de la sierra, y no tardó mucho antes de que los religiosos y supersticiosos cubanos, sobre todo los guajiros, empezaran a hablar sobre el segundo advenimiento. Libremente, los comentaristas compararon a los barbados guerrilleros con los doce apóstoles. Al mencionar el desembarco del *Granma* se dijo que Fidel y una docena de sus seguidores habían sobrevivido.

Su fenomenal carisma adquirió visos místicos y religiosos que se esmeró en cultivar. Se creía que si había sobrevivido tantos roces con la muerte era porque seguramente alguna autoridad divina velaba por él. Lee Lockwood contó una historia al respecto, tal vez inventada. Durante las primeras escaramuzas de la guerrilla, un hombre que estaba al lado de Fidel murió instantáneamente de un disparo a la cabeza. Fidel resultó sin un rasguño[16].

Después de la victoria, la barba se convirtió en su emblema por excelencia. Muchos de los demás guerrilleros veteranos también lucían barbas después de la victoria, pero con el tiempo casi todos se las afeitaron, dejándole así a Fidel la propiedad de ese particular símbolo. Los pocos que conservaron las barbas les dieron otra forma, de chivo o como las del pintor Van Dyke. Desde que tenía sesenta años y ahora casi octogenario, la barba de Fidel siempre ha estado inmaculadamente moldeada y teñida, y parece que se untara brillantina. Es un elemento indispensable de su imaginería revolucionaria. Sin esa espesa y oscura barba sería como un Sansón peluqueado, políticamente debilitado y prácticamente castrado.

Algunos astutos agentes de la CIA se dieron cuenta de esto en 1960. Bajo órdenes del gobierno de Eisenhower de desestabilizar el nuevo régimen cubano, hicieron lluvia de ideas para llevar a cabo acciones encubiertas que pudieran neutralizar el atractivo carismático de Fidel. Entre sus planes hubo uno, revelado años después, que se haría cuando Fidel viajara al extranjero. Un agente secreto regaría polvo de talio, una sustancia depilatoria, en sus botas. La idea era que al ponérselas a la mañana siguiente, el polvo se adheriría a sus manos y luego, al mesarla, a la barba. Y si el disparatado plan funcionaba, ¡se le caerían las barbas! La idea nunca fue considerada seriamente y nunca fue puesta en práctica, pero es una pintoresca confirmación de la condición simbólica de la barba de Fidel[17].

Agreguemos a la barba su atuendo habitual. El vestuario guerrillero —las botas de combate, el uniforme caqui, la gorra militar y con frecuencia una pistola enfundada— está pensado con el fin de proyectar la imagen de un revolucionario ferviente y entregado a la causa. Lo distingue de los acicalados civiles de la era precedente, los políticos corruptos que podían comprarse la mejor ropa. Al usar su uniforme de faena, Fidel no se presenta ni como un civil ni como un jefe militar tradicional, sino como un revolucionario híbrido, aunque sus botas son importadas y hechas con cueros finos.

Sin embargo, ocasionalmente ha usado otros atuendos. En los noventa, en las posesiones presidenciales en las capitales y cumbres latinoamericanas, usó algunas veces trajes de hombre de negocios. Este suceso nos sorprendió a quienes lo seguíamos de cerca, pero no significó un cambio definitivo de la imagen pública que ha cultivado siempre.

Desde principios de los cincuenta no había sido visto con traje de civil, pero era cada vez más susceptible a las críticas de ser el único jefe de gobierno de las treinta y cinco naciones independientes del hemisferio occidental que no fue elegido democráticamente. El ocasional cambio de atuendo al viajar al extranjero tenía como fin desviar las críticas por ser el único en presidir una dictadura de corte militar. Después, cuando el papa Juan Pablo II visitó a Cuba en 1998, Fidel hizo su primera aparición en traje de negocios ante su propio pueblo.

Un reportero italiano le preguntó en una ocasión por qué usaba siempre el uniforme de faena. Se sintió molesto y dijo unas cuantas frases para salir del paso.

"Ésa es la ropa que he usado toda la vida, cómoda, sencilla. No cuesta mucho y siempre está de moda… Pero, perdón, ¿durante su entrevista con el Papa le preguntó usted por qué siempre usa hábitos blancos?"[18].

Durante muchos años, la pistola al cinto fue un accesorio necesario del uniforme. Cuando en 1977 Fidel fue entrevistado en La Habana por Ben Bradlee y Sally Quinn del *Washington Post*, Quinn escribió que después de la conversación, que duró hasta el amanecer, Fidel insistió en llevarlos en automóvil oficial al hotel. Al ir a salir de la oficina, tomó su gorra del estante de libros detrás de su escritorio y luego se puso un cinturón con la pistola en la funda. Y luego, al sentarse los tres en el asiento de atrás del automóvil, sus pies quedaron apoyados en una AK-47 de fabricación soviética. Quinn dijo que ésta era la que "siempre lleva consigo"[19].

En cuanto a su imagen pública, siempre ha sido la de un halagador hombre universal. En todo el mundo y por generaciones, ha sido inconfundiblemente conocido simplemente como Fidel. En los salones de la intelectualidad internacional, en las universidades, en cenas en ciudades en docenas de países ha habido sólo un Fidel durante más de cuatro décadas y media. Y a él le encanta que así sea: "La gente piensa en mí como un vecino, una persona más —les dijo a dos entrevistadores estadounidenses—. Nadie me dice Castro"[20].

En los actos formales y burocráticos se refieren a él como el presidente de Cuba, el comandante en jefe y, con más frecuencia en años recientes, simplemente el jefe. Raúl y otros subordinados le dicen "Jefe". Por otra parte, rechaza otro título —Primer Secretario del Partido Comunista Cubano— excepto en los cada vez menos frecuentes cónclaves del partido.

En los embriagadores primeros años era "Fidel" para casi todo el mundo, cubanos o extranjeros, guajiros o ministros. Pero a medida que ha envejecido (y esperado mayor deferencia), su contacto directo con las masas ha disminuido y ha aumentado su necesidad de un trato más formal y ceremonioso con sus subordinados. Ningún burócrata o dignatario del partido puede atreverse a tutearlo.

Algunos exiliados cubanos que tuvieron relaciones oficiales con los hermanos Castro dicen que en ciertas épocas hasta Raúl se mostraba deferente con Fidel y lo trataba de usted, cosa que nunca se hace entre los miembros de familia en Cuba[21].

A Fidel le gustan todas las connotaciones evidentes de su nombre: fe, fidelidad, lealtad, entrega. Después de subir al poder y ante grandes multitudes, le encantaba oír las dos sílabas claramente enunciadas y entonadas por sus seguidores y en reuniones de altos oficiales de las Fuerzas Armadas: "¡Fi-del! ¡Fi-del!"

Y lo más importante es que Fidel es un nombre apropiado e imponente para un líder carismático. Otros notables revolucionarios del siglo XX cambiaron sus nombres para ampliar su popularidad. Stalin, Trotski y Lenin adoptaron estos nombres para adquirir un aura pública más dramática y lograr así una comunicación más fácil con sus seguidores. Stalin fue bautizado Iosof Dzhugashvili. Trotski originalmente era Lev Bronstein. Y Lenin, probablemente el otro nombre revolucionario de dos sílabas más visible y reconocible, era el seudónimo de Vladimir Ilyich Ulyanov. Fidel no tuvo que recurrir a este expediente y siempre ha estado satisfecho con su nombre.

"Me gusta. Nunca me ha disgustado tener este nombre", dijo una vez en una entrevista[22].

El valor personal es un componente esencial de la imagen heroica de Fidel, pero la realidad es que ésta, como buena parte de su carácter, es muy contradictoria. No se puede dudar de que a lo largo de su carrera ha actuado valien-

temente, empezando en Cayo Confites y Bogotá. Se sabe
que no se ha acobardado o vacilado en las innumerables
crisis por las que ha pasado. Fue agudo y firme al mando durante Bahía Cochinos, cuando movió a las fuerzas
cubanas como si fueran piezas de ajedrez. Tomó todas
las decisiones estratégicas en las intervenciones militares
cubanas en el extranjero. Y parece no haber perdido esta
capacidad al pasar de los sesenta y los setenta años. En el
verano de 1994, por ejemplo, durante los peores disturbios contra el régimen que han ocurrido en Cuba, fue al
sitio en el Malecón en La Habana donde se concentraban
los manifestantes en un esfuerzo por calmarlos y dirigir
personalmente las medidas de seguridad.

Pero como considera que su propia supervivencia es
más importante que la vida de sus subordinados, calcula
los riesgos con excepcional astucia. Su actuación en la toma
frustrada del cuartel Moncada y durante toda la insurgencia,
salvo los primeros meses, no fue ni mucho menos heroica.
No dirigió ninguna carga, nunca estuvo en la vanguardia
de una ofensiva, y pasó todos esos años sin sufrir el menor daño físico. En una nota que envió con un mensajero
al Che en los primeros meses de la insurgencia sintetizó
su opinión sobre el equilibrio apropiado entre dirigir la
lucha de sus hombres y luchar a su lado: "Le recomiendo
mucho que tenga cuidado. La orden final es que no debe
combatir. Encárguese de dirigir bien a sus hombres. En el
momento actual esto es lo indispensable"[23].

Confiado en su destino pero nada dispuesto a tentar
la suerte, siempre ha seguido el consejo que le dio al Che.
Durante la insurgencia se mantuvo relativamente seguro

en la retaguardia, lejos de las acciones más peligrosas. Evitó la línea de fuego o, como hizo en las faldas del cerro de Monserrate en Bogotá, se las arregló para disparar desde una distancia segura. Estaba convencido de que era indispensable, y de hecho fue esencial para la causa. Si hubiera muerto en cualquier momento durante la lucha contra Batista, su movimiento altamente personalista probablemente no habría triunfado bajo el mando de sus sucesores.

En las horas finales más tensas de la crisis de los misiles en octubre de 1962, Fidel invitó al embajador soviético a encerrarse con él en el refugio antiaéreo hecho en una cueva cerca de La Habana, en caso de que estallara una guerra nuclear. Según el biógrafo inglés Leycester Coltman, hay un búnker debajo de la casa de Fidel, vigilado por un cuerpo de élite uniformado[24]. Cuando viaja al extranjero, lo hace acompañado por un destacamento de seguridad, a veces de centenares de hombres, y toda la comida se la llevan de Cuba. Sobreviviente de unos cuantos intentos de asesinato, no toma muchos riesgos en cuanto a su seguridad personal.

El único indiscutible relato de primera mano acerca de la muerte de un hombre a manos de Fidel se halla en las memorias del Che Guevara. El incidente ocurrió en Arroyo del Infierno, un remoto lugar en la Sierra Maestra, durante las primeras semanas de la insurgencia. Fidel, el Che, Raúl y otros, en lo que entonces era una banda de guerrilleros de menos de veinte hombres, lanzaron un ataque sorpresa contra un grupo más pequeño de soldados. Según el Che, "Fidel abrió fuego e hizo blanco en un soldado que cayó gritando algo que sonaba como: '¡Ay, madre mía!' y que quedó tendido sin moverse"[25].

El arma favorita de Fidel era un rifle con mira telescópica que conservó durante toda la insurgencia. Aparentemente le disparó al soldado desde una distancia considerable.

Después de ese combate no hay registro claro de que haya participado en un enfrentamiento armado. Al crecer su fuerza guerrillera, Fidel pasó la mayor parte del resto de la campaña en el relativamente seguro y tal vez idílico campamento central. Celia Sánchez, su secretaria y confidente, pudo estar hablando en su nombre cuando recordó después de la victoria que los días en la Sierra Maestra "fueron los mejores tiempos. Todos fuimos tan felices entonces. Realmente, nunca volveremos a ser igual de felices"[26].

Al contrario del Che, que fue herido en la sierra, Fidel no tiene que se sepa ninguna cicatriz de toda su vida en conflicto. Sólo se sabe de una ocasión en que fue herido, durante una manifestación en la universidad. Durante su vida de pandillero allí aprendió muchas lecciones de supervivencia, cuando —según él mismo ha contado— su vida estuvo en mayor peligro de lo que nunca ha estado después.

Al parecer nunca disparó un tiro en el ataque al cuartel Moncada, al arreglárselas para mantenerse a una distancia segura de una acción en la que murieron muchos hombres de ambos bandos. Todavía es objeto de polémica lo que realmente pretendía lograr con un ataque planeado de manera tan incompetente. Es posible que haya esperado, como siempre ha sostenido, provocar un levantamiento al estilo del "bogotazo" y apoderarse de un buen arsenal para proseguir la lucha contra Batista. Pero un profesor de la Universidad de La Habana que conoció bien a Fidel tiene una impresión muy diferente que parece mucho más cercana a la verdad.

Herminio Portell Villa habló con Fidel en La Habana sólo unas semanas antes del ataque al Moncada. Fidel le contó su plan de ataque y le preguntó si pensaba que podía tener éxito. Cuando el hombre mayor dijo que el éxito parecía improbable, la respuesta de Fidel fue escalofriante: "Sin embargo, el plan está hecho. No nos podemos echar atrás. Necesitamos un punto de reunión, y si es necesario pondremos mártires"[27].

Empezando con los hombres que cayeron en esa misión suicida, miles de cubanos más han muerto como mártires luchando por Fidel, en Cuba y en misiones internacionales en Angola, Etiopía, Nicaragua y otros países. El martirio en aras de la revolución es el llamado más alto de los verdaderos revolucionarios, incluso en misiones ordenadas por Fidel que desafían cualquier aparente razón y requieren una lealtad maquinal y suicida.

Lo característico es que exija esta lealtad. Uno de los ejemplos más extremos ocurrió en octubre de 1983 cuando el gobierno de Reagan envió fuerzas militares a la pequeña isla nación de Granada. En ese momento había allí cerca de ochocientos trabajadores cubanos, y las instrucciones que Fidel les dio nos dan un raro y confiable vistazo a su complejo de martirio y su estilo mesiánico de liderazgo.

Muchos de los cubanos en Granada eran obreros de la construcción que estaban haciendo un aeropuerto para el gobierno socialista amigo que había tomado el poder en un golpe algunos años antes. Todos los trabajadores tenían algún entrenamiento militar y muchos eran reservistas de las Fuerzas Armadas. También había personal militar y de inteligencia, y en vísperas de la intervención estadounidense, Fidel envió a Pedro Tortolo, un coronel de confianza, para dirigir el contingente cubano. Entretanto, en La Habana, Fidel tenía la última palabra y le enviaba comunicados y mensajes de radio al personal cubano.

Al desembarcar las fuerzas estadounidenses, ordenó que todos los cubanos, civiles o uniformados, lucharan hasta la muerte. Les ordenó mantener sus posiciones, resistir el ataque y negarse a rendirse bajo cualquier circunstancia.

El coronel Tortolo no tardó en informarle que había rechazado todos los pedidos de rendición de los estadounidenses. La respuesta de La Habana, muy posiblemente redactada por el mismo Fidel, fue entusiasta.

"Lo felicitamos por su heroica resistencia. El pueblo cubano está orgulloso de usted. No se rinda bajo ninguna circunstancia".

Tortolo le respondió directamente a Fidel.

"Comandante en jefe, cumpliremos sus instrucciones y no nos rendiremos".

La lucha entre los cubanos y la fuerza invasora estadounidense fue intensa. Ésa fue la primera y última vez que las fuerzas militares de los dos países combatieron, y ambos bandos sufrieron bajas. Veinticuatro cubanos murieron, mártires en la lucha contra el imperialismo estadounidense, tal como lo había exigido su comandante en jefe.

Sin embargo, y para horror suyo, todos los demás cubanos, más de setecientos cincuenta, se rindieron. El

coronel Tortolo se asiló en la embajada soviética, decidiendo salvarse a sí mismo para proseguir después la lucha
revolucionaria. Pronto tuvo la oportunidad. Después de
que él y los demás cubanos que habían desafiado a su jefe
regresaron ilesos a la patria, el coronel cayó en desgracia. Fue
degradado a soldado raso y enviado a la guerra en Angola,
donde murió poco después. Otros veintidós oficiales del
ejército también habían estado en Granada. Algunos de
ellos estuvieron entre los muertos cubanos, fieles hasta el fin
a su comandante en jefe. Pero los que se rindieron fueron
enviados a luchar en Angola como soldados rasos[28].

Para los oficiales cubanos, Granada fue una amarga
y confusa lección de ética. Fidel había contado con que
todos los cubanos murieran heroicamente en algo así como
el equivalente de un suicidio masivo y que se llevaran con
ellos muchas vidas estadounidenses. Tal vez supuso que si
el enfrentamiento hubiera sido encarnizado y prolongado
se habría elevado un coro internacional de denuncias y
oposición a la intervención estadounidense. El Congreso
habría tenido que ordenar un cese al fuego. Ganara o perdiera, quería que el mundo presenciara la feroz lealtad de los
revolucionarios cubanos a su comandante en jefe. Quería
más mártires para fortalecer la moral en Cuba durante un
período difícil. Y deseaba causarle el mayor daño posible
al odiado gobierno de Reagan.

Florentino Aspillaga era un alto oficial cubano de
contrainteligencia que se exilió en los Estados Unidos en
1987. Tenía un gran conocimiento de los recientes acontecimientos en Granada, y de la mentalidad de Fidel en
ese momento. En una entrevista con Georgie Anne Geyer,

Aspillaga dijo que Fidel se había sentido ofendido por el hecho de que sólo unos pocos cubanos "habían muerto por él... No le importaban los muertos, lo que le importaba era que murieran por él"[29].

He consultado a unos cuantos oficiales estadounidenses de diferentes rangos, incluyendo a generales, sobre las implicaciones morales de la actitud de Fidel. La mayoría respondió que en cualquier democracia moderna, las órdenes de "no rendirse" como las de Fidel serían ilegales e inmorales. La obsesión de martirio de Fidel lo pone en compañía de los líderes más fanáticos de los regímenes paria y las organizaciones terroristas[30].

La imagen pública de Fidel exige una masculinidad dura. Pero no el sexo. En el mantenimiento disciplinado de su imagen pública siempre se las arregla para separar las dos cosas. En los primeros días se referían a él como "el caballo", una palabra cargada de sexualidad. Cubanas y extranjeras le coqueteaban escandalosamente. Cuando es él mismo, sin embargo, nada ni remotamente sexual o afectuoso se filtra en su forma de ser. Los lectores de las transcripciones de FBIS hubieran podido trabajar indefinidamente en vano en busca de comentarios o insinuaciones suyas explícitamente sexuales. En privado es espectacularmente grosero. Pero es dudoso que haya dicho una sola mala palabra en público.

Cuando Sally Quinn lo entrevistó, notó que "nunca toca a una visitante femenina". Esto contrasta con las muchas formas de contacto físico casual e impulsivo que tiene con hombres cuando está hablando o lo están entrevistando.

Quinn tuvo la sensación de que estaba "mirando a través de ella y no mirándola como hace con los hombres".

Ella escribió en el *Washington Post* que la actitud de Fidel "cambia cuando habla con una mujer. No tiene tanta confianza o seguridad"[31].

No es ciertamente un revolucionario calvinista o un puritano sexualmente reprimido, pero muchas anécdotas de personas cercanas a él desde la adolescencia indican una fuerte tendencia a la timidez y la torpeza frente a las mujeres. Quedó consternado con los "burdeles, cabarés y otras diversiones sórdidas" cuando en 1948 pasó por Ciudad de Panamá rumbó a Bogotá. Y cuando estaba entrenándose en México, le molestó tanto el biquini de una novia que le compró un vestido de baño menos llamativo.

Entre todas las palabras registradas de Fidel, son muy pocas las que reflejan al individuo que hay detrás de la máscara heroica. Rara vez comparte sus sentimientos y emociones profundas. Jamás revela sus temores, sus dudas, sus remordimientos, sus puntos vulnerables o su verdadera forma de pensar. Rara vez ha admitido haber cometido un error. A la periodista Barbara Walters le contó en una entrevista que nunca había cometido un error estratégico, sólo algunos errores tácticos sin importancia.

Nunca ha reconocido alguna clase de emoción o conflicto interno. Hacerlo rompería la norma de su forma de actuar y en cualquier caso sería algo contrario a su carácter. Cuando está ante el público o con otras personas siempre debe controlar sus sentimientos. La ira y el melodrama que a menudo muestra en sus discursos, y con más frecuencia sus diatribas contra los Estados Unidos, son puro teatro.

Las intensas emociones que finge siempre están bajo su control. En todos los años que ha hablado en público, la voz nunca se le ha ahogado, nunca ha derramado una lágrima o se ha dejado llevar por la emoción personal por un solo momento. Al emplear el "nosotros" mayestático, se abstrae personalmente y se absuelve así de cualquier culpa por los errores cometidos en nombre de la revolución.

Al mirar toda su historia personal se vería uno en apuros para encontrar un solo ejemplo de genuina intros- pección o autoexamen. Muchas veces ha insistido en que se justificaban y eran necesarias todas las ejecuciones en la sierra y durante los primeros meses después de tomarse el poder, y una vez comparó positivamente lo que había propiciado en Cuba con el reino del terror durante la Revolución Francesa y con el revolucionario francés que más admira: "Los primeros meses de terror fueron necesa- rios para acabar con el terror de muchos siglos. En Cuba necesitamos más Robespierres"[32].

Barbara Walters insistió en preguntarle sobre unos cuantos asuntos personales que por lo general Fidel se niega a comentar. Lo sorprendió al preguntarle si había algo que lo hacía llorar: "Ha habido momentos de emoción. No voy a decir que nosotros derramáramos lágrimas de verdad… Por supuesto, hay ocasiones en que tenemos que contener las lágrimas. En cuanto a llorar copiosamente por razones estrictamente sentimentales, no sé. Hace mucho tiempo que no tengo experiencias de esa clase"[33].

Cualquier reconocimiento de agitación interna o sentimentalismo pueden sugerir debilidad, algo que Fidel nunca admitirá. Pero el hombre de carne y hueso oculto

tras la máscara del héroe siente por supuesto dolores y
emociones, y de vez en cuando, aunque nunca en público,
ha estado estresado y hasta traumatizado. Como le sugirió a Barbara Walters, también ha llorado, por lo menos
en su vida anterior al poder. Ha admitido que lloró una
vez en la universidad, cuando temió por su vida. Varias
fuentes creíbles cercanas a él en diferentes épocas antes
de que tomara el poder recuerdan episodios en que lloró
bajo diferentes circunstancias. Pero cuando le respondió
la pregunta a la periodista, hizo lo que se espera de su personaje. El héroe que representa, el personaje que encarna
la revolución, no puede admitir tener una vida interior o
emociones humanas normales.

El poeta cubano Heberto Padilla, que conoció a Fidel
a principios de los cincuenta, escribió sobre "su inexplicable
abandono del yo"[34]. K. S. Karol, el marxista europeo que
también lo conoció bien, comentó que detesta recordar
el pasado. Lo que le importa, dijo, es el presente[35]. Fidel
mismo admitió en una entrevista en 1985 que es "alérgi-
co" a hablar sobre cosas personales[36]. Y no ha cedido en
nada desde entonces. Con la edad, quizás se ha vuelto más
huraño, protege más su fuero interno y esconde más sus
verdaderos sentimientos.

Sin embargo, al examinar la gran cantidad de declaraciones suyas, no es sorprendente que en ciertas ocasiones
haya retirado, aunque sólo levemente, el velo de misterio
que lo cubre. Inadvertidamente o no, eso ha ocurrido sólo en entrevistas con periodistas especialmente hábiles y
perspicaces. Barbara Walters lo persuadió y lo hizo hablar
brevemente sobre lo solo que se sentía, aunque estuviera

rodeado por multitudes de admiradores. "Realmente de-
testo la soledad, la completa soledad", dijo.

"¿En otras palabras, estar solo?" —le preguntó ella.

"Sí, sí" —masculló él.

Ella persistió y le preguntó por qué.

"Tal vez por la necesidad del hombre de tener compañía... Yo pasé muchos meses en reclusión".

Y luego, tratando de volver a su personaje imperturbable y heroico, le dijo: "El hecho de que deteste la soledad
no quiere decir que no sea capaz de soportarla"[37].

CAPÍTULO 9

El deber moral y político

Durante el verano de 1975, en los meses entre la retirada estadounidense de Vietnam y la masiva intervención cubana en Angola, empecé a redactar mi primera valoración nacional de inteligencia, NIE–85-1-75, *El cambiante papel internacional de Cuba*. Para entonces llevaba ya casi once años como analista latinoamericano de la CIA y como oficial de inteligencia de la Fuerza Aérea, y estaba terminando mi doctorado en historia de América Latina. Escribir una valoración difícil fue un bienvenido desafío profesional[1].

Resulten correctas o no, clarividentes o simples reiteraciones de lo evidente, las valoraciones nacionales de inteligencia (NIE) son correctamente consideradas desde principios de los cincuenta como lo máximo en materia de análisis de inteligencia. Las diferentes entidades de recolección y análisis de datos de la comunidad de inteligencia participan en la redacción de estos documentos, que utilizan las evidencias de todas las fuentes posibles. Una vez hecho esto, los directores de las agencias se reúnen para revisar y aprobar el texto, y también ofrecer opiniones divergentes. El proceso es formal, a menudo prolongado, y lleno de frenos y contrapesos. Finalmente, el director de la CIA se hace personalmente responsable de los hechos y juicios del documento, que constituye su valoración para el examen del Presidente y el alto equipo de seguridad nacional.

Como muchos de estos NIE, el de Cuba estaba programado como apoyo de necesidades políticas urgentes. Henry Kissinger había iniciado conversaciones altamente secretas con el gobierno de Castro encaminadas a reducir las tensiones internacionales y avanzar hacia un mayor acercamiento. Se trataba de una iniciativa completamente estadounidense, que resultó ser el esfuerzo más serio por restaurar unas relaciones que desde 1959 habían fluctuado entre una gran tensión y un conflicto abierto.

Los primeros sondeos, directamente con Fidel, se habían hecho en junio de 1974, dos meses antes de que Richard Nixon cediera la Casa Blanca a Gerald Ford. El anterior acercamiento a la China comunista fue el modelo para lo que, se pensaba, podía también ser posible con Cuba. Las negociaciones de control de armamentos y otras con la Unión Soviética habían representado considerables ventajas para ambas partes. Parecía razonable, por lo tanto, que si Mao y el Kremlin podían entablar negociaciones constructivas, Fidel también podría ver algún beneficio en unas conversaciones. Kissinger y William Rogers, el secretario de Estado adjunto para América Latina, manejaron el proceso en el mayor secreto. Al principio, sólo unos pocos en el gobierno estábamos involucrados.

Irónicamente, sin embargo, la primera ronda de conversaciones oficiales se llevó a cabo abiertamente en enero de 1975, en una cafetería atestada de gente en el aeropuerto neoyorquino de La Guardia. Lawrence Eagleburger, uno de los asistentes más prominentes de Kissinger en ese momento, se reunió con dos altos funcionarios cubanos con el fin de empezar a explorar las posibilidades. Les dijo que las diferencias ideológicas no debían ser obstáculo para la solución de los problemas bilaterales y que Washington estaba dispuesto a discutir cualquier inquietud de La Habana. El momento para esta iniciativa parecía propicio. La mayor parte de los estadounidenses estaban cansados del largo y áspero pulso, y muchos miembros del Congreso estaban abogando públicamente por una mayor flexibilidad en las relaciones[2].

Mientras yo escribía la valoración, aumentó el ritmo de las conversaciones. Hubo reuniones exploratorias en Washington y Nueva York, y el Departamento de Estado anunció públicamente que los Estados Unidos estaban preparados para emprender serias conversaciones con La Habana. En agosto, Fidel hizo un gesto conciliatorio, al devolver el dinero del rescate por el secuestro de un avión estadounidense. El proyecto de Kissinger parecía pues estar avanzando, y por lo tanto era indudable la necesidad de una valoración nacional de inteligencia global. Había muchas cosas que los negociadores estadounidenses querían saber.

¿Estaba Fidel realmente interesado en mejorar las relaciones? Si iba a negociar seriamente, ¿qué pediría y qué concedería en el curso de las conversaciones? ¿Cuáles serían sus prioridades? ¿Vetaría algunos puntos que preocupaban a los Estados Unidos? ¿Qué concesiones mínimas esperaría recibir? Después de la crisis de los misiles, había establecido una serie de cinco exigencias, y a principios de los setenta seguía insistiendo tercamente en que éstas eran su posición final. En un discurso nombró las cinco sucintamente: "Hemos pedido un fin incondicional a la piratería, el bloqueo, la infiltración, las violaciones del espacio aéreo, y que nos devuelvan la base de Guantánamo"[3].

Pero el asunto primordial para él era el embargo económico, al que siempre se refería como el "bloqueo". Insistía en que tenía que ser levantado como condición previa de cualquier negociación real. ¿Pero se mantendría firme en ese punto? Había indicios de cierta flexibilidad.

Nadie dudaba de que la base naval estadounidense de Guantánamo, entregada por España después de la guerra hispano-estadounidense, tendría que ser devuelta a Cuba y en ese momento —cuando por supuesto no había terroristas de Al Qaeda detenidos allí— ni la Marina ni el Pentágono habrían objetado mayormente. Y las otras tres quejas principales de Fidel podían ser manejadas en forma que lo ablandaran.

Al releer la copia de la valoración años después, con algunos espacios en blanco borrados por los censores de la CIA, me sentí halagado por lo bien que había resistido el paso del tiempo. Había acertado en casi todo lo que había predicho.

No estábamos seguros de que Fidel quisiera realmente emprender unas negociaciones serias. De hacerlo, estábamos seguros de que sería un negociador muy duro. Incluso le advertimos al gobierno de Ford que Castro "probablemente calcula que con el paso del tiempo seguirán aumentando las presiones a los Estados Unidos para que arregle las diferencias con él", y que por lo tanto probablemente espera "conseguir un mejor trato con el nuevo gobierno estadounidense". Era difícil imaginar que fuera a prescindir de la retórica y la virulencia contra los Estados Unidos que por tanto tiempo habían sido la base de su política interna y sus relaciones internacionales. Para entonces, echarles a los Estados Unidos la culpa por casi todos los problemas de Cuba era casi un acto reflejo. Fidel no sería Fidel sin el enemigo estadounidense a quien denostar.

De las muchas valoraciones nacionales de inteligencia que tuve que escribir después sobre Cuba y otros países, ésta fue la más difícil. Hubiera sido mucho más fácil si nos hubieran encargado, por ejemplo, una descripción del tamaño y la capacidad de las Fuerzas Armadas de Raúl. Fuentes técnicas habrían proporcionado evidencias sólidas al respecto. Escribir sobre la forma como estaba evolucionando el sistema político cubano o el estado de la economía también habría sido más fácil, porque se disponía de informes confiables de desertores y agentes secretos.

Éstos eran problemas observables. Pero nuestra tarea era un cálculo de abstracciones: los razonamientos y las intenciones de Fidel. Yo tenía que ponerme en sus botas y tratar de pensar como él. Leer sus declaraciones y las del gobierno cubano era una ayuda, ¿pero qué tan flexible sería una vez agotadas las posturas diplomáticas iniciales? Y, como siempre sucedía al analizarlo, había que separar de alguna manera lo real de lo fingido. Sin temor a equivocarse se podía presumir que tras casi todo lo que decía o hacía en público había un complicado fondo de engaño.

Raúl aparecía sólo marginalmente en la valoración; se hacía incluso menos referencia a él que al "comunista viejo" Carlos Rafael Rodríguez, descrito como el tercer hombre en importancia del régimen. No había razones para creer que los hermanos se habían enemistado desde su enfrentamiento en abril de 1959 en Houston. Todas las evidencias indicaban que estaban trabajando armoniosamente. Además, la valoración tenía que ver con la política exterior cubana, y sabíamos que esa área era exclusiva de Fidel.

En la agenda de negociaciones del lado estadounidense había muchas cuestiones delicadas que se plantearían a los cubanos si las conversaciones se tornaban serias. Doce años después de la crisis de los misiles, las relaciones militares de Cuba con la Unión Soviética seguían siendo un punto fundamental para Washington, aunque la valoración recalcaba que este tema no sería negociable. El compromiso de Cuba de exportar la revolución a otros países también era una alta prioridad estadounidense. Nosotros estábamos seguros, sin embargo, de que Fidel permanecería inflexible al respecto. En la valoración, concluíamos: "Es muy improbable que Castro renuncie al derecho de apoyar las 'guerras de liberación nacional'". Este tema esencial estaría vetado en las conversaciones bilaterales, con la excepción, pensábamos, de Puerto Rico.

Esta comunidad estadounidense con gobierno autónomo parecía ser el último blanco de Fidel al intensificarse las agresivas maniobras cubanas a favor de su independencia. Había en la valoración más texto sobre la isla que sobre cualquier otro tema porque las intenciones de Fidel al respecto eran lo más difícil de interpretar. ¿Era el apoyo a la independencia de Puerto Rico una prioridad más alta para él que mejorar las relaciones con Washington? De ser así, no se podría progresar hacia un acercamiento, o incluso hacia unas conversaciones sostenibles.

Los puertorriqueños, después de todo, son ciudadanos de los Estados Unidos. Votan democráticamente para elegir gobernador, alcaldes y otros funcionarios locales. Un delegado sin voto en la Cámara de Representantes representa a la isla en Washington. Por lo menos durante los últimos cincuenta años el apoyo a la independencia ha sido minúsculo; rara vez ha llegado a más del cinco o seis por ciento de los votos, y en los últimos años ha descendido aun más. A Puerto Rico se le concedería rápidamente la independencia si éste fuera el deseo de la mayoría expresado en las urnas. El asunto no tenía importancia en ninguna otra parte de América Latina, donde incluso los círculos más nacionalistas consideraban que el tema era una de las obsesiones más curiosas de Fidel.

La participación cubana en la promoción de la independencia de Puerto Rico era, pues, muy difícil de entender. Yo sabía que siendo estudiante universitario Fidel había participado en manifestaciones sangrientas y que había pedido la independencia de Puerto Rico en su primera conferencia de prensa después de la victoria de su guerrilla en enero de 1959. Y en 1975 había abundantes evidencias de que estaba de nuevo impulsando fuertemente el asunto.

La valoración indicaba que "durante el último año el tema ha sido planteado con una intensidad inédita en

la ONU y en otros foros internacionales. A principios de
septiembre, La Habana había sido sede de una convención
internacional de apoyo a la causa, y algunos altos funcionarios cubanos se han identificado cada vez más con ella".
También anoté en el texto que el mismo Fidel había dicho
públicamente, sólo unas semanas antes de que completara
la valoración, que la solidaridad cubana con la independencia de Puerto Rico era una cuestión de principios a la
que nunca podría renunciar —ni siquiera para mejorar las
relaciones con los Estados Unidos.

¿Era ésta una posición inamovible, o se volvería flexible una vez entabladas las negociaciones? Como todos los
demás involucrados en la elaboración de la valoración, yo
pensaba que Fidel vería más ventajas en marginar el tema de
Puerto Rico con el fin de recibir algún alivio del embargo
económico y alcanzar beneficios tangibles con la mejora
de las relaciones. De modo que yo escribí en la valoración
que "a pesar de las fuertes declaraciones públicas de sus
líderes, creemos que puede haber cierta flexibilidad en la
posición de Cuba con respecto a Puerto Rico".

Este juicio fue uno de los dos errores embarazosos
que cometimos en la evaluación. Demostró crudamente
el peligro de interpretar equivocadamente las intenciones de líderes tan idiosincrásicos como Fidel Castro. En
Washington se pensaba que una elección racional para él
sería restarle importancia al tema de la independencia de
Puerto Rico con el fin de obtener las ventajas económicas
y diplomáticas que significaría un acercamiento.

Pero ése no era *su* cálculo. Ciertamente, él pensaba
racionalmente, sólo que según sus propias normas. Su

principal prioridad eran los intereses y aliados del Tercer Mundo y no unas mejores relaciones con los Estados Unidos. Habíamos caído en la clásica trampa analítica de la imagen especular.

También cometimos un segundo gran error, una inadvertencia o una falta de imaginación. En la valoración sólo había una frase insulsa sobre Angola. Pero justo cuando íbamos a concluir la valoración, algunos contingentes de consejeros militares cubanos estaban viajando secretamente a Angola. Su misión era ayudar a consolidar en el poder al movimiento marxista de liberación en el momento en que estaban llegando a su fin siglos de gobierno colonial portugués. En ese otoño empezaron a arribar en masa más consejeros cubanos y luego tropas, y para fines del año unos quince mil hombres estaban combatiendo en ese extenso país del suroeste de África.

Esta intervención fue una completa sorpresa. Cuba no había hecho nunca nada parecido, y no creo que ninguno de los que estábamos trabajando en la redacción de la valoración consideráramos en algún momento esa posibilidad. No fuimos los únicos sorprendidos. Kissinger escribió después en sus memorias que "actuar tan desafiantemente lejos de Cuba" había sido algo inimaginable en Fidel[4].

Como redactor de la valoración, yo fui quien les presentó el texto coordinado a los jefes de las nueve principales agencias de inteligencia. El 19 de octubre, William Colby, el director de la CIA, presidió la sesión en el modesto y pequeño salón de conferencias cerca de su oficina que había sido usado por todos los directores de la CIA desde Allen

Dulles. En una esquina había una bandera de los Estados Unidos. En la pared, a la izquierda de Colby, había una foto grande del presidente Ford. Los sellos en yeso de todas las agencias de inteligencia, cada uno de casi medio metro de diámetro, estaban distribuidos en las otras dos paredes. La placa del FBI era uno de los sellos, pero ésta fue la única agencia principal que no participó ese día o en algún otro momento del proceso. Sólo me enteré después de lo mucho que su ausencia había perjudicado el esfuerzo colectivo.

Lo que el FBI sabía pero la CIA ignoraba era que Fidel llevaba varios años apoyando a los terroristas puertorriqueños. Los revolucionarios puertorriqueños que apoyaba y animaba eran muy diferentes de los guerrilleros de los llamados movimientos de liberación a los que Fidel había ayudado en otros países, pues prácticamente no tenían ningún apoyo popular.

Se dedicaban a actividades criminales en la isla y en el propio territorio de los Estados Unidos, y eran responsables de unos cuantos asesinatos, bombas y otros delitos. La colaboración con los terroristas puertorriqueños había empezado aparentemente a principios o mediados de los sesenta, y algunos agentes de inteligencia cubanos, bajo órdenes directas de Fidel, habían trabajado con ellos durante veinte años o más. A los analistas de inteligencia extrajera no se les comunicó lo que el FBI tenía que haber sabido en 1975 sobre el apoyo cubano al terrorismo dentro de las fronteras de los Estados Unidos. De haber estado enterados de estas actividades del gobierno cubano, aunque sólo hubiera sido superficialmente, nuestras proyecciones habrían reflejado una línea más dura.

Tristemente, en esos días, no mucho después de la muerte de J. Edgar Hoover, la CIA y el FBI funcionaban como agencias rivales. La escasa cooperación que había entre ellas era por lo general marginal, pues estas dos culturas burocráticas casi nunca se entendían entre sí. Hasta cierto punto, las tensiones eran comprensibles. Las misiones de seguridad del Estado y de inteligencia extranjera no se fusionan tan fácilmente. En su tarea de hacer cumplir las leyes, los agentes del FBI buscan ante todo enjuiciar a los criminales valiéndose de todas las pruebas disponibles. Por el contrario, los funcionarios de la CIA deben proteger por ley las fuentes y los métodos de inteligencia extranjera, por lo que evitan acudir a las cortes de justicia o a usar en ellas como evidencia los informes confidenciales de sus agentes.

En 1975, se perdió una oportunidad de mayor cooperación que habría ayudado a evitar el error de inteligencia sobre Puerto Rico, error minúsculo en comparación con algunos fracasos posteriores. Las rivalidades y las culturas opuestas persistieron durante muchos años más y contribuyeron en forma importante a la incapacidad de las agencias estadounidenses de predecir o evitar el desastre del 11 de septiembre. Es de esperar que el nuevo director de la inteligencia nacional empiece a corregir estos problemas para asegurar que la CIA y el FBI trabajen conjuntamente.

Cuando, a fines de los ochenta, se acabaron los grupos terroristas puertorriqueños patrocinados por Cuba, habían causado más muertes e infligido más daños dentro de los Estados Unidos que cualquier otro grupo terrorista internacional, fuera de los ataques de Al Qaeda al World

Trade Center en Nueva York en 1994 y septiembre de 2001. Todas las operaciones puertorriqueñas fueron ejecutadas con apoyo concertado cubano.

En los setenta y principios de los ochenta, los dos grupos principales —los Macheteros y las Fuerzas Armadas de Liberación Nacional de Puerto Rico, conocidas por su sigla FALN— llevaron a cabo campañas amplias, cuidadosamente planeadas, profesionalmente dirigidas y bien financiadas en varias ciudades estadounidenses. Los grupos estaban bien armados y entrenados por sus consejeros cubanos. Gran parte de lo que lograron hacer no hubiera sido posible sin el constante aliento y apoyo clandestino del gobierno cubano.

Los terroristas del grupo Machetero fueron los responsables de la muerte de dos militares y de nueve heridos más cuando emboscaron un bus de la Marina estadounidense en Puerto Rico en 1970. Les dispararon a los desprevenidos marinos con ametralladoras de fabricación soviética. También hicieron explotar numerosas bombas en la isla, en Nueva York y en Chicago. Mataron a un policía puertorriqueño y en 1981 se atribuyeron la destrucción de once aviones jet de la Guardia Nacional Puertorriqueña en una base aérea de la isla[5].

El 12 de septiembre de 1983, un grupo de estos guerrilleros llevó a cabo la bien planeada operación "Águila Blanca". Asaltaron un terminal de camiones blindados de Wells Fargo en Hartford, Connecticut, y robaron más de siete millones de dólares. Fue un crimen perfecto porque los servicios de inteligencia cubanos estuvieron muy involucrados en él. Buena parte del dinero y Víctor Gerena, el líder de los puertorriqueños, fueron llevados secretamente a La Habana en una serie de operaciones cubanas característicamente eficientes[6].

Después del robo, Gerena se escondió en un compartimiento secreto de una vieja casa rodante y cruzó la frontera mexicana en Texas. Allí se reunió con agentes cubanos que lo llevaron a una casa segura en Ciudad de México. Después le dieron un pasaporte argentino falso y lo llevaron clandestinamente a Cuba donde desapareció y donde tal vez todavía reside bajo protección del gobierno cubano. La mayor parte del dinero también fue a dar a La Habana, enviada en valija diplomática. Algunos informes indican que el gobierno cubano guardó una buena parte para promover la revolución en otros países latinoamericanos[7].

Gerena fue identificado oficialmente por primera vez como terrorista en diciembre de 2004, cuando el FBI anunció el aumento a un millón de dólares de recompensa por su captura. En una conferencia de prensa en Connecticut, los oficiales del FBI anotaron que Gerena y Osama bin Laden eran los únicos terroristas en su lista de los diez más buscados[8].

Edmund Mahony, un reportero investigativo de Connecticut que trabaja para el *Hartford Courant* ha escrito exhaustivamente sobre el caso Wells Fargo y la conexión cubana. En una serie de artículos reveladores describió en noviembre de 1999 la red de vínculos entre los agentes cubanos, los Macheteros y el FALN. Concluyó que los dos grupos terroristas "creados en consulta con los agentes de inteligencia cubanos", pusieron bombas en más de 120 sitios empezando en los setenta y tal vez antes.

Mahony citó a un especialista contraterrorista del FBI retirado que conocía unas grabaciones de conversaciones entre los líderes macheteros y los agentes de inteligencia cubanos.

"Estaban hablando sobre Fidel. Todo lo decidían en los más altos niveles en Cuba"[9].

Esto coincide con los recuerdos del principal especialista latinoamericano en el Consejo de Seguridad Nacional del gobierno Carter. Robert Pastor, quien consultó a Fidel y a otros altos funcionarios cubanos, escribió después sobre la fijación puertorriqueña de Fidel.

"Al hablar sobre Puerto Rico en conversaciones separadas con los más altos funcionarios cubanos, encontré que sólo de *uno* se podía decir que estuviera obsesionado con este tema, y esa persona era nada menos que Fidel Castro"[10].

Dos ex oficiales de inteligencia cubanos que viven ahora en el extranjero también divulgaron detalles sobre la participación cubana en el terrorismo puertorriqueño en los Estados Unidos. Jorge Masetti desertó en 1990 después de muchos años de trabajar para la inteligencia cubana en países de Europa y América Latina. Mencionó a José Antonio Arbesu, un alto oficial de inteligencia cubano que después ocupó un alto cargo diplomático en Washington, como uno de los cerebros del paso clandestino de Gerena a través de Ciudad de México[11].

Domingo Amuchastegui, otro ex agente cubano que ahora vive en los Estados Unidos, le describió al *Hartford Courant* la importancia de Puerto Rico en los cálculos de Fidel, y luego reiteró estas ideas en una conversación conmigo en el área de Washington.

"Puerto Rico es diferente. Para nosotros en Cuba era parte de una política o principio sagrado. Para nosotros, hasta hoy, Puerto Rico es una colonia". Y añadió: "Fidel Castro ha declarado en privado muchas veces que cuando sólo dos personas en el mundo sean partidarias de la independencia de Puerto Rico, una de las dos será él".

Amuchastegui recordaba con exactitud el pensamiento de su antiguo líder. Fidel le dijo casi exactamente lo mismo a Barbara Walters.

"Mientras haya un solo puertorriqueño, uno solo, que desee la independencia de su país, nosotros tendremos el deber moral y político de apoyarlo. ¡Incluso si hay uno solo! El día que ya no haya ninguno, cesará nuestro compromiso con Puerto Rico"[12].

Mientras los agentes de inteligencia cubana colaboraban con los terroristas puertorriqueños, también estaban en la búsqueda de simpatizantes que pudieran ser reclutados como espías para La Habana. El espía cubano de más alto nivel capturado en los Estados Unidos fue una puertorriqueña que trabajó durante diecisiete años para Fidel. Ana Montes, una analista y especialista en Cuba y Nicaragua de alto nivel en el servicio de inteligencia del Pentágono (DIA), admitió su culpa en 2002 y fue sentenciada a veinticinco años de prisión. Era una partidaria tan leal de la revolución que al ser sentenciada se ufanó de la obligación moral que sentía hacia Cuba por ser la política estadounidense tan "cruel e injusta".

Montes causó un daño enorme, y se ha dicho que la información confidencial que suministró a los cubanos fue compartida por los servicios de inteligencia de otros países[13]. Sus crímenes habrían sido progresivamente más perjudiciales para los intereses estadounidenses de no haber sido capturada en el momento en que lo fue. Era muy posible que hubiera sido nombrada como la principal analista latinoamericana de la DIA. Tenía acceso a datos e información de defensa muy confidenciales. Y por su alto rango, ejercía considerable influencia sobre los analistas de menor rango, incluyendo algunos en SOUTHCOM, el comando militar unificado del Pentágono en Miami, del que dependen las operaciones en la mayor parte de América Latina y el Caribe.

Cuando yo fui funcionario de la inteligencia nacional para América Latina entre 1990 y 1994, desempeñándome como el principal analista de la región en una docena o más de agencias de inteligencia, Montes participaba en la coordinación de unos cuantos análisis, incluyendo por lo menos una valoración nacional de inteligencia. Yo nunca confié en su capacidad como analista de Cuba y, retrospectivamente, he debido dar una alarma de contrainteligencia. Ella era tal vez la persona más agria y desagradable con la que yo haya trabajado, pero infortunadamente nunca se me ocurrió durante todo el tiempo que la conocí que estaba trabajando diligentemente para Fidel.

Recuerdo haber hablado con una veterana de la CIA después de la condena de Montes. "Todo lo que escribimos sobre Cuba durante esos años no sirvió de nada", se quejó amargamente. Presumía ella, sin duda con razón, que todos nuestros análisis más importantes de Cuba eran prontamente transmitidos a La Habana por Ana Montes. Suponía yo que Fidel era el lector más entusiasta de sus envíos y que él personalmente la supervisaba como acostumbra hacer con la mayor parte de los casos más importantes de inteligencia, y también con muchos de menor importancia.

Sé que fui una importante fuente de información para Montes. Yo había llamado la atención de la inteligencia cubana a principios de los setenta, y cuando fui nombrado oficial de la inteligencia nacional para América Latina en 1990, existía un grueso archivo sobre mí. Durante mis dos visitas oficiales a La Habana a principios de los noventa, estuve bajo estrecha vigilancia de mis homólogos cubanos. No tengo la menor duda de que su archivo sobre mí incluye una gran cantidad de fotos, vídeos y grabaciones. Sé que tienen transcripciones o grabaciones de las conferencias que dicté sobre Cuba cuando era profesor universitario adjunto, hechas, presumo yo, por uno o dos estudiantes informantes suyos. También tienen copias de los muchos artículos y capítulos de libros que he escrito sobre Cuba, y a veces me pregunto qué más pueden tener.

En unas cuantas ocasiones a mis homólogos en La Habana les dio por burlarse de mí, pero en un caso lo hicieron en una forma bastante imaginativa. En el verano de 1993, siendo oficial de inteligencia nacional, presidí el

proceso de mi última valoración nacional sobre Cuba. El
21 de julio, Radio Habana transmitió un informe resu-
miendo un artículo aparecido ese día en *Granma*, el diario
del partido comunista cubano. Sabían ellos que era más
probable que yo leyera la transcripción de FBIS de la transmisión que el artículo del diario, y querían asegurarse de
que lo viera. Sospecho, dada nuestra relación tendenciosa,
que el mismo Fidel quiso que fuera publicado, y que pudo
incluso haber dictado la mayor parte del texto.

Aunque no se había hecho público el hecho de que
se estaba elaborando una valoración, él y la inteligencia
cubana lo sabían por Montes. Según fue citado, el reportero del gobierno cubano decía que la valoración "debe
tener como punto de partida las mismas viejas conside-
raciones erróneas que han llevado a los anteriores gobiernos yanquis a equivocarse: es decir, informes plagados de
opiniones estrechas y poco realistas, carentes de contenido
estratégico"[14].

Su conjetura final fue un comentario sobre mis viajes
a La Habana y sus alrededores durante mis dos visitas a
Cuba.

"Lo incomprensible es que esos hombres crean que
pueden captar los verdaderos sentimientos de casi once
millones de personas haciendo paseos turísticos por el
Vedado en La Habana o haciéndose los que están pasando
vacaciones de verano en las playas…".

En general, la inteligencia cubana es una de las cinco
o seis mejores organizaciones de esa clase en el mundo, y
lo ha sido durante décadas. Se concentra estrechamente
en el gobierno de Washington, incluyendo el Congreso, y

en la comunidad de los exiliados cubanos en Miami, o en cualquiera que pueda suministrar información útil sobre todos ellos. Como todos los servicios de inteligencia, han tenido su parte de fracasos, y después de una serie de purgas en el verano de 1989 que minaron la moral del Ministerio del Interior del que dependen, ha estado reconstruyendo mucha de su capacidad perdida. Pero sigue siendo un cuerpo muy bueno y, a juzgar por su insidioso comentario sobre mi estadía en Cuba, puede incluso demostrar un cierto sentido del humor.

CAPÍTULO **10**

El cadáver
del capitalismo

El Palacio de Convenciones de La Habana estaba lleno de
dignatarios extranjeros procedentes de cerca de cien países.
Era la asamblea más grande de líderes que alguna vez se
hubiera congregado en Cuba. Venían del Medio Oriente,
Asia, África, el Caribe, América Latina y la región me-
diterránea. La muchedumbre en el vestíbulo era tal que,
literalmente, no se podía dar un paso, en medio de una
gran confusión de lenguas. Asistían desde eminencias internacionales hasta infames dictadores, que, en conjunto,
representaban la policromía del Tercer Mundo. Casi todos
habían venido para honrar a Fidel, cuya fama y gloria, tan
largamente buscadas, habían llegado a su apogeo.

En esta húmeda y calurosa tarde del 3 de septiembre
de 1979, mientras el personal técnico luchaba por mantener en funcionamiento el sobrecargado sistema de aire
acondicionado, Fidel caminó hacia el podio en medio
de un exuberante y prolongado aplauso. Llevaba años

sorteando muchos reveses y vergüenzas pero, ahora, en esta tarde de verano, se sentía inmensamente satisfecho. Deteniéndose ante el atril, acariciando con dramatismo los micrófonos, miró hacia el salón, lleno de admiradores y aduladores. Varios no habrían llegado al poder de no haber sido por la ayuda cubana. Se encontraba en medio de una multitud de amigos que lo veneraban y que estaban a punto de concederle el honor más increíble de cuantos había recibido.

Este aliado confiable de la Unión Soviética iba a asumir la presidencia del Movimiento de los No Alineados. Aquella tarde Fidel iba a ser elegido para dirigir todos los países y movimientos de liberación, supuestamente libres de cualquier manejo comprometedor tanto con los Estados Unidos como con el bloque soviético. Era la culminación del acto de malabarismo en política externa más notable que Fidel hubiera realizado. Había logrado algo que parecía imposible. Cuba era un país alineado y al mismo tiempo no alineado: con vínculos muy cercanos al Kremlin, pero simultáneamente líder del movimiento de los no alineados.

Su estrecha relación con los soviéticos era innegable. La Unión Soviética le daba a Cuba un subsidio económico de cerca de cinco mil millones de dólares al año. Según lo estimado en 1975, había entre cinco mil y ocho mil civiles soviéticos trabajando y asesorando al gobierno de Cuba, para tratar de hacer avanzar la todavía caótica economía. Cada año, Moscú daba otros mil millones de dólares en suministros militares que incluían desde boinas y balas hasta tanques y aviones de guerra. En la isla había varios miles de asesores militares soviéticos. En 1978, las tropas cubanas habían luchado bajo el mando de generales soviéticos en el Cuerno de África para apoyar el régimen marxista revolucionario de Etiopía, durante su guerra con la vecina Somalia. Para sus enemigos, Fidel era un mercenario, un peón de los soviéticos.

Pero para la mayor parte de los países del Tercer Mundo, de África, Asia, América Latina y el Medio Oriente, ya poco importaba su dependencia de Moscú. Él era uno de ellos. Era un héroe revolucionario audaz, sin paralelo en el escenario mundial. Las tropas cubanas habían logrado asegurar el régimen revolucionario marxista en Angola y, más tarde, en 1975, al final de una línea de abastecimiento peligrosamente extensa y en medio de polvorientos campos de batalla, se habían enfrentado con éxito al racista ejército sudafricano. Se trataba del equivalente, en Sudáfrica, de lo ocurrido en Bahía de Cochinos. Los cubanos lucharon con increíble ferocidad, cumpliendo a carta cabal las inflexibles demandas de su comandante en jefe. Según un experto historiador de Sudáfrica, "raras veces se rindieron y, sencillamente, lucharon con entusiasmo hasta la muerte"[1].

Más de cuarenta mil efectivos cubanos estaban todavía en Angola en el momento del encuentro de los no alineados, luchando contra una persistente rebelión rural. Otros diez a quince mil hombres se hallaban desplegados en Etiopía y, en el seno del gobierno cubano se discutía el envío de hombres para ayudar a los insurgentes en el vecino Sudán[2]. Varios contingentes, conformados por los mejores especialistas militares, de inteligencia y de seguridad de Raúl, se encontraban promoviendo grupos revolucionarios o respaldando a gobiernos afines en por lo

menos una docena de países. En síntesis, veintiocho de las
naciones no alineadas cuyos representantes se encontraban
esa semana en La Habana se beneficiaban de los servicios
de médicos, profesores y consultores cubanos, recibiendo
asesoría en temas que iban desde agronomía hasta la seguridad del presidente[3].

Desde los sesenta había cubanos muriendo valientemente en diversos movimientos de insurgencia y guerras
nacionalistas extranjeras. Un "servicio internacional" de
tal naturaleza significaba una insignia de honor para las
Fuerzas Armadas de Raúl, y algunos de sus generales ya
habían sobrevivido a una o más de esas expediciones. Nueve
cubanos habían muerto mientras luchaban en Guinea-Bissau,
un diminuto país de África Occidental que anteriormente
había sido colonia portuguesa[4].

El saldo acumulado de muertos era asombroso, especialmente para un país de sólo 10 a 11 millones de habitantes.
La verdadera cifra de bajas es todavía un secreto de Estado,
conocido sólo por unos pocos en La Habana. Pero según
Rafael del Pino, un distinguido general de la fuerza aérea
de Cuba que desertó en 1987, para esa fecha ya habían
caído cerca de diez mil cubanos en países de ultramar en
cumplimiento de los sueños internacionalistas de Fidel[5].

Tampoco era un secreto el entusiasta apoyo que Fidel
prestaba a la insurgencia del Viet Cong, en el sudeste de
Asia. Envió cerca de dos mil asesores cubanos y, durante
una visita a Vietnam en 1973, utilizó las ruinas de una base
militar estadounidense como sede de un discurso militante
en el cual vaticinó una sangrienta derrota para las fuerzas
de los Estados Unidos.

"Amigos, ustedes les han dado una gran lección a los imperialistas. Se consideraban imbatibles y, sin embargo, han logrado derrotarlos. Estamos reunidos aquí en el área libre de Vietnam del Sur, en un lugar en el cual los imperialistas construyeron una base militar que, a su juicio, no podría ocupar ninguna fuerza enemiga"[6].

Hacia fines de los años sesenta, y por cerca de un año, los prisioneros de guerra estadounidenses que estaban en manos de los norvietnamitas fueron torturados por extranjeros caucásicos que hablaban inglés. Muchos creían que se trataba de cubanos. El más sanguinario, apodado "Fidel" por los mismos prisioneros de guerra, infligió golpizas con porras de caucho y aplicó torturas de agua y otro tipo de castigos brutales a cerca de veinte prisioneros estadounidenses. Casi mata a dos de ellos. Finalmente, los abatieron a todos. Nunca han podido establecerse las identidades de los cubanos, a pesar del exhaustivo esfuerzo de los especialistas estadounidenses de inteligencia y defensa. Pero no hay duda de que los hermanos Castro autorizaron lo que llegó a ser conocido entre los prisioneros como "el programa cubano"[7].

La toma de Saigón por las fuerzas norvietnamitas y del Viet Cong en abril de 1975 sería la primera de una serie de victorias similares que reforzarían las credenciales de Fidel ante los no alineados. Durante los cuatro años que transcurrieron entre 1975 y la cumbre de los no alineados, el servicio de inteligencia estadounidense estimó que por lo menos ocho países en África, el sudeste asiático y la cuenca del Caribe llegaron a estar controlados por regímenes marxistas o marxistas-leninistas revolucionarios.

Cada uno de ellos tenía alguna deuda de gratitud con
Fidel. Era uno de esos raros líderes que no sólo hablaba
sino que actuaba. Por años había afirmado que su deber
era apoyar a los revolucionarios, dondequiera que éstos se
encontraran. Y cumplió con su palabra.

La multitud en el Palacio de Convenciones quedó en
silencio cuando Fidel comenzó a hablar. Era un discurso
meticulosamente planeado, que duró una hora y media.
Entre la audiencia se encontraban brutales déspotas, así
como los comandantes de casi todas las guerrillas y grupos
insurgentes del mundo, sentados hombro a hombro con
los presidentes y primeros ministros, en muchos casos democráticamente electos, de cincuenta y tres países.

Venían de la India y de Tanzania, de Malta y Jamaica,
de Guinea Ecuatorial, Cabo Verde y de otras naciones afri-
canas recientemente independizadas, de las cuales pocos
habían oído hablar. El octogenario Tito, de Yugoslavia, y
Pham van Dong, primer ministro de Vietnam, estaban
presentes. El Secretario General de las Naciones Unidas,
Kurt Waldheim, también se encontraba allí, no porque
sus funciones lo exigiesen, sino por cortesía con el gran
número de países miembros de las Naciones Unidas que
se hallaban representados. Casi todos esperaban poder
tener una reunión privada con Fidel, aunque muchos tuvieron que resignarse a sostener conversaciones con otros
funcionarios cubanos. Raúl no apareció por ningún lado,
como ha sido la regla en ceremonias diplomáticas. Todos
los hoteles de la ciudad estaban llenos hasta la última
habitación, y la burocracia cubana acudió en masa para
atender a los distinguidos huéspedes.

Saddam Hussein, de Irak, estaba en La Habana para la cumbre, así como el dictador de Siria, Hafez al-Assad, el fanfarrón Yaser Arafat, cabeza de la Organización para la Liberación Palestina, y el ministro de Asuntos Exteriores de Irán. Todos ellos pronunciaron furibundos discursos atacando a los Estados Unidos e Israel. El delegado egipcio, que luego sería Secretario General de las Naciones Unidas, fue blanco de críticas por el papel que su gobierno había tenido en los recientes acuerdos de Camp David, mediados por la administración Carter. Dada la participación cubana, con asesores militares entrenando a los grupos de guerrilla y terrorismo de Palestina y otros países árabes, Fidel contaba con un fuerte y radical apoyo del Medio Oriente[8].

Sus dos nuevos aliados, los primeros regímenes revolucionarios hermanos que Cuba había logrado promover por fin al poder en la vecindad misma de los Estados Unidos, estaban también en la cumbre, representados por sus principales líderes. Daniel Ortega de Nicaragua y Maurice Bishop de Granada, llegados al poder sólo unos meses antes, ya hacían parte de la órbita de La Habana y estaban entre los participantes más extáticos. Para ellos, y para muchos de los líderes africanos, Fidel era prácticamente una deidad.

El líder del partido marxista independentista de Puerto Rico estaba allí y, durante la semana que duró la reunión, fue tratado como una especie de hijo adoptivo por sus anfitriones cubanos. En su discurso a los delegados, Fidel puso a Puerto Rico a la cabeza de la lista de naciones oprimidas, junto con Sudáfrica y su *apartheid*, la colonial

Rodesia y Palestina. "Puerto Rico merece nuestro apoyo, sin debilidad ni vacilación", fueron sus palabras.

Su estado de ánimo era triunfal. En la valoración de 1975, yo había escrito que Fidel estaba empezando a pensar que se acercaba el "eclipse del imperialismo" y unos años después, en el momento de la cumbre, tenía más razones para llegar a la misma conclusión. Por absurdo que parezca hoy en día, a la luz de los años transcurridos desde el colapso del bloque soviético, a mediados de los setenta, Fidel estaba convencido de encontrarse en el lado correcto de la historia. Utilizando términos propios del marxismo, repetidamente afirmaba que la "correlación de las fuerzas internacionales" estaba virando hacia el lado del marxismo-leninismo revolucionario al estilo cubano.

No se trataba sólo de una arrogancia fidelista. En la segunda mitad de los setenta, el imperialismo yanqui parecía estar debilitándose a causa de una serie de crisis. Watergate, la renuncia de Nixon, la retirada de Vietnam, los escándalos de la CIA destapados por el Congreso y la legislación que ponía restricciones a los militares y a las fuerzas de inteligencia eran, en conjunto, signos palpables del eclipse anunciado por Fidel. El sentimiento popular estadounidense en contra de la guerra y en contra de la intervención del gobierno en otros conflictos del Tercer Mundo condujo a lo que se llamó el "síndrome del Vietnam". Fidel aprovechó la oportunidad brindada por este nuevo sentimiento de pacifismo estadounidense y se embarcó en una serie de prometedoras incursiones internacionales.

Pronto, un buen número de jóvenes revolucionarios salvadoreños recibiría en Cuba entrenamiento avanzado en guerra de guerrillas. Fidel persuadió a los líderes de cinco grupos revolucionarios combatientes para que unieran sus fuerzas en un solo frente que él podría apoyar y subsidiar más generosamente. Creía que el pequeño país vecino de Nicaragua, donde la insurgencia se estaba afianzando en el poder, estaba ya a punto de desprenderse del tronco del imperialismo. Entonces, con Nicaragua bajo el control de sus aliados marxistas —los sandinistas—, El Salvador se convirtió en la siguiente prioridad de La Habana.

El modelo era Nicaragua. En julio, sólo dos meses antes de la cumbre, los sandinistas habían subido al poder con el apoyo encubierto y masivo de las fuerzas militares cubanas. Fidel era para ellos como de la familia, un padrino o tío favorito que por años les había brindado apoyo moral, asistencia y asesoría. La dinastía de Somoza, conjuntamente derrocada, había sido uno de los blancos por excelencia de la subversión cubana, desde las primeras semanas de la revolución. Tan así es que en su primera gran conferencia de prensa luego de subir al poder, Fidel incitó a los nicaragüenses para que, imitándolo, se fueran al monte a luchar por la justicia[9].

Veinte años después, finalmente tuvo la oportunidad de ayudar a darle el golpe de gracia a la dictadura. Utilizando todos sus poderes de persuasión, se aseguró el apoyo de otros gobiernos y líderes de América Latina para que actuaran como revolucionarios partícipes de la conspiración contra Somoza. Fidel, Raúl y sus jefes militares y de inteligencia diseñaron una compleja acción multinacional encubierta cuyo objeto fue suministrar enormes cantidades de armamento moderno a los sandinistas. Cargados de equipos y armas, miembros de la inteligencia y asesores paramilitares cubanos se desplazaron en masa a Nicaragua[10].

Combatieron hombro a hombro con inexpertos jóvenes reclutas sandinistas, colaborando en la planeación y ejecución de las ofensivas militares finales contra la Guardia Nacional de Somoza. No fue coincidencia que un general cubano del Ministerio del Interior, donde se hallaban centralizadas todas las funciones de seguridad, de inteligencia y de la policía, fuese el primero en irrumpir en el búnker de Somoza cuando éste iba a ser tomado, conjuntamente, por cubanos y nicaragüenses. El dictador había logrado escapar y finalmente encontró asilo en Asunción, la húmeda capital del Paraguay, en ese entonces en manos de un dictador análogo.

Pero Somoza tampoco estaría seguro en Asunción. El 17 de septiembre de 1980, un pequeño grupo de paramilitares de varios países —ejecutando sin duda un plan diseñado en La Habana— esperaba al dictador mientras un conductor lo paseaba por la ciudad. El segundo disparo de bazuca, lanzado a corta distancia, incineró el vehículo instantáneamente. Fue el tipo de operación que a Fidel, gran maestro de la inteligencia cubana, le encantaba planear. Somoza, otro de los némesis de larga data de Fidel —en 1961 le brindó un apoyo importante a los invasores derrotados en Bahía de Cochinos—, había muerto finalmente[11].

Estas atrevidas iniciativas cubanas ejecutadas en tantos países recuerdan una de las más memorables, aunque macabras, sentencias revolucionarias que Fidel jamás haya expresado. La mencionó por primera vez en un discurso a finales de 1961 —luego fue consignada en un documento propagandístico conocido como la Segunda Declaración de La Habana— en un momento en que Fidel se había dado a la tarea de obtener apoyo para las primeras guerrillas latinoamericanas. Exhortaba a los cubanos y a todo aquél que en la región quisiera seguir el ejemplo de la guerrilla cubana para que fueran fanáticos luchadores revolucionarios.

Tal y como había insistido cuando joven en Bogotá, sostenía que su deber y su obligación era luchar como revolucionarios. El imperialismo debía ser conquistado mediante una lucha activa, sin esperar u observar pasivamente la lucha de otros revolucionarios: "El deber de todo revolucionario es hacer la revolución... el revolucionario no sólo debe sentarse a ver desfilar, desde su puerta, el cadáver del imperialismo". Ahora, después de la cumbre y por un período de tres años, La Habana sería la sede del movimiento de los no alineados. Su burocracia estaría constituida por agentes de inteligencia y funcionarios del gobierno cubano, y para Fidel iba a ser una tarea de altísima prioridad, tal vez sólo segunda en importancia después de la continua vigilancia que debía ejercer para preservar su hegemonía política en el interior de Cuba.

Ahora podía recorrer el mundo, cuestionando a las naciones ricas del mundo industrializado y exigiéndoles más concesiones para el Tercer Mundo. Sería el apóstol de los pobres y de los explotados. Irónicamente, ahora podría hacerlo de forma legítima, puesto que había sido elegido para ocupar la presidencia del movimiento mediante un proceso relativamente abierto. Nadie podía cuestionar que había sido elegido para dirigir las naciones no alineadas con un aplastante apoyo popular.

Casi inmediatamente Fidel comenzó a hacer uso de sus nuevas prerrogativas. A sólo un mes de la cumbre viajó a Nueva York para hablar de nuevo ante las Naciones Unidas. Esta vez su discurso duró un poco menos de dos horas; no trató de romper el récord que había establecido en 1961 y, a diferencia de la vitriólica actuación de entonces, no insultó a ninguno de los presentes ni a ningún estadounidense destacado.

Habló calmadamente, todavía empleando el ya familiar mayestático "nosotros" en lugar del pronombre de primera persona del singular. Anteriormente este "nosotros" había significado los cubanos y la Revolución Cubana. Ahora, en su nuevo y mucho más eminente papel internacional, con el "nosotros" quería decir los cientos de millones de oprimidos y explotados habitantes del Tercer Mundo. Su tema ya era conocido, sólo que ahora lo aplicaba a escala global.

"Queremos un nuevo orden mundial basado en la justicia, la igualdad y la paz, que reemplace el desigual e injusto sistema que hoy impera…".

Exigió el establecimiento de un nuevo orden económico y de un nuevo sistema monetario, y también la condonación de la deuda de los países del Tercer Mundo por parte de los países ricos acreedores. Estas naciones deberían dar un total de 300 000 millones de dólares a los países subdesarrollados durante la década de los ochenta. Según él, esto era lo que las naciones ricas destinaban anualmente para armamento. Hizo su exigencia con gran seriedad pero sin entrar en detalles. Es evidente que se trataba de un concepto completamente fantástico y no muy bien concebido, que fue inmediatamente descartado en las capitales y centros financieros de Occidente. Pero Fidel tenía toda la intención de liderar este tipo de cruzada, sin importar a dónde conduciría. Cuando terminó su discurso, fue aplaudido con vehemencia y muchos de los miembros de las Naciones Unidas, que hacían parte del público, corrieron luego al podio a felicitarlo.

Durante aquel otoño de 1979 Fidel se hallaba en el pináculo absoluto de su extraordinaria carrera. Nunca volvería a estar así de bien. Incluso las victorias sobre Ba-tista, en 1959, y dos años más tarde sobre Kennedy, en Bahía de Cochinos, palidecían frente a lo que había logrado alcanzar en la segunda mitad de los setenta. No necesitaba ni deseaba mejorar sus relaciones con los Estados Unidos.

La iniciativa de Kissinger en 1975 se había malogrado, después de la intervención de Cuba en Angola. Pero unos años más tarde, la administración de Carter volvió a intentar un acercamiento. Se restablecieron algunas relaciones diplomáticas seguidas por una serie de conversaciones. Sin embargo, éstas se rompieron en 1978 cuando Fidel empezó a enviar tropas cubanas a Etiopía. Una vez más quedaba claro que la prioridad de Fidel eran sus intereses y supuestos deberes de carácter internacional, antes que las relaciones con los Estados Unidos. El presidente Carter fue el último presidente estadounidense en intentar, seriamente y con un criterio amplio, una resolución de los conflictos entre los dos países.

El triunfalismo y atolondrado engreimiento de que hizo alarde Fidel después de sus victorias de finales de los setenta, y que se hicieron patentes en la cumbre de los no alineados y en su discurso ante las Naciones Unidas, se convirtieron en un orgullo desmedido y sin precedentes. Era ahora un personaje absorto en sí mismo, en su propia magnificencia.

Florentino Aspillaga, que luego desertó de la inteligencia cubana, recuerda la visita de Fidel a un cuartel militar cubano en Angola a fines de 1975, a raíz de las primeras victorias. El comandante en jefe llegó como un conquistador romano, y desfiló ante sus tropas deleitándose en el brillo de sus triunfos.

Aspillaga, que presenció el discurso de Fidel, recuerda que cerca de seiscientos cubanos, todos ellos personal de inteligencia y oficiales de rango, estaban presentes. Sin miembros de la CIA en la audiencia, Fidel habló con franqueza. Arrogante, procedió a elogiarse, glorificando su excepcional capacidad de liderazgo y lo mucho que él y su pequeño país habían hecho en todo el mundo. Aspillaga pensó que se estaba comportando como un gallego, más que como un cubano.

Era la primera vez, pensó el desertor, que Fidel hablaba en esta forma ante un público considerable, jactándose de sus extraordinarias cualidades como líder. Estaba desinhibido. Afirmó que su carisma era una de sus más notables características. Aspillaga también recuerda a Fidel diciendo que su "mayor virtud" radicaba en su "capacidad de orientar a las multitudes", no sólo las cubanas sino las de otras nacionalidades.

Obviamente, la arrogancia narcisista de Fidel iba en aumento a medida que se sucedía una victoria tras otra durante todo ese otoño de 1979. Aspillaga, un recio y curtido veterano de inteligencia, estaba consternado con el comportamiento de su jefe. "Era pura euforia"[12]. Fidel daba rienda suelta a sus sueños de infancia, a sus fantasías sobre un glorioso destino.

Después de las victorias en África y en Nicaragua, empezó a verse como un Julio César de la Guerra Fría, un Napoleón del trópico o, mejor aún, como su héroe favorito Alejandro el Grande, pero en versión contemporánea.

En diversas ocasiones, Fidel había reflexionado sobre el papel histórico de estos tres hombres. En varias entrevistas había comentado que Napoleón era merecedor de la mayor de las admiraciones. A diferencia de Julio César o de Alejandro el Grande, había sido el único en surgir de un origen humilde. De modo que, para sus adentros, Fidel es en parte Napoleón y en parte Alejandro el Grande.

El incontrolable delirio de grandeza de Fidel quedó en evidencia en el otoño de 1979. Como presidente de los no alineados estaba, personalmente, en la cima. Se hallaba intoxicado de visiones de cómo transformar este cargo en uno de los más importantes y destacados internacionalmente. Tenía la esperanza de que ahora Cuba obtuviera su tan anhelado puesto en el Consejo de Seguridad de las Naciones Unidas. Probablemente fantaseaba con sentarse a negociar con el presidente del Banco Mundial, con el Secretario General de las Naciones Unidas, con el director del Fondo Monetario Internacional y con los líderes de las naciones ricas del mundo. Lo haría en pro de los pobres y de los explotados del planeta.

Pero por razones ajenas a su control, Fidel sólo contaría con unos pocos meses para disfrutar su gloria.

Unas diez semanas después del discurso en Nueva York, cuando desarrollaba diversos planes para transformar el movimiento de los no alineados, colapsó a su alrededor el inestable aparato de su política externa. En un solo día la legitimidad de Fidel como líder de los no alineados se desplomó sin remedio. Una enorme operación aérea de tropas soviéticas invadió Afganistán en la nochebuena de 1979, seguida por divisiones de infantería motorizada[13]. El presidente musulmán del país resultó muerto en combate. Bajo ocupación militar, este país no alineado pasó a ser un satélite soviético.

Evidentemente, Fidel no había sido consultado. Tuvo que decidir entre endosar o denunciar la intervención, entre comportarse como alineado o como no alineado. Pero no tenía mayor elección, teniendo en cuenta que Cuba dependía de la generosidad del Kremlin. En las Naciones Unidas, prácticamente todos los demás países y gobiernos no alineados condenaron la invasión, pero Fidel consignó su voto a favor de Moscú. El profesor Jorge Domínguez, analista y decano de estudios políticos cubanos en los Estados Unidos, escribió al respecto: "En este asunto de la elección entre la Unión Soviética y el movimiento de los no alineados, no cabía duda: Cuba era ante todo un país comunista, bajo la hegemonía soviética"[14].

Posteriormente, Fidel admitió lo que era obvio. "No", respondió con cierta vergüenza, cuando un periodista lo presionó con la pregunta de si "personal y privadamente" había aprobado la invasión. Pero luego intentó justificarse:

"No podíamos situarnos del lado de los Estados Unidos, de modo que lo hicimos del lado de la Unión Soviética"[15]. Y luego se apresuró a cambiar de tema.

Al líder de los países no alineados podía perdonársele casi todo en cuanto a sus relaciones con la Unión Soviética, pero no el hecho de que aprobara una invasión soviética a un país miembro. A pesar de todo lo que Fidel había hecho para lograr la presidencia del movimiento, su legitimidad se evaporó en el instante mismo en que se produjo ese aterrizaje en Afganistán de las primeras fuerzas soviéticas de invasión.

Ya no podría viajar alrededor del mundo, como lo había planeado. Cuba no lograría atraer suficientes votos para ganar la silla en el Consejo de Seguridad de la ONU. Por el resto de sus tres años como presidente de la organización, Fidel no pudo concretar ninguna iniciativa importante ni acordar alguna reunión significativa. Tampoco pudo presionar la reestructuración global de la economía que había estado proponiendo ante las Naciones Unidas. Le habían quitado el piso, y la exótica alfombra mágica no alineada.

Desde un punto de vista psicológico, la experiencia fue un golpe devastador. Su conducta posterior demostró el alcance del trauma producido. El maniático optimismo

de los años anteriores se desvaneció para dar paso a un
sentimiento de abatimiento y furia soterrada que afectó
su juicio, llevándolo a cometer algunos de sus peores errores de liderazgo durante la primera mitad de los ochenta.
Daba la impresión de que su juicio se había deteriorado
temporalmente.

Hubo entonces, por ejemplo, una mortífera confrontación militar cuando dos aviones MIG cubanos hundieron
un bote patrullero de las Bahamas, dentro de las aguas
territoriales de esas islas. Casi toda la tripulación murió
en este acto de franca agresión por parte de los cubanos.
Fidel también brindó apoyo totalmente abierto a un nuevo
grupo de guerrilla urbana en Colombia, en parte para ven-
garse porque el gobierno de este país había desempeñado
un papel de importancia clave en que se negara a Cuba
la silla en el Consejo de Seguridad de la ONU. Fue un
error de cálculo de Fidel, que en ese momento enfrentaba
no sólo la traición del Kremlin sino la posibilidad de ser
rechazado por sus amigos del Tercer Mundo.

En ese momento Wayne Smith estaba en La Habana
como jefe de la misión diplomática estadounidense. Según
escribió más tarde, Fidel "no parecía ser él mismo". Estaba
"absorto y preocupado", y luego de la muerte de Celia
Sánchez, en enero, sus decisiones "reflejaban cierta irracio-
nalidad"[16]. De hecho, en toda la historia de la revolución
no había habido un período en que su líder se comportara
tan erráticamente, bajo la presión de un terrible malestar
emocional.

Sin embargo, lo peor estaba aún por venir. Un policía
cubano que hacía guardia en la embajada del Perú en La

Habana fue muerto el primero de abril, cuando un grupo que trataba de lograr asilo político tumbó las puertas para entrar. Fidel se enfureció. Retiró a los demás guardias y corrió la voz de que quien quisiera dejar el país podría hacerlo libremente a través de la embajada. Pensó que sólo un puñado haría esto, pero pronto se enfrentó al hecho de que otro era el clima en las calles.

La situación económica se había agravado considerablemente mientras él había estado ocupado en sus proezas internacionales, y sin preocuparse por la difícil situación del pueblo, le exigió más sacrificios y trabajo. Cometió el error de reprender públicamente al pueblo cubano, exigiéndole que se apretara el cinturón y trabajara más duro puesto que pasarían muchos años antes de que la adversidad económica mejorara. Fue la gota que colmó el vaso para muchos que habían sufrido grandes privaciones en los últimos veinte años.

Entonces, ante la inesperada posibilidad de emigrar, muchos cubanos se lanzaron hacia la embajada peruana desde todos los rincones de la isla. Llegaban grandes cantidades de guajiros y trabajadores, los principales beneficiarios de la revolución. Familias enteras debatieron el asunto en sus casas y luego salieron corriendo juntas hacia la embajada peruana. También algunos policías lanzaron con gran estrépito sus motocicletas hacia las puertas, las derribaron y se unieron a la multitud que pedía asilo.

No pasó mucho tiempo antes de que cerca de diez mil cubanos desesperados se congregaran allí, ocupando cada pedazo de espacio libre, trepando a los árboles y a los techos del edificio de la embajada. Los niños y los ancianos

332 DESPUÉS DE FIDEL

se sentaban encima de sus familiares. Para el régimen, se había armado un horrible y humillante pandemónium.

Dos semanas más tarde, Fidel ideó una solución; trasladaría el problema a los Estados Unidos. Se inició el puente marítimo de Mariel. Era la segunda emigración masiva desde Cuba hacia la Florida. Varios ciudadanos estadounidenses, la mayoría refugiados cubanos, se dirigieron en pequeñas embarcaciones piloteadas por ellos hacia un pequeño puerto en la costa norte de Cuba. Allí recogieron tanto parientes y amigos como refugiados de la embajada del Perú.

La irracional ira de Fidel continuaba fuera de control. En un acto de indecible crueldad, al que ningún otro líder cubano se hubiera atrevido, hizo vaciar los hospitales mentales y las prisiones para trasladar sus internos a Mariel, donde fueron forzados a embarcar con rumbo a Key West y Miami. Así, cínicamente, se desembarazó de asesinos, violadores y pacientes con tendencias criminales, arrancando a éstos últimos del seno familiar y privándolos de su tratamiento médico. Hasta el día de hoy, casi todos permanecen en los Estados Unidos, puesto que el gobierno de Cuba se ha negado desde entonces a volver a recibirlos.

El puente marítimo se prolongó hasta septiembre de 1980, cuando Fidel, cada vez más nervioso y preocupado por el deterioro de la seguridad en la isla, lo interrumpió abruptamente. Pero más de 125.000 personas habían ya emigrado. Durante este éxodo, el ministro del Interior, su principal asesor en asuntos de seguridad, le dijo que por lo menos otros dos millones de cubanos querían embarcarse con rumbo a la Florida. Fidel montó en cólera[17].

La sociedad cubana estaba sumida en la confusión. Rafael del Pino, el general de la fuerza aérea que en 1987 había desertado en un avión de combate MIG, era uno de los tantos comandantes militares que estaban horrorizados ante el espectáculo y la actuación de su comandante en jefe. Tanto para él como para muchos otros, éste fue el principio de su desencanto final con la revolución[18].

Mi propio desencanto ya había comenzado inmediatamente después del estudio de inteligencia que llevé a cabo en 1975. Finalmente comprendí que Fidel sentía una hostilidad patológica hacia los Estados Unidos, un odio que nunca podría sanar. Él necesita y desea tener este enemigo, al cual pueda culpar por sus fallas y por las del régimen que había establecido. Nunca se desprenderá de su uniforme de guerrillero, ni se afeitará la barba o abandonará su antinorteamericanismo puesto que son elementos esenciales de su imagen revolucionaria. Será un revolucionario hasta la tumba.

Sus obligaciones de carácter internacional nunca serán negociables. Nunca renunciará a prestar apoyo al terrorismo o a la violencia letal, aunque el asunto de la independencia de Puerto Rico haya prácticamente desaparecido por fin, como también el movimiento en la isla. Existen muy pocas probabilidades de que alguna vez acepte colaborar con la inteligencia de Washington o con alguna agencia de seguridad en su lucha antiterrorista. ¿De qué serviría entonces intentar otro acercamiento sin la posibilidad de incluir un elemento de tan vital importancia? Después de todo, en mayo de 2001 Fidel viajó a Irán, otro país que, como Cuba, se hallaba incluido en la lista del Departamento de

Estado de patrocinadores del terrorismo. Allí, en presencia de los mullahs radicales, proclamó públicamente: "Juntos debemos poner de rodillas al imperialismo".

El tipo de poder absoluto y personal que Fidel ejerce, su brutal supresión de toda oposición, las flagrantes violaciones contra los derechos humanos en nombre del fervor revolucionario, nunca estarán sujetas a compromiso alguno. Mientras sus capacidades físicas y mentales se lo permitan, Fidel continuará gobernando a Cuba como lo ha hecho por más de cuatro décadas y media: con puño de hierro, voluntad implacable y mirada malévola hacia los odiados Estados Unidos.

Si se emplea el mismo tipo de lenguaje que se utiliza comúnmente en los informes de inteligencia, podemos afirmar que mientras Fidel esté en el poder es altamente improbable cualquier tipo de acercamiento que implique concesiones mutuas en asuntos de importancia para los Estados Unidos y para Cuba.

Personalmente, desearía que no fuera así.

CAPÍTULO **11**

Doblemente
mi hermano

Arnaldo Ochoa era quizás el mejor amigo de Raúl. Raúl llamaba cariñosamente el "Negro" a este general de dos estrellas y piel bronceada. Por más de treinta años habían trabajado juntos en el Ministerio de Defensa y habían tenido éxitos espectaculares. La amistad entre estos dos hombres había llegado a un punto que podríamos llamar de cordial informalidad, de la que sólo unos pocos oficiales de alto rango podían disfrutar en la rígida jerarquía de las Fuerzas Armadas. La primera esposa de Ochoa y Vilma, la esposa de Raúl, eran buenas amigas. Los cuatro formaban una especie de familia.

En la noche del cumpleaños de Ochoa, Raúl se había presentado con otro par de amigos en su casa, para una celebración íntima de sorpresa. Como era usual, abundaban las bebidas y reinaba la camaradería. Era el tipo de reunión social que Fidel aborrecía pero que Raúl disfrutaba. Raúl podía conocer a las familias de sus colegas mientras bebía con los hombres. Se contaban historias de guerra y, ocasionalmente, compartía con ellos hasta sus secretos del pasado o sus demonios personales. Así fue como Raúl llegó a admitir el asesinato que había cometido en México.

Raúl se sentía atraído por la cálida personalidad de Ochoa y su espontáneo carisma. El general era un ser modesto y sociable. De origen guajiro, era un poco más alto que Fidel —medía uno ochenta y ocho—, era fuerte y parecía no tener enemigos. Por el contrario, era admirado a todo lo largo de la cadena de comando militar, tanto por los soldados rasos como por los curtidos veteranos y por los líderes y homólogos de cada país donde había prestado alguna clase de apoyo militar.

Tenía más condecoraciones que cualquier otro oficial, incluso la tan apreciada de Héroe de la República. Sus hazañas y comportamiento fanfarrón cuando estuvo al mando de las tropas cubanas en Angola, Etiopía y Nicaragua le habían valido una fama internacional sólo superada por la de los hermanos Castro. De adolescente, había luchado contra Batista, y en los sesenta con las guerrillas en Venezuela. Había pasado la mayor parte de su vida de adulto en el extranjero, en pos de los sueños de gloria de Fidel. Era la encarnación del internacionalismo cubano y el epítome del "nuevo hombre revolucionario", sin pretensiones ni interés por el lujo o beneficios personales.

Como muchos cubanos, Ochoa era irrefrenablemente exuberante, y hacía tiempo que venía irritando a Fidel. En 1971, durante una excursión en Chile, había hecho enfurecer a su comandante en jefe al burlarse de su ropa interior.

"Jefe, ¡se ve realmente sexy con esa ropa interior![1]"

Nadie más hubiera osado meterse de este modo con la vanidad de Fidel pero, bajo el ala de Raúl, Ochoa parecía ser intocable. Incluso presumía de poder hablar con Fidel de "tú", sin tener que hacer esfuerzos —como los demás— por mostrarse especialmente deferente. Siempre estaba bromeando, burlándose de todas las vacas sagradas.

Alcibíades Hidalgo, antiguo jefe del Estado Mayor de Raúl, quien fue miembro del Comité Central del Partido Comunista, me contó durante una extensa entrevista en Miami que estaba convencido de que la creciente irritación de Fidel con Ochoa llegó a su punto de ebullición a mediados y finales de los ochenta cuando se hizo consciente de que el general ya no sentía el mismo respeto por él.

Según Hidalgo, Ochoa había descubierto que Fidel no era, después de todo, "un gran hombre". Para el paranoico y orgulloso comandante en jefe, quien gradualmente se había dado cuenta de esto, lo de Ochoa equivalía a una traición[2].

El general había sido lo suficientemente indiscreto como para compartir sus pensamientos en conversaciones privadas que fueron intervenidas y captadas por los dispositivos instalados por el servicio de contrainteligencia cubana. Este tipo de vigilancia, del que eran objeto incluso los oficiales de alto rango y de confianza del gobierno, había sido asunto de rutina por muchos años. Pero Ochoa, sin lugar a dudas, parecía estar sometido a un mayor escrutinio, dadas las dudas de Fidel. Más tarde, el agente de inteligencia del ministro del Interior —a cargo de recoger la evidencia que incriminaría a Ochoa— fue promovido al rango de general en pago por su labor y se le asignó un cargo especial[3].

Las tensiones entre Fidel y Ochoa se desbordaron durante el último viaje de éste como jefe de la misión militar en Angola. El general se erizó cuando Fidel, resguardado tras el ministro de Defensa cubano, quien a su vez se comunicaba diariamente con el general por medio de un enlace con un satélite soviético, empezó a cuestionar todas las órdenes tácticas que el general daba. Según lo recuerda Hidalgo, el asistente de Raúl, hacia fines de 1987 y durante casi todo el año de 1988, Fidel asumió el enfrentamiento con Sudáfrica en Angola como una "guerra personal". Tomaba todas las decisiones, incluso las correspondientes a las operaciones de cada pelotón.

Fidel había hecho lo mismo durante la insurgencia contra Batista y, de haber podido, lo habría hecho en Granada. Huber Matos, el antiguo líder de la guerrilla en Sierra Maestra, me contó en Miami que durante la insurgencia Fidel manejó todo, hasta el menor detalle.

"Era un estratega brillante. Tenía una gran visión. Sin embargo, nunca se involucraba en la lucha real, aunque sí quería dirigir, desde lejos, todos los detalles de los combates... Yo quería actuar sin tener que esperar a recibir instrucciones puntuales de Fidel, pero éste era su modo usual de dirigir cada detalle en la guerra"[4].

Fidel reprendía con frecuencia a Ochoa en Angola. Lo acusaba de no seguir sus instrucciones. En un cable, le dijo: "Estoy furioso por sus inesperadas e inexplicables ideas, tan opuestas a mi concepto de lo que es esta lucha..."[5].

Ochoa bullía por dentro. Pero, según se rumora, la gota que desbordó el vaso para Fidel, y probablemente la que selló la suerte del general, fue el fruto de una conversación privada y secretamente grabada que sostuvieron Ochoa y Raúl en la oficina de éste en el Ministerio de Defensa. Fue una sesión tensa. Para entonces el general ya sabía que su carrera estaba por terminar y perdió los estribos. Protestó airadamente porque Fidel había estado enviando muchachos cubanos a morir heroicamente en distantes campos de batalla en países del Tercer Mundo, a veces con la consigna de no rendirse nunca jamás, mientras Fidel se las arreglaba para evitar personalmente toda situación en que pudiera peligrar su vida. Era evidente que el general había llegado a considerar a Fidel como un cobarde y un matón[6].

Pero Raúl continuó "queriendo a Ochoa como a ningún otro amigo". Hidalgo, quien durante una oscura noche sin luna desertó en las Marquesas —unos pequeños islotes de manglares situados en el Golfo de México, entre Key West y las Dry Tortugas—, me contó que Raúl siguió siendo un "amigo muy cercano de Ochoa"[7].

Los desacuerdos entre los hermanos Castro acerca del más emérito de los generales cubanos llegaron a su punto más álgido en el verano de 1989. Para Raúl, estos días fueron de angustia y bíblico calvario. Se sentía como Abraham bajo la instrucción divina de sacrificar a su hijo Isaac para probar la fortaleza de su fe. Raúl debía escoger entre su mejor amigo y su hermano. No había término medio ni terreno neutral alguno. Fidel había decidido lo que tenía que hacerse y era responsabilidad de Raúl explicar al resto de la milicia lo que era virtualmente inexplicable.

Raúl tuvo que informar a los oficiales de más alto rango que su colega más respetado había caído en desgracia, y que estaba bajo arresto porque se sospechaba que era un traidor. Raúl debía ser lo suficientemente persuasivo como para garantizar que la lealtad de los oficiales al régimen no vacilara. Los hermanos estaban tan inquietos ante la posibilidad de una reacción violenta que durante días seguidos se parapetaron en las oficinas de Raúl, durmiendo muy poco y monitoreando de cerca la actividad de algunos oficiales y unidades[8].

Tal como ya lo había hecho en otras ocasiones, desde su tiempo en México en 1956, Fidel insistía en que cualquier colega que en alguna forma llegara a dudar de él debía ser eliminado. En este caso tenía que asegurarse de que Ochoa no desertara hacia los Estados Unidos, como lo habían hecho el general Del Pino y el agente de inteligencia Aspillaga dos años antes. Fidel sabía por las conversaciones grabadas que Ochoa ya había contemplado esa posibilidad.

Pero lo más importante de todo era que Fidel quería excluir cualquier posibilidad de que el comandante tropero más popular de Cuba, aquél que se sentía atraído por los movimientos de reforma que proliferaban en la Unión Soviética y Europa Oriental, pudiera convertirse en un bastión para los críticos de corte reformista del régimen. En sus diversas misiones en el extranjero, Ochoa había tenido bajo su mando a más de trescientos mil cubanos, y seguía siendo un hombre inmensamente popular. Eso era por sí solo causa suficiente de inquietud. Fidel siempre había tenido como axioma que un comandante carismático y popular podría ser la peor amenaza para su hegemonía.

Tal y como siempre había sucedido desde que asumió el cargo de ministro de Defensa, Raúl no tenía elección. Debía acatar la cruel orden de Fidel. De haber estado en sus manos, el asunto de Ochoa se habría resuelto calladamente, se habría enterrado en el olvido. Las indiscreciones de su amigo no parecían tan graves. Ochoa no era culpable de otra cosa que de hablar de más, de presumir según era su estilo. No había prueba de que hubiera conspirado contra el régimen y, para Raúl, la sola idea era inconcebible.

Aun más, purgarlo sólo provocaría una revuelta entre los oficiales. Según Raúl, a Ochoa podría habérsele forzado al retiro. Podría haberse convertido en uno más de los oficiales que caían en desgracia dentro de lo que con humor en Cuba se llamaba el "plan pijama". En este caso se le hubiera condenado a un exilio doméstico, a lo que metafóricamente sería pasar el resto de sus días en casa, en pijama. Pero Fidel no quiso. Quería la pena de muerte para el general.

Hidalgo recuerda que Raúl "parecía estar destrozado". Las ejecuciones le eran perfectamente naturales, pero las ocurridas en el pasado no habían sido de personas cercanas a él.

Sometido a tal presión, Raúl empezó a desvariar. Ese extraño discurso ante los oficiales del ejército, a mediados de junio de 1989, y en el cual se refirió a Fidel diciendo "él es nuestro padre", sería la primera de dos actuaciones de esta clase sumamente emocionales. En cada una de ellas Raúl implícitamente admitió a la audiencia que se había sentido dolido y traumatizado por lo que había tenido que hacer.

Hidalgo no cree que Raúl hubiera estado embriagado cuando habló a los oficiales, cosa que algunos sospecharon, sino que su errático y torturado comportamiento fue producto de la tensión nerviosa. Hidalgo también está convencido de que Raúl no intentó seriamente disuadir a Fidel para salvar la vida de su amigo.

"Yo creo que Raúl siempre se sometía a las decisiones de Fidel".

Raúl sabía que Fidel ya estaba decidido y, al igual que el Abraham de la Biblia, se sometió cabalmente a la orden; pero esta vez, a diferencia del caso bíblico, a Ochoa no se le perdonó la vida. Muchos fueron los que intercedieron con Fidel para intentar persuadirlo. Varios líderes sandinistas en Nicaragua, el jefe de la misión militar soviética en Cuba, y otros, hicieron todo lo posible para lograr que se le perdonara la vida al general Ochoa, pero a pesar de lo que realmente sentía, parece que Raúl no se unió al grupo[9].

La noche anterior a la ejecución se produjo otra de las extrañas actuaciones de Raúl. En un discurso nacional, admitió que su conducta no había beneficiado al veterano oficial cubano. Reveló que había llorado en su oficina del ministerio, mientras se lamentaba de la suerte que podría esperar a la familia y a los amigos de Ochoa, y que cuando se miró en el espejo de su cuarto de baño, "las lágrimas rodaban por mis mejillas".

"Inicialmente sentí rabia contra mí mismo. Pero recobré inmediatamente la compostura y entendí que estaba llorando por los hijos de Ochoa, a quienes conocía desde su nacimiento"[10].

La mayoría de quienes lo conocían sabían que Raúl libraba una batalla interna. Sufría y se debatía en una forma que estaba más allá de la capacidad emocional de su hermano. Es incluso posible que cuando públicamente mencionó su llanto, lo que realmente quería era que sus dudas se hicieran evidentes ante sus colegas de las Fuerzas Armadas. Hidalgo, quien probablemente conoce al Raúl adulto mejor que cualquier otro cubano en el exilio, opina que Raúl era dado a ocasionales escenas de melodrama.

Este sentimiento de compasión está en conflicto con la imagen de "Raúl el Terrible", término que él mismo utilizó para describirse. En enero de 1957, durante los primeros días de la insurgencia y cuando la derrota parecía posible, garrapateó su última voluntad y testamento en su diario de campo. Si moría en combate, escribió, quería que la mayor parte de su patrimonio pasara a manos de la hija de uno de sus colegas muertos en el ataque al cuartel Moncada. También deseaba —revelando un sentimiento ajeno al marxismo o a un rudo revolucionario— que otra parte de su herencia fuera destinada a la construcción de una casa para la madre y la hermana de un expedicionario del *Granma* ya fallecido[11].

Una mujer que conoció bien a Raúl en La Habana durante los cincuenta, me dijo visiblemente emocionada que Raúl era un "asesino en serie". Pero a renglón seguido añadió, "pero es un asesino en serie amable", expresando, como tantos otros que lo conocieron, impresiones contradictorias.

También me contó que a través de una de las hermanas de Raúl se había enterado de que justo después de la

DESPUÉS DE FIDEL

victoria guerrillera en 1959, Raúl se había encargado de traer a La Habana a muchos niños que habían quedado huérfanos en el campo por la guerra. Los hospedó en una base militar que estaba bajo su mando.

Estas anécdotas sobre una faceta más amable de Raúl coexisten con otras tantas sobre su crueldad e implacabilidad. Se cuenta que es un hombre generoso y capaz de perdonar incluso a quienes su hermano despiadadamente habría enviado sin pestañear al exilio, a la prisión o a la muerte. No hay duda de que si sucediera a Fidel en el poder, estas facetas opuestas de la personalidad de Raúl seguirían oponiéndose como sucedió desde la época de la insurgencia cuando cometió sus primeros actos de brutalidad.

Antes del amanecer del 13 de julio de 1989, Arnaldo Ochoa fue sacado de su celda. Sudaba en medio del calor del verano tropical. Bajo unas luces brillantes que iluminaban una franja de la oscuridad de la noche, lo hicieron ponerse de pie frente a un pelotón militar de fusilamiento. Ya tenía claro que no habría para él un indulto de último momento.

Éste era el final de lo que quizás fuera la peor y más dolorosa crisis personal de Raúl. Sus dos actuaciones públicas vacilantes habían dejado la impresión de que era un líder que carecía de las cualidades excepcionales de Fidel. Raúl se había mostrado indeciso, balbuciente, temeroso y agotado.

Fidel nunca había flaqueado como líder, y algunos altos oficiales se preguntaron si su hermano menor sería lo suficientemente fuerte como para llegar al poder y mantenerse en él por derecho propio. Sin embargo, en medio de la crisis, el astuto Raúl se las arregló para escalar en la línea de sucesión del poder, asegurándose el control de una institución casi tan poderosa como las Fuerzas Armadas.

A la muerte de Ochoa siguió una rápida sucesión de ejecuciones, supuestos suicidios, muertes accidentales y una de las más peligrosas purgas políticas en la historia de la revolución. En conjunto, todo esto fue el equivalente cubano, casi sin derramamiento de sangre, del aplastamiento ocurrido en la plaza de Tiananmen.

La matanza de los activistas prodemocráticos en Beijing había ocurrido sólo unas semanas antes del discurso de Raúl ante los oficiales, y bien pudo haber sido el momento clave en el cálculo de Fidel del curso de acción que debía seguir. Siempre estratega maestro, capaz de planear varias jugadas adelante, anticipando, no reaccionando, tomando la iniciativa, quiso advertirles a los cubanos tentados a imitar a los manifestantes chinos que de sólo pensar en actuar contra el régimen correrían la misma suerte de Ochoa.

Al igual que en todo el mundo marxista-leninista, el verano de 1989 fue una temporada de cambio cataclísmico en Cuba. Al mismo tiempo que los sucesos de la plaza de Tiananmen, en Beijing, comenzó la hemorragia de las sociedades comunistas de Europa Oriental. En noviembre derrumbaron el muro de Berlín y con ello terminó la Guerra Fría. Los subsidios soviéticos a Cuba cesaron y Fidel, en desafiante oposición a la *perestroika* y al *glasnost*, impuso políticas cada vez más draconianas.

A su vez, él y su régimen pronto serían criticados en los nuevos medios soviéticos alternativos. Esto lo llevó, sólo algunas semanas después de la ejecución de Ochoa, a prohibir dos populares revistas en español publicadas en Moscú. Las acusó públicamente de ser subversivas y de haberse vendido al imperialismo yanqui. Esto era algo que Fidel nunca imaginó posible en 1961, cuando declaró su imperecedera fe en el marxismo-leninismo.

La evidencia que une a Ochoa con el estilo de pensamiento reformista soviético, chino o de Europa Oriental fue circunstancial, pero en un informe que por entonces escribí para la Casa Blanca concluí que era cierto que el general cubano quería una mayor apertura y relajación del sistema político cubano. Sin embargo, nunca ha surgido prueba alguna de que Ochoa estuviera organizando un grupo disidente o de que estuviera contemplando liderar una rebelión militar. Lo que posiblemente sí es cierto es que secretamente le hayan grabado alguna conversación en que abogaba en favor de alguna reforma, como lo dejó entrever Raúl en su discurso a los oficiales de las Fuerzas Armadas.

El comunismo internacional se estaba derrumbando en casi todo el mundo. Fidel quería asegurarse de que su régimen no se viniera abajo y de que tampoco tuviera que masacrar grandes cantidades de manifestantes en las calles, como había sucedido en la China. Tenía que prevenir las posibles crisis y Ochoa fue el infortunado chivo expiatorio. No pasó mucho tiempo antes de que se enarbolara y difundiera un nuevo lema revolucionario, con el cual Fidel y Raúl siempre terminarían en adelante sus discursos: "Socialismo o muerte". Con él se quería transmitir que no se diluiría el absolutismo fidelista. La simple mención de la posibilidad de una reforma política sería considerada como una ofensa capital.

Yo terminé mi análisis de carácter clasificado sobre el asunto de Ochoa coincidencialmente el mismo día en que éste fue ejecutado. En ese tiempo yo trabajaba con el Consejo Nacional de Inteligencia, una organización a cargo de producir evaluaciones de los países. Los altos funcionarios del Consejo Nacional de Seguridad me habían pedido que hiciera de abogado del diablo, pues muchos de los nuevos analistas, especialmente de la CIA, creían en la explicación lanzada por el gobierno cubano de que Ochoa era culpable de narcotráfico, una acusación ficticia del régimen en su contra. Ana Montes, la espía cubana en la Agencia de Inteligencia de Defensa, había hecho lo posible por promover esta patraña, sin duda por instrucciones de la inteligencia cubana[12].

En la evaluación que envié a la Casa Blanca y a otros altos funcionarios encargados de la seguridad nacional, yo concluía que "Castro deliberadamente urdió la crisis", y que "el único crimen de Ochoa fue cuestionar la autoridad de Castro y haber pensado en desertar". Entonces creí, y todavía creo, que "Fidel pensó que Ochoa debía ser condenado por crímenes realmente horribles… para así excluir toda posibilidad de alguna reacción violenta… de los militares". Los cargos de narcotráfico eran una cortina de humo[13].

Después de años de estudiar a Fidel y de haber abandonado cualquier idea romántica sobre sus prioridades y carácter, yo estaba seguro de que Ochoa fue víctima de un juicio escénico al estilo estalinista. A quienes siguieron el juicio por la televisión cubana se les mostró un Ochoa drogado y aletargado. Sus respuestas a las preguntas de la fiscalía sonaban falsas e inducidas.

Muchos cubanos, tanto militares como civiles, llegaron a la misma conclusión. Varios desertores me han dicho que a raíz del juicio y la ejecución de Ochoa, sintieron desprecio por el gobierno de Castro y empezaron a planear su deserción. Supe de un joven, antes leal oficial entrenado en la Unión Soviética, que el día en que Ochoa fue ejecutado llegó a su casa procedente de su oficina en el Ministerio de Defensa, se sentó a la mesa del comedor y lloró por el hombre a quien tanto había respetado. Fue uno de los muchos desilusionados por el episodio. Ahora vive en Florida.

Ochoa fue condenado a muerte por un tribunal improvisado que se plegó obedientemente a los dictados de su comandante en jefe. La sentencia fue ratificada por el Consejo de Estado cubano, el más alto órgano ejecutivo del gobierno, y por un tribunal militar compuesto por más de treinta y seis generales, quienes en el proceso se convirtieron en cómplices de la pena de muerte. Vilma Espín, la esposa de Raúl y por entonces miembro del Consejo de Estado, era uno de ellos y con voz firme expresó: "Que se ratifique y cumpla la sentencia"[14].

Mas lo cierto es que, fuera de Fidel, tal vez no había un hombre o una mujer en la isla que independientemente hubiera insistido en la pena de muerte para Ochoa.

Momentos después de que el general fue ejecutado, lo siguió en la línea de ejecución Antonio de la Guardia, coronel del Ministerio de Defensa y respetado funcionario de inteligencia. Su muerte, y el inexplicado arresto y supuesta muerte accidental del ministro del Interior en la cárcel, fueron señas de que los hermanos Castro pretendían utilizar la crisis para resolver otros problemas no relacionados. Esto es típico del estilo de Fidel. Con frecuencia provocaba una crisis para justificar acciones extremas cuyo propósito político era otro.

En este caso fueron purgadas las agencias de inteligencia y seguridad del país, para luego reconstruirlas bajo el control total de Raúl, en recompensa por su traición a Ochoa. Desde los días de la Sierra Maestra, Fidel siempre había insistido en mantener fuerzas especiales y de inteligencia en mutua competencia y bajo cadenas diferentes de mando. Por décadas el Ministerio de Defensa de Raúl, oficialmente llamado Ministerio de las Fuerzas Armadas Revolucionarias, conocido en Cuba por su acrónimo MINFAR, y el Ministerio del Interior, conocido como MININT, habían sido cuerpos rivales y hasta adversarios. Era algo así como si el FBI, depurado, quedara repentinamente bajo el mando del director de la CIA o del Secretario de Defensa de los Estados Unidos.

Aunque por años Raúl había maquinado para tomar el control del MININT, hasta ese entonces sólo había logrado apuntarse una victoria. Cuatro años antes había convencido a Fidel de que desbancara a Ramiro Valdés, el poderoso ministro del Interior y un formidable rival personal. Las credenciales revolucionarias de Valdés eran impecables y tenía bajo su mando una serie de organizaciones muy poderosas, con frecuencia siniestras, que operaban en los pueblos y ciudades de toda la isla, y en muchos otros países. En 1985, Fidel finalmente accedió a removerlo de su cargo pero, en otro acto de prueba del temple de su hermano, le exigió a Raúl que le comunicara personalmente la noticia.

Valdés fue llamado a la oficina de Raúl y, por si acaso reaccionaba en forma violenta, Raúl hizo que el jefe de su seguridad personal se escondiera en el baño que daba a su oficina. Con sus pistolas afuera y a punto, el hombre hizo guardia y escuchó cada palabra de la conversación en la que Valdés se enteró de que su estrella política había llegado a su ocaso.

Varias personas que viven fuera de Cuba creen que el antiguo ministro podría volver a surgir como rival de Raúl en la lucha por la sucesión del poder. Esta posibilidad ganó alguna credibilidad en el año 2003, cuando Valdés, después de haber permanecido en la oscuridad por años, reapareció con un nombramiento en el Consejo de Estado. Si Fidel lo elevara nuevamente, digamos a un cargo en el Politburó del partido, entonces las especulaciones sobre su rehabilitación podrían resultar veraces. Pero Alcibíades Hidalgo está convencido de que "Raúl derrotó completamente a Ramiro" en la confrontación de 1985[15].

Estos dos ministerios rivales, el MINFAR y el MININT, tenían funciones superpuestas así como una estructura comparable de rangos, pero el MININT también manejaba las fuerzas paramilitares de élite, cosa que Raúl y sus generales resentían. El personal del MININT era adepto a interceptar las conversaciones privadas de los generales del ejército, incluso en sus propias casas. Los funcionarios de inteligencia gozaban, en general, de un estándar de vida mucho más alto que sus contrapartes de las Fuerzas Armadas y, dado el carácter encubierto de sus tareas, muchos tenían fácil acceso a fuentes ilícitas de enriquecimiento. Hidalgo, quien era un civil no asociado con ninguno de los dos ministerios, me contó que antes de que empezaran las purgas en 1989, un coronel de inteligencia típicamente gozaba de un nivel de vida cien veces mejor que el de cualquiera de los generales de Raúl.

El más veterano de ellos, el general de brigada del ejército Abelardo Colomé Ibarra, en ese entonces el único oficial de tres estrellas, asumió el mando como ministro del Interior poco antes de la ejecución de Ochoa. Inmediatamente después de su posesión, hubo una purga en la que cayeron cientos de oficiales de carrera, incluso varios de los más antiguos y más condecorados. A través de estos golpes decisivos, el MININT se convirtió en una rama no incorporada del Ministerio de Defensa de Raúl. Toda la inteligencia extranjera, toda la seguridad interna y las funciones policiales pasaron finalmente a su control a través de su delegado de confianza.

En la actualidad, y a sus casi setenta años de edad, Colomé sigue discretamente al mando del ministerio. Conocido por su apodo de infancia, "Peludo", el general afirma con orgullo que ha estado bajo el mando de Raúl por cerca de cincuenta años, mucho más que cualquier otro comandante. Tenía sólo dieciséis años cuando se fue a la Sierra Maestra a principios de 1957 y al año siguiente partió a Sierra Cristal como asistente personal de Raúl para abrir el Segundo Frente. Adora a Raúl, de quien dice lo salvó de lo que hubiera sido una vida de trabajo pesado en un depósito de café en Santiago.

El currículum vítae de Colomé es como una historia de las Fuerzas Armadas Revolucionarias, matizada con viajes de carácter internacional, trabajo de policía e inteligencia, y responsabilidades de comando de tropas y trabajo de oficina. Fue jefe de la policía de La Habana y luego viajó a Argelia y a Bolivia como agente encubierto, con un pasaporte argelino falso, para apoyar una insurgencia fracasada en la Argentina.

Colomé Ibarra demostró su celo revolucionario y su aceptación del estilo de liderazgo de los hermanos Castro cuando participó como jurado y condenó a muerte a un joven guerrillero argentino renuente. El "Peludo" es de los pocos combatientes cubanos de élite que ha logrado la máxima condecoración de Héroe de la República. Fue el primer comandante de la misión militar cubana en Angola y posteriormente fue nombrado primer suplente de Raúl en el ministerio[16].

La relación entre estos dos hombres ha sido tan estrecha y por tanto tiempo que, en esencia, Colomé ha sido para Raúl lo que Raúl es para Fidel. Es el tercer hombre más poderoso de Cuba, miembro del Consejo de Estado y del Politburó del partido. Será uno de los dos o tres hombres de confianza y uno de los más fuertes garantes de Raúl, si éste sucede a Fidel. Colomé, que maneja tantas instancias de poder en toda la isla, estará en capacidad de identificar y neutralizar a cualquiera que se atreva a desafiar el ascenso de Raúl.

En síntesis, Colomé es un "raulista" consumado. Este término se aplica a los oficiales de alto rango y a ciertos civiles que han mantenido una relación duradera y especial con Raúl. Toda la vieja guardia raulista ya está en sus sesenta o setenta, y sirvieron bajo Raúl durante la insurgencia y al principio de la década de los sesenta. La mayoría ha trabajado en el extranjero, en misiones encubiertas, como agentes secretos o comandantes de fuerzas militares revolucionarias, por lo general desempeñando ambos papeles.

Entre ellos se cuentan muchos generales de dos o de tres estrellas, así como varios otros retirados del servicio activo, pero que todavía ejercen una influencia considerable. Al igual que Colomé, se identifican más con Raúl que con Fidel, aun cuando son conscientes de que no deben desviarse de lo que su comandante en jefe espera de ellos. Además, la suerte que Ochoa corrió les sirve constantemente de advertencia. No obstante, se trata de los hombres que Raúl desarrolló, estimuló, promovió y quienes a su vez le corresponden la confianza depositada en ellos.

Con seguridad, un triunvirato de la vieja guardia raulista estará tan decidido como lo está Colomé a que Raúl suceda a Fidel en el poder, y a que el proceso de transición entre uno y otro líder sea lo más expedito posible. Por ejemplo, Julio Casas, el primer suplente de Raúl en el MINFAR, también miembro del Politburó, ha acompañado a Raúl casi por tanto tiempo como el "Peludo". Casas está a cargo de la compañía *holding* del MINFAR, que opera una docena de empresas que producen importantes divisas para los militares, y por tanto controla un flujo sustancial de fondos. Las empresas —la más grande es el conglomerado turístico "Gaviota"— están a cargo de oficiales veteranos del ejército, ya retirados o activos pero fuera de servicio. Todos están directamente bajo el control del general Casas, quien fue promovido en el año 2001 al rango de tres estrellas.

Otro general, Álvaro López Miera, jefe de Estado Mayor del MINFAR, es el siguiente raulista más poderoso de la vieja guardia. Hijo de inmigrantes españoles comunistas que estuvieron entre los primeros seguidores de los hermanos Castro, el joven López se fue a la Sierra Maestra para unirse a Raúl en los últimos meses del conflicto. En ese entonces sólo tenía catorce años y se le consideró demasiado joven para combatir. Fue asignado como maestro de niños campesinos, en un colegio a cargo del Segundo Frente. Posteriormente luchó en Angola y Etiopía como oficial de artillería y estudió por dos años en una de las más prestigiosas academias militares soviéticas. Es la mano derecha de Raúl en lo que tiene que ver con asuntos militares cotidianos y también fue promovido a general de brigada en el año 2001[17].

El tercer general de tres estrellas en el poderoso triunvirato de Raúl es Ulises Rosales del Toro, otro colega de larga data. Ha sido jefe de Estado Mayor por más de quince años y actualmente es ministro de Gobierno, a cargo de la decadente industria azucarera. A principios de los sesenta se ofreció como voluntario para combatir en Vietnam e incluso se sintió tentado a partir con otros amigos hacia la República Dominicana, para luchar encubiertamente contra el dictador Trujillo, ese viejo enemigo de Fidel de los años cuarenta. En lugar de ello, fue enviado a Venezuela a luchar con una guerrilla patrocinada por Cuba y que intentaba derrocar el gobierno democrático del país.

Rosales del Toro cuenta que sintió una "inmensa alegría" cuando supo que había sido asignado a esa misión, aunque la misión terminaría siendo una experiencia dura y decepcionante. Él y otros tres cubanos asesores de la guerrilla llegaron al punto de tener que comer micos, burros y culebras venenosas. Uno de ellos, ya gravemente enfermo, perdió cerca de cuarenta y cinco kilos de peso y apenas podía caminar antes de que los cuatro fueran repatriados clandestinamente a Cuba. No todos los seguidores de Fidel lograron encontrar la gloria prestando un servicio internacional. Sin embargo, esta experiencia templó a Rosales, quien más tarde se convirtió en Héroe de la República y en miembro del Politburó[18].

La vieja guardia raulista y los oficiales de grado medio a los cuales ha promovido, confían en Raúl. Los episodios emocionales que se observaron durante el caso de Ochoa ya no han vuelto a repetirse, y desde entonces no se le ha visto flaquear. Sus seguidores leales saben que nunca les hará exigencias fanáticas, como lo hizo Fidel con el coronel Tortolo en Granada, ni tampoco insistirá en tomar solo todas las decisiones de tipo táctico.

Entienden que la motivación de Raúl nunca ha sido el apremio por conseguir fama y gloria personales. Su retórica no es tan apocalíptica como a menudo ha sido la de Fidel. Su estilo es menos retador y más calmado. Sabe delegar autoridad y mantiene relaciones de genuina colaboración con sus subordinados militares. Con frecuencia actúa con base en la asesoría que él mismo ha solicitado y lleva décadas trabajando con los mismos asociados, en quienes confía.

Bajo su mando, las Fuerzas Armadas siempre han sido la institución más estable y mejor dirigida de la revolución. Su liderazgo mantiene un alto grado de continuidad, en buena parte debido a que Raúl ha sabido aislar la institución de los caprichos y microgerencia típicos de Fidel. Raúl ha sido el único funcionario antiguo del régimen a quien se le ha concedido relativa libertad para dirigir su organización. Ha convertido el estamento militar en lo más parecido a una organización basada en la meritocracia entre todas las instituciones revolucionarias cubanas. Los oficiales han sido promovidos y han recibido asignaciones no tanto por sus conexiones políticas, o familiares o de otra índole, sino principalmente por su competencia y logros.

El estilo de gestión de Fidel es completamente diferente del de Raúl. Con regularidad, Fidel realiza purgas y termina relegando al "plan pijama" a muchos funcionarios civiles que han tenido una trayectoria importante. De los varios miles de funcionarios que alguna vez han estado en cargos de verdadera responsabilidad desde 1959, sólo menos de veinte han logrado mantener sus posiciones de alto nivel por un período considerable. Fidel cree que si un funcionario continúa en su cargo por mucho tiempo, se corre el peligro de que desarrolle una base de poder importante, o de que se sienta personalmente muy importante y considere la posibilidad de ascender hasta ese primer plano del poder que él se niega a compartir.

Sólo muy pocos funcionarios, ni siquiera sus mejores administradores, logran complacer a Fidel por un tiempo prolongado. Él no acepta críticas ni permite que se dude de sus políticas. Y con la edad se ha vuelto más intransigente y sensible a cualquier desliz, aunque sea sólo imaginado.

Ciertamente, Raúl también impone una disciplina férrea, pero es un hombre paciente, dispuesto a perdonar los errores honestamente cometidos. El general Colomé contó a un entrevistador que Raúl no duda en reprender a sus subordinados, pero una vez pasado el incidente, no vuelve a traerlo a colación. En cambio, Fidel jamás olvida ni el más ligero error. Raúl se interesa por el detalle y "respeta profundamente a su familia", agrega Colomé, estableciendo tal vez conscientemente un contraste entre los hermanos. Es más fácil de predecir y más asequible que Fidel. "Raúl inspira confianza —concluye el general—; uno puede discutir con él cualquier tipo de problema". Sería muy difícil que alguien dijera lo mismo de Fidel[19].

Los raulistas sienten respeto por la capacidad organizativa y gerencial de Raúl. Sus éxitos en 1958, durante el último año de la insurgencia, excedieron con creces los de cualquier otro comandante, incluso los de Fidel. Desarrolló la fuerza de guerrilla más grande, controló el más vasto territorio con la mayor población civil y construyó una extensa infraestructura, hasta con pistas de aterrizaje, en su zona de operaciones. Y lo logró en menos de un año. El general Colomé no duda en expresar su admiración por el "notabilísimo desarrollo" alcanzado por Raúl, aun cuando este tipo de comentario puede no ser bienvenido por Fidel[20].

El comandante en jefe no es dado a ensalzar los logros de su hermano. No le gusta admitir que los militares han sido los principales garantes del régimen y que han sido verdaderamente indispensables en todos los períodos difíciles. Incluso en estos doce últimos años, les ha correspondido a los militares el liderazgo de varios sectores de vital importancia de la economía.

Fidel tiende a dar por sentado el apoyo de Raúl, e incluso parece sentir celos de su capacidad organizativa. Por sobre todo, Fidel quiere dar la impresión de que los éxitos de los militares se deben a su carisma y a su visión estratégica, sin tener en cuenta que por importantes que sean, estas cualidades por sí solas no mantienen una flota de aeronaves o tanques en funcionamiento, ni logran que las tropas permanezcan adecuadamente vestidas y alimentadas.

Fidel se muestra evasivo o distante cuando los entrevistadores lo presionan para que hable sobre su hermano. No le gusta admitir los logros o el crecimiento continuo de Raúl como figura pública, y menos aún que se piense que sin él no hubieran sido posibles las históricas victorias internacionales obtenidas por Cuba.

Durante los primeros años de la revolución, Fidel era displicente, a veces hasta la crueldad, con Raúl. Lo más probable es que durante cierto tiempo la tensión entre los hermanos fuera muy fuerte. Por ejemplo en 1965 cuando, en una entrevista con el periodista Lee Lockwood, Fidel describió a Raúl como un sargento de estado mayor en ascenso, encargado de recibir órdenes pero no de darlas.

"Él no toma las decisiones, porque sabe que no tiene derecho a hacerlo —dijo Fidel—. Raúl es tremendamente respetuoso. Siempre me consulta sobre todo asunto importante"[21].

Pero en los setenta y los ochenta, la posición política y personal de Raúl se hizo cada vez más fuerte. No es sorprendente entonces que a medida que esto ocurría las tensiones explotaran ocasionalmente, perturbando la relación entre ellos, tal como ocurrió cuando Raúl voló a Houston en abril de 1959 y se presentó el primer enfrentamiento conocido entre los dos hermanos. Uno de estos períodos críticos se dio a finales de 1986, luego del triunfo de Raúl sobre Ramiro Valdés. Varios raulistas importantes habían adquirido una influencia sin precedentes en los consejos del más alto nivel del régimen, incluso en el Partido Comunista luego de su tercer congreso. Conformaban el bloque individual más grande del Politburó y su ascendiente empezaba a ser tan grande, que Raúl evidentemente sintió que era necesario aclarar este tema en público.

Concedió una de sus pocas entrevistas, publicada en enero del año siguiente en la revista del MININT. En un discurso con un estilo bastante inconexo, intentó traer a la luz lo que probablemente era el meollo de la tensión entre él y Fidel. Negó que su Segundo Frente hubiera crecido hasta llegar a ser un "Estado dentro del Estado" durante la lucha contra Batista. Se trataba de una metáfora para hablar de la situación en la segunda mitad de los años ochenta.

Es probable que este término hubiera estado en boca de sus críticos y rivales para quejarse del poder logrado por Raúl y los raulistas o para protestar por la forma como eclipsaban a otros grupos, tanto en el partido como en el gobierno. Seguramente las críticas se habían originado en el MININT, entre los seguidores de Valdés. Entonces, para disipar esta impresión suscitada por ellos y otros rivales, Raúl hizo lo único que podía hacer. Colmó de elogios en su discurso el liderazgo ejercido por Fidel.

"El tipo de organización" que él creó en su zona de operaciones "también se dio en otros frentes", dijo Raúl sobre los días de la guerrilla. No era cierto pero contribuyó a aliviar las tensiones. Doblegándose aun más ante la susceptibilidad de Fidel, dijo al reportero que las "reglas penales que inicialmente impusimos en el Segundo Frente fueron redactadas" bajo la dirección de Fidel. Se trataba de un punto de menor importancia, destinado a demostrar que lo que Raúl había logrado con éxito en su área operativa era esencialmente resultado de la visión y capacidad de liderazgo de Fidel. Tampoco era el caso, pero Raúl sabía mejor que nadie que no podía haber atisbo alguno de culto personal que rivalizara con el de Fidel, ni siquiera el de su propio y reconocido sucesor[22].

Pero independientemente de estas tensiones periódicas, no se ha sabido que Fidel haya contemplado tener un sucesor distinto de Raúl. El hecho es que a Fidel nunca le ha gustado ni le gusta discutir este tema de la sucesión dinástica, especialmente ante el público de países democráticos.

Fidel quiere evitar que la revolución sea vista como una especie de monarquía medieval del Medio Oriente o como la extraña dictadura comunista de Corea del Norte, en las cuales los hijos o los hermanos automáticamente asumen el poder cuando el líder muere. Así, cuando se ve forzado a hablar del tema, usualmente insiste en que Raúl no lo sucederá automáticamente, puesto que, como lo afirma, él tiene muchos "hermanos" líderes, y el Partido Comunista y otras instituciones del gobierno serán los encargados de ratificar su elección.

En 1977, Fidel empleó la misma analogía cuando enumeró explícita y entusiastamente las cualidades de Raúl como su sucesor.

"Todos aquéllos que han muerto en defensa de una causa justa alrededor del mundo son mis hermanos", le dijo a Barbara Walters, haciendo luego una pausa para observar el efecto de sus palabras.

"Raúl es doblemente mi hermano: un hermano en toda esta lucha y un hermano en las ideas. Pero Raúl tiene un cargo en la revolución, no porque sea mi hermano consanguíneo, sino porque es mi hermano ideológico y porque se ha ganado el puesto gracias a su sacrificio, su valor y su capacidad"[23].

Fuera del antiguo ministro del Interior Ramiro Valdés, nadie parece haber tenido la posibilidad de suplantar a Raúl en la línea de sucesión del poder. Desde enero de 1959, Fidel cree que su hermano es el único heredero posible y esto ha sido ratificado en varias ocasiones por el Partido Comunista y diversas instituciones del gobierno. El Artículo 94 de la Constitución marxista de Cuba da legitimidad legal a esta posibilidad. El artículo versa así: "En el caso de ausencia, enfermedad o muerte del Presidente del Consejo de Estado lo sustituye en sus funciones el Primer Vicepresidente". Raúl ha sido Primer Vicepresidente desde los setenta, cuando se creó el cargo.

Suponiendo que Raúl se encuentre en buen estado de salud cuando su hermano muera o esté incapacitado, es mínima la posibilidad de que alguien más pueda sustituirlo o intente cuestionar la sucesión. Una vez sea confirmado como Presidente del Consejo de Estado, permanente o en ejercicio, Raúl actuará como cabeza de Estado y del gobierno, y como comandante en jefe de las Fuerzas Armadas. Uno de los generales de tres estrellas asumirá el Ministerio de Defensa, y es posible que Raúl también ceda la decorativa dirección del Partido Comunista a un miembro del Politburó.

Como los nuevos líderes no querrán que la opinión internacional vea a Cuba como gobernada por una guardia pretoriana, la mayoría de los civiles que actualmente ocupan posiciones influyentes probablemente continuará haciéndolo, especialmente en la administración económica, financiera y de asuntos extranjeros del país. Un ejemplo sería Carlos Lage, secretario y primer vicepresidente del Consejo de Ministros, miembro del Politburó y del Consejo de Estado, quien ha gozado de la confianza de Fidel durante muchos más años que todos los oficiales, con unas pocas excepciones, en especial en cuanto a la gestión económica, se refiere. Es evidente que él trabaja a gusto con Raúl.

Otro podría ser Ricardo Alarcón, el presidente de la Asamblea Nacional del Poder Popular, quien ha desempeñado diversos cargos de importancia como diplomático y hombre de Estado, y es también miembro del Politburó. Pero como muchos otros civiles subalternos que se muestran serviles y dóciles en presencia de Fidel, Alarcón no necesariamente se ha ganado el respeto de Raúl o de los generales y es posible que su cargo como funcionario no se prolongue por mucho tiempo. Está también el difícil y joven ministro de Relaciones Exteriores, Felipe Pérez Roque, quien durante los últimos años ha sido uno de los aduladores favoritos de Fidel. Pero, al igual que Ricardo

Alarcón, es posible que de él pueda prescindirse. De todos modos, inicialmente, el objetivo del nuevo régimen será mantener una apariencia de continuidad con el fidelismo del pasado.

Los generales raulistas, cinco de los cuales están en el Politburó, serán los encargados de mantener a Raúl en el poder. Los líderes de otras instituciones, incluyendo el partido, el Estado y otras entidades, o las organizaciones populares del régimen, por sí solas o en conjunto, no cuentan con suficientes recursos como para poder desafiar de forma eficaz la seguridad, la inteligencia y la capacidad de armamento que los generales tienen a su disposición. Nadie podría imponerle al nuevo régimen políticas a las que se oponga este liderazgo militar disciplinado y unificado.

La variable más crítica en cualquier posible panorama de sucesión será entonces la lealtad que logren retener Raúl y los generales dentro de la cadena de mando. Las probabilidades están a su favor, por lo menos al comienzo del nuevo régimen. Desde 1959, cuando Raúl se hizo cargo del nuevo Ministerio de Defensa, no ha existido en América Latina otro sector militar que haya sido tan incondicionalmente leal.

Las purgas de 1959 y 1989 de respetados oficiales de alto rango fue el único caso de serio impacto político en el establecimiento militar, y el general Del Pino ha sido el único alto oficial que ha desertado desde los inestables primeros meses de la Revolución Cubana. No habido un solo intento de golpe de Estado ni rebeliones militares, descontento de los oficiales de menor rango o revueltas de barracas en las Fuerzas Armadas de Raúl. De todos modos, lo más posible es que, para lograr su colaboración y asegurar una sucesión pacífica, se mantengan en las Fuerzas Armadas los mismos incentivos y se garantice la continuidad de las prerrogativas y privilegios existentes.

El nuevo régimen probablemente gozará del apoyo inicial de la mayor parte de la élite civil. Ésta trabajará constructivamente, con la esperanza de que no haya una transición violenta y de que se respete su estatus. La cohesión de esta élite probablemente se fortalecerá debido a la amenaza, en toda la burocracia y los círculos oficiales, de que la comunidad en el exilio decida reclamar sus propiedades expropiadas en la isla o trate de regresar a Cuba para promover alguna causa política. Los sucesores de Fidel seguirán martillando la retórica nacionalista y santificarán la memoria de Fidel como fuerza unificadora. Con ello intentarán distraer al pueblo de las penurias o dificultades que padezca, así como mantener la moral y el grado de alerta de las fuerzas uniformadas.

Pero luego de una corta luna de miel, los sucesores tendrán que escoger entre varias opciones políticas igualmente peligrosas. Hace tiempo ya Fidel reconoció que el período inmediatamente posterior a su muerte sería el de mayor peligro. En mayo de 1966, en una entrevista inédita, le dijo a Herbert Matthews, un reportero de *The New York Times,* que "el primer período luego de que algo le sucediera, sería el más difícil"[24].

Las exigencias, hasta ahora reprimidas, de que se produzca algún cambio importante, probablemente estallen una vez que el pueblo se vea libre de su tiránico e intimidante líder. Se cuestionará a cualquier nuevo líder que intente suprimir o mitigar este tipo de esperanzas. El pueblo, en una especie de reto póstumo a la intransigencia de Fidel, probablemente exigirá reformas del tipo de la *perestroika* o el *glasnost*. A medida que el tiempo transcurra, el dilema será peor puesto que Raúl no hereda el carisma y la capacidad de Fidel para inspirar al pueblo.

Su amigo, el Che Guevara, desde 1960 se dio cuenta de cuál era la deficiencia básica de Raúl. Cuando Simone de Beauvoir y Jean Paul Sartre visitaron Cuba, el Che le comentó a la escritora: "Yo quiero a Raúl... inmensamente. Es un hombre excepcional pero no tiene la misma influencia directa de Fidel sobre el país"[25].

Por lo tanto, ¿cómo intentará Raúl liderar a Cuba en medio del peligroso vacío que dejará Fidel? ¿Predominará el compasivo Raúl o "Raúl el Terrible"? La mayoría del pueblo cree que será este último. Por tantos años la voz de "Raúl el Terrible" ha sido la más estridente cuando se ha tratado de reprimir brutalmente cualquier desviación, bien sea cultural o intelectual, del régimen. El respetado poeta cubano Heberto Padilla, que fue denunciado despiadadamente y luego encarcelado brevemente por Raúl antes de que se fuera al exilio, había sido testigo antes en Praga de una de las diatribas antiintelectuales de Raúl.

"Afortunadamente, en Cuba hay muy pocos intelectuales —recuerda Padilla haberle oído decir a Raúl—; y los que hay, no hacen otra cosa que complicarse volviendo a inventar la rueda".

Padilla también cita a un intelectual estadounidense, quien desprecia y teme a Raúl, a pesar de que se siente embriagado por la revolución. "Hay una profunda anormalidad en Raúl. Es frío, cruel y capaz de cualquier crimen"[26].

Fue el implacable Raúl quien actuó como el "puntero" del régimen cuando se llevaron a cabo las purgas masivas. Un desertor del servicio de inteligencia extranjera de Cuba declaró en 1969, ante un comité del Congreso en Washington, que un año antes Raúl personalmente había estado a cargo de reinstaurar la seguridad y era el responsable de las duras medidas adoptadas cuando la llamada "microfacción" fue expulsada del Partido Comunista[27].

Unos años antes se ejecutaron con precisión militar una serie de campañas salvajes que obligaban a los homosexuales hombres a realizar trabajos forzados. Trabajadores de cuello blanco, a quienes se acusó de ser amanerados o de no ser suficientemente revolucionarios, fueron víctimas en masa de la purga.

En 1972, Raúl encabezó una campaña contra el "desviacionismo ideológico", frase con la cual se agrupaba a todo aquél que estuviera en desacuerdo con la revolución o que simplemente se hubiera desilusionado de ella. Terminó por acusar tanto al gobierno de Nixon como a los "grupos de jóvenes antisociales" de pelo largo en Cuba y a los intelectuales extranjeros; entre ellos a K. S. Karol, europeo y antiguo compañero de viaje de Fidel, y a un notable antropólogo estadounidense. Según Raúl, el socialista Karol era agente de la CIA.

Raúl también ha tenido algunos admiradores siniestros y extraños, entre ellos el comunista de Alemania Oriental, Markus Wolf, quien se autoproclamó como "el gran espía maestro del comunismo". Por muchos años dirigió el servicio de inteligencia extranjera de su país, visitó Cuba, ayudó a entrenar a sus agentes de inteligencia y ejecutó con ellos algunas operaciones. Wolf no era partidario de Ramiro Valdés quien, según él, era "un agente aventurero, más que un estadista"[28].

Según Wolf, Raúl era "mucho más sólido, bien educado y del tipo de un estadista". Probablemente aludiendo a Fidel, agregó que "a diferencia de otros colegas más emocionales, Raúl miraba la situación de Cuba desde un punto de vista fríamente estratégico". A este alemán oriental le sorprendía que Raúl llegara cumplidamente a las citas, al contrario de tantos cubanos, y con un dejo de aprobación contó que sus colegas llegaron a llamarlo "el prusiano". Éste fue el supremo elogio de un duro intrigante a otro"[29].

Pero, por otra parte, el lado más blando de Raúl se hace progresivamente más evidente a medida que se acerca el inevitable momento de la sucesión. Apartándose de la imagen de hombre de línea dura, desde 1996 había evitado identificarse con ciertos actos y medidas de Fidel, tales como la salvaje supresión en dos grandes ocasiones del activismo en pro de la democracia y los derechos humanos. En otra época Raúl hubiera liderado la carga contra estos grupos.

Es también una creencia difundida que, dentro del régimen, y después del colapso de la Unión Soviética, Raúl ha sido el defensor más constante de una reforma para liberalizar la economía. Y, a pesar de la obstinada oposición de Fidel, éste le ha dado a Raúl más mano libre para que establezca empresas que devenguen en moneda dura, bajo la gerencia de funcionarios veteranos.

Los dos ministerios controlados por Raúl han estado adelantando una hábil campaña para proyectar una imagen lo más favorable posible de las Fuerzas Armadas y de Raúl. El principal objetivo de la campaña es el público estadounidense, en especial aquéllos que ocupan posiciones más influyentes.

Raúl y los generales cubanos han acogido y escoltado a grupos de altos funcionarios estadounidenses retirados, la mayoría de los cuales regresan a casa para promover el establecimiento de vínculos y tareas militares conjuntas a lo largo del estrecho de la Florida. En 1991, se creó el Colegio Nacional de Defensa de Cuba, cuyo propósito central es fomentar vínculos con establecimientos militares extranjeros.

Secretos de Generales es el título de un atractivo libro autorizado por el Ministerio de Defensa y publicado en España en 1997. Su propósito es el que acabamos de describir. Incluye una serie de entrevistas a cuarenta y un generales, en las cuales se indaga sobre su vida y su carrera, y que constituyen un esfuerzo sincronizado de representar el lado más humano de los altos mandos cubanos. Intencionalmente, los generales evitaron el uso de un lenguaje hostil y agresivo en contra de los Estados Unidos, como el que ha caracterizado hasta ahora los discursos de Fidel y, en general, la propaganda del régimen. El general Rosales, jefe del Estado Mayor y el oficial de más alto rango entre los entrevistados, y evidentemente autorizado por Raúl, comentó sobre la conveniencia de que se llevaran a cabo discusiones bilaterales con el Departamento de Defensa de los Estados Unidos[30].

El documento más notable en medio de esta campaña de relaciones públicas ha sido un pequeño y poco conocido estudio escrito por Ana Montes, la espía cubana en la Agencia de Inteligencia de Defensa de los Estados Unidos. El análisis del establecimiento militar cubano realizado por Ana se publicó con la aprobación de la Agencia en agosto de 1993, luego de un año sabático pagado y cuyo propósito fue supuestamente la investigación del tema.

Montes hacía parte de una selecta comunidad de cerca de media docena de analistas, que compitieron para trabajar en el Programa de Analistas Excepcionales de la CIA. Casi todos los seleccionados incluían viajes al extranjero como parte de sus propuestas de investigación, y es probable que Montes hiciera lo mismo.

Entonces, es razonable suponer que, mientras formó parte del mencionado programa élite, viajó a Cuba a expensas del gobierno y de los contribuyentes estadounidenses, mucho después de haber traicionado a los Estados Unidos para trabajar como espía de Fidel. Si es cierto que ese mismo año viajó a Cuba, no hay duda de que, sin el temor de ser detectada, recibió entrenamiento especializado en espionaje y contravigilancia. Personalmente, yo también me equivoqué. Para mí, era una analista "excepcional" en asuntos de inteligencia.

En su estudio sobre el establecimiento militar cubano, y obviamente con instrucciones de la inteligencia cubana, Ana escribió: "Las Fuerzas Armadas creen que el fortalecimiento de las relaciones con los Estados Unidos es un componente necesario para la estabilidad económica futura de Cuba, y por lo tanto aprovecharán cualquier oportunidad que se presente para mejorar la comunicación entre los dos países. Los cubanos están ansiosos por promover una cooperación en asuntos operativos, ciertamente estarían dispuestos a intercambiar visitas militares y probablemente aceptarían la visita de conferencistas militares estadounidenses, quienes tendrían a su disposición el equivalente cubano del Colegio Nacional de Defensa"[31].

En 1993, éstas eran conclusiones iconoclastas, por decir lo menos. Ningún otro analista de inteligencia habría podido llegar a tener esta opinión basándose en las evidencias disponibles en ese momento. Buena parte del lenguaje usado por ella, tanto en este párrafo como a lo largo de todo el informe, refleja plena y fielmente la política cubana. Mirándolo retrospectivamente, es sorprendente que no se hubiera empezado todavía a sospechar de ella. El estudio está tan lleno de halagos a la oficialidad cubana que seguramente logró que unas cuantas cejas se arquearan dentro de los círculos de seguridad y contrainteligencia estadounidenses.

Pero Montes no fue detenida sino ocho años después. Hasta ese momento, logró hacer un daño enorme a los intereses de los Estados Unidos. El pasaje más curioso, y para mí todavía inexplicable, del mencionado estudio incluye una crítica tajante a Raúl. Aun cuando en otras partes del estudio lo describe de forma favorable, en el pasaje al que me refiero escribe: "Posiblemente Fidel cree que con el tiempo Raúl ha perdido su capacidad de evaluar a las personas y de sortear crisis abruptas; se ha convertido en un exagerado defensor del cambio económico".

Cuando escribió lo anterior, Raúl manejaba todas las operaciones de inteligencia a través del general Colomé.

Es difícil entonces desentrañar qué pretendía Montes al demeritar así a Raúl. Una posibilidad obvia es que algunos oficiales de inteligencia, de menor rango, todavía enfurecidos por la purga de Ochoa, estuvieran tratando de desacreditar a Raúl.

En la portada del estudio de Montes hay una cláusula de descargo que les debió parecer deliciosamente irónica tanto a ella como a sus supervisores de la inteligencia cubana. Seguramente se rieron de lo lindo a costa de quienes habían confiado en ella dentro del gobierno estadounidense. La cláusula decía así: "Los puntos de vista expresados en este artículo son los de la autora y no reflejan necesariamente la opinión o la posición oficial del Departamento de Defensa, del Director de Inteligencia Central o del gobierno de los Estados Unidos".

Se requiere un cuidadoso juego de manos, humo y espejos para poder sobrevivir tanto tiempo como espía de alto nivel o como agente doble. En el estudio de Montes no se observaban concesiones obvias y es posible que sus observaciones críticas sobre Raúl no fueran otra cosa que un anzuelo aprobado por los agentes de la inteligencia cubana para reforzar la credibilidad del informe.

Claro que Montes tenía razón en que el prestigio de Raúl se había visto afectado por sus discursos durante la crisis de Ochoa. Aquél no manejó el asunto adecuadamente y probablemente a Fidel le preocupa la capacidad que tendrá su hermano para manejar crisis más peligrosas una vez esté solo en el poder.

En general, Raúl se siente más cómodo entre bastidores, donde se hacen evidentes sus capacidades excepcionales;

pero no tiene el carisma de su hermano ni un intelecto tan privilegiado. Tampoco ha demostrado tener la misma visión ni la misma habilidad para comunicarse, persuadir e inspirar una audiencia, ni cuenta con el mismo talento estratégico para planear jugada tras jugada anticipadamente. Una vez en el poder, se verá puesto a prueba como hasta ahora jamás lo ha sido.

Cualesquiera que fueran sus motivos, la espía cubana tenía razón en este punto. Es apropiado especular acerca de cómo manejará Raúl las crisis que inevitablemente enfrentará al subir al poder. ¿Cuán decidido será cuando esté sometido a presión extrema? ¿Será tan implacable como Fidel o, por el contrario, saldrá a flote su lado más compasivo, dando pie para que sus enemigos maniobren en su contra?

No se puede afirmar con certeza que Raúl desee ser algo más que un líder de transición. Públicamente ha hablado de querer retirarse a su lugar favorito en el campo, de modo que probablemente no disfrute con el embate de las crisis y presiones que usualmente hacen brotar la adrenalina en Fidel y que estimulan su pensamiento. Y lo que es más fundamental para Cuba, para los cubano-estadounidenses y para los Estados Unidos en general: ¿Cuál es el futuro que Raúl quiere para Cuba?

Probablemente las respuestas a éstas y otras preguntas no se sabrán hasta que Fidel realmente se haya ido. Sólo entonces su hermano menor comenzará a surgir por derecho propio. Su desconcertante juego de máscaras llegará finalmente a su fin y podrá expresarse sin temor a desilusionar a Fidel.

CAPÍTULO 12

Más que
suficientes cañones

En una ocasión, un periodista de la televisión italiana le hizo a Fidel la pregunta más impertinente y que, como nunca antes o después, puso a Fidel contra la pared. Recordando que con frecuencia Fidel hablaba con admiración sobre la obra de Ernest Hemingway, ganador del Nobel, el periodista le preguntó sobre *El Viejo y el Mar*, una de sus obras clásicas[1].

La historia tiene lugar en Cuba. El viejo personaje de Hemingway, Santiago, es un pescador a quien la suerte había abandonado, pero quien en su pequeño esquife logra pescar el pez más grande de toda su vida. Luego de titánicas luchas, el hombre logra subyugar al gigantesco pez vela y lo ata al costado del bote. Santiago se encuentra fuera de la vista de la costa cubana y debe volver al puerto remando lentamente.

"Este pez es mi fortuna", piensa el viejo; es la pesca más grande y valiosa de su vida.

Pero los tiburones empiezan a atacar. Primero es uno solo, luego otros y finalmente un voraz grupo que metódicamente va devorando al gigantesco pez. El hombre, impotente, no puede hacer otra cosa que observar cómo lo van despojando de su mayor triunfo.

Cuando llega finalmente a la playa, en el costado del bote ya no queda otra cosa que unas pocas tiras de carne en medio de unos huesos brillantes.

Hablando para sí mismo y con lo que queda del pez vela, el viejo susurra: "Lo siento, fui demasiado lejos. Nos arruiné a los dos".

El reportero italiano tomó el relato de Hemingway como una metáfora de Fidel y de la revolución.

"¿No tiene usted miedo de terminar como el pescador de Ernest Hemingway?", le preguntó.

Fidel no lo podía creer. Nadie había osado preguntarle algo tan ofensivo. El comandante en jefe rápidamente cambió de tema, y para disimular soltó un largo monólogo.

Era verdad. Desde 1990, al agonizar la Unión Soviética, la revolución se iba diluyendo a pasos agigantados sin que Fidel pudiera evitarlo. Se demoraban, o ya no llegaban, el combustible y otros productos esenciales. La escasez era cada día mayor. El crimen callejero había aumentado en tal forma que Fidel ya se quejaba públicamente. La tensión social crecía a medida que aumentaba el hambre y los cubanos hacían colas interminables de racionamiento.

Las glorias internacionales del pasado también se desvanecían. En marzo, Daniel Ortega había perdido por un amplio margen en las elecciones presidenciales de Nicaragua, lo cual equivalía a un resonante repudio del único régimen socialista y aliado de Cuba en la región. Fidel culpó a la CIA pero también estaba enfurecido con los sandinistas por haber acordado un proceso de elecciones, error que él mismo no hubiera cometido. Al poco tiempo, regresaron los asesores cubanos que habían estado en Nicaragua.

Lo mismo pasaba en Angola. Después de cerca de dieciséis años de intervención militar, se había logrado un acuerdo de paz gracias a las negociaciones mediadas por los Estados Unidos. Los cubanos comenzaron a volver a casa en un flujo continuo y en mayo de 1991 Raúl les dio la bienvenida a los últimos, acompañados por su general en jefe. La última esperanza de Fidel en Centroamérica —la insurgencia marxista de El Salvador— estaba negociando el final del conflicto. Puerto Rico todavía entraba periódicamente en la retórica del régimen, pero incluso esta llama, una de las favoritas de Fidel, se iba extinguiendo.

No iba quedando nada del cinturón de triunfos internacionales de Fidel. En una de las concesiones más difíciles que ha tenido que hacer, le dijo al pueblo cubano que el deber internacionalista de todos ahora era quedarse en la isla y unirse "en un esfuerzo extraordinario para salvar la revolución".

Pronto, no hablaba de otra cosa que de la economía, pero ésta continuó hundiéndose durante todo el año de 1990, para luego caer en picada cuando desapareció la Unión Soviética y se agotó lo poco que quedaba de los ya exiguos subsidios. La caída libre siguió su curso durante los dos años siguientes, con la total implosión económica de entre 40 y 50 por ciento con respecto al nivel de 1989. Fue la peor depresión que recordaran los cubanos.

El país llegó a encontrarse como si estuviera en pie de guerra, bajo dos planes llamados *Opción cero* y *Período especial en tiempos de paz*, ambos términos adaptados de los planes militares de contingencia de Raúl para las invasiones o las guerras. A los militares se les ordenó autoabastecerse, significando esto que los soldados debían trabajar en el campo y plantar, desyerbar y cosechar su propia comida. Para estos internacionalistas era un humillante epílogo verse reducidos al papel de campesinos y supervisores de campo. Raúl creyó necesario declarar públicamente que, dadas las actuales circunstancias, "los fríjoles tenían más valor que los cañones"[2].

El impacto en la población civil fue devastador. El desempleo subió desmesuradamente hasta abarcar a más de la mitad de la fuerza laboral. La mayoría de las fábricas tuvo que cerrar o reducir la producción debido a la falta de combustible, de materiales y de repuestos. La escasez de comida y los problemas de distribución causaron mal-nutrición y enfermedades. Se produjo un agudo deterioro de la salud y la sanidad[3].

Sin suficiente combustible para los generadores eléctricos, la luz se iba, literalmente, en toda la isla. Los apagones duraban hasta dieciséis horas diarias, causando enormes contratiempos y penurias. Sin refrigeración, la comida se pudría. El transporte público y la maquinaria agrícola quedaban inactivos. La Habana parecía como una ciudad sitiada o en plena guerra.

"Estamos entrando en la era de la bicicleta", dijo Fidel en enero de 1999, para tranquilizar a la gente.

Se compraron más de 700 000 bicicletas en China, las cuales fueron ensambladas en turnos de veinticuatro horas, en una docena de escuelas técnicas dedicadas de lleno a la tarea. Pronto, Fidel empezó a hablar, incesantemente, acerca de todo lo relacionado con el tema de las bicicletas. Había leído hasta convertirse en el experto número uno en bicicletas del país.

"Les aseguro que es más fácil armar un reloj suizo que una bicicleta. Es un asunto complicado. Creo que se requiere un total de trescientas cuarenta y siete piezas"[4].

Luego, ese mismo año, empezó la era del triciclo.

En diciembre Fidel anunció que se habían comprado sesenta mil triciclos para "realizar muchas de las actividades para las cuales se usaban los vehículos motorizados"[5].

Luego fue la de los bueyes para reemplazar los tractores y otros vehículos de campo.

"Estamos amaestrando cien mil bueyes en el país. Y tan pronto como podamos, adiestraremos otros cien mil".

Se reubicaron muchos civiles para que fueran de la ciudad al campo a realizar labores de recolección. En abril de 1991, Fidel habló de ello al público cubano por primera vez y más tarde admitió que la reubicación era voluntaria y que para algunos podría durar hasta dos años[6].

"En sólo pocas semanas, ya se han construido más de sesenta campamentos con capacidad para doscientos mil trabajadores", dijo, y añadió que "miles de personas ya han ido desde La Habana a Pinar del Río para recoger tomates."[7]

En un discurso previo Fidel había comentado cuánto le gustaban en su ensalada los tomates romanos de Pinar

378 DESPUÉS DE FIDEL

del Río. Quería ahora que todo el mundo comiera vegetales más frescos.

También opinó sobre el contenido proteínico de la yuca y sobre cómo podía reemplazar a la harina de trigo importada para hacer pan. Utilizaba comparaciones similares a las de mediados de los setenta, cuando incesantemente hablaba del valor nutricional de una nueva cerveza cubana, como reemplazo de otros alimentos que escaseaban en esos días.

Yo mismo quería probar la cerveza cubana cuando por primera vez visité La Habana pero, a principios de 1990, no encontré ninguna. Recuerdo que entré en un bar para trabajadores, en la Vieja Habana, cerca de los muelles. Caminé hacia el mostrador y le pedí al enorme y rudo barman: "¡Una cerveza, por favor!". El hombre me miró y probablemente pensó que era cubano o latinoamericano. Con parsimonia, llevó las manos a las caderas, luego se frotó la barriga y frunciendo el ceño me dijo: "¡Usted ya sabe que de eso no hay!".

Volví por segunda vez a Cuba durante la peor de las crisis económicas, a principios de la primavera de 1993, para evaluar personalmente la situación. Fidel y la inteligencia cubana ya sabían sobre mí y sobre mis viajes a Cuba, pero la visa necesaria me la había expedido prontamente la misión diplomática en Washington. Yo era un analista, no un encargado de operaciones, de modo que mis objetivos no implicaban perjuicio alguno: iba a consultar a los diplomáticos estadounidenses en La Habana sobre el nivel de deterioro de la situación. No tenía una misión operativa ni clandestina aunque, en el fondo, los funcionarios cubanos no podían estar seguros de que así fuera.

Otros funcionarios estadounidenses que habían viajado a la isla me habían advertido que a ellos los habían molestado o intimidado, presuntamente algunos funcionarios de la contraparte. Les hacían llamadas telefónicas a las tres o cuatro de la mañana, se habían escapado por un pelo de ser atropellados en las calles por conductores amenazantes, e incluso escuché que, en los hoteles, habían echado basura en las sábanas de los analistas de la CIA.

Un colega contó que se había despertado a media noche en su cuarto de hotel en La Habana y se había dado cuenta de que dos sigilosos agentes de contrainteligencia estaban esculcando sus pertenencias. Prudentemente, él se hizo el dormido y los agentes se fueron tan subrepticiamente como habían entrado. No sé exactamente por qué, pero la inteligencia cubana nunca me molestó, aunque sí estuve bajo su completa y continua vigilancia.

Al anochecer era cuando La Habana adquiría un ambiente algo fantasmagórico. La tenue luz de la calle era apenas una penumbra, y los pocos bombillos de bajo vataje que había sólo lograban proyectar una serie de sombras vagas que luego se desvanecían en la oscuridad. La mayoría de la gente que todavía quedaba en las calles a esa hora se escabullía en silencio, evitando mirarse a los ojos. Recuerdo que todo era triste y monocromático. La pintura de las paredes exteriores de las casas y edificios se había desteñido o descascarado con el tiempo. Me sorprendió que Cuba y los cubanos parecieran vagas sombras ocres y grises. En mis caminatas por la ciudad, nunca oí una risa.

Explorando La Habana, durante aquellas sombrías noches de 1993, recordé fragmentos de algunos discursos de Fidel y el asfixiante control que por tanto tiempo había impuesto a la sociedad cubana. Los ochenta habían sido un período en el que en un lenguaje ampuloso criticaba las reformas y la liberalización soviéticas; insistía en que nunca permitiría la iniciativa privada o lo que él mismo empezó a llamar despectivamente la empresa "neocapitalista" en Cuba. Personalmente denunció a un hombre ingenioso que había logrado introducir color y un poco de charro *glamour* en la vida de algunos cubanos, pero que había sido culpable, dijo Fidel, de enriquecimiento ilícito.

Este individuo anónimo se las había arreglado para adquirir una cantidad importante de cepillos de dientes importados. En su propia cocina había derretido y moldeado el plástico, convirtiéndolo en sencillas joyas de color brillante; produjo collares y brazaletes verdes, amarillos y rojos, y los vendió clandestinamente por unos pocos pesos. Pero aunque trajo algo de alegría a las calles, fue acusado de ser un explotador capitalista y probablemente fue encarcelado.

Fidel también denunció a otros, entre ellos a un hombre que compró barras de chocolate en el parque Lenin de La Habana y luego las revendió con alguna ganancia; también a un grupo que salvó de la basura una serie de objetos que convirtió en arte folclórico y luego los sacó a la venta. El comandante en jefe se refirió a "esta gente que pinta y vende pinturas, incluso a las instituciones del Estado, y que gana más de doscientos mil pesos al año". Y después de todo, se quejó, "éstas no son obras de Miguel Ángel o Picasso". Lo que Fidel temía era que si se permitía que ésta u otras microempresas continuaran, los ideales igualitarios de la revolución estarían en peligro.

Y como la revolución iba perdiendo fuerza, Fidel de hecho se parecía cada vez más al viejo pescador de Hemingway. Hasta cuando había cumplido setenta y cinco años, en el año 2001, el tema de la sucesión sólo era hipotético. Fidel siempre había proyectado una imagen de indestructibilidad, de robustez y salud; incluso cuando ya tenía sesenta o setenta años, seguía dando interminables discursos, a veces a pleno rayo del sol. Se reunía con entrevistadores extranjeros hasta tarde en la noche, y a veces seguía hablando con ellos hasta el amanecer.

Se esmeraba calculadamente en demostrar su longevidad y vigor casi sobrehumano. A los agentes de publicidad del régimen les gustaba señalar que el padre de Fidel había vivido hasta bien entrados los ochenta años y sugerían una fecha de muerte posterior, cuando en realidad había muerto unos meses luego de haber cumplido ochenta y un años. (Lina había muerto antes de cumplir sesenta años.) La imagen de juventud perpetua era esencial para proyectar la imagen revolucionaria de Fidel, con su barba, sus pantalones caqui y su gorra verde oliva.

En el verano de 1985 Fidel dejó sus cigarros de marca, y lo anunció al público, luego de una serie de discursos sazonados con alusiones peculiares a la salud y la mortalidad. El más notable fue un discurso que había pronunciado pocas semanas antes en el cual, y fuera de contexto, musitó que "el inflexible segador ya lo estaba acechando".

En esa época yo noté una inusual incidencia de comentarios sobre el tema de su salud, mucho más que lo normal dentro de la hipocondría, tan bien escondida, de Fidel. Había pontificado con tanta frecuencia y conocimiento acerca de intrincados temas médicos, que en una de sus apariciones en público admitió incluso que los cubanos le estaban preguntando "si ya estaba en su cuarto año de estudios de medicina".

Dada la persistencia del rumor de que tenía cáncer, Fidel se sintió en la obligación de descartarlo, sin negarlo explícitamente. Es posible que ya se hubiera sometido a algún procedimiento quirúrgico, pero no es sorprendente que ningún médico haya hablado del tema o haya dejado filtrar alguna información al respecto. Para fines de 1985, cualquier padecimiento médico que hubiera sufrido ya parecía estar resuelto, y durante los quince años siguientes no hubo señal alguna de una dolencia física importante.

Todo eso empezó a cambiar en el 2002. Ya en junio de 2001 se le vio vacilar durante un discurso. Por un breve momento pareció desorientado y aturdido; estaba a punto de un colapso cuando sus asistentes lo retiraron. Era la primera vez que eso sucedía y la prensa internacional reportó que por breves momentos había perdido la conciencia.

En dos apariciones posteriores, también durante ese verano, sufrió varios episodios breves de incoherencia, con el consecuente desconcierto del público. Claramente algo andaba mal, pero era asunto de máximo secreto. En las demostraciones masivas en La Habana, el público notó que había empezado a usar zapatos de atleta en lugar de las tan conocidas botas. Ya no era el Fidel de siempre.

Siguieron más incidentes. El peor ocurrió en octubre de 2004 cuando, ante las cámaras de la televisión, se tropezó en una plataforma no muy alta al terminar un discurso. Cayó con fuerza y se rompió el brazo derecho y la rótula izquierda; tuvo que usar una silla de ruedas durante varias semanas.

Al igual que en todos los percances anteriores, Fidel y el régimen se apresuraron a reafirmar que había tenido una pronta mejoría y que estaba en pleno uso de sus capacidades. Sin embargo, la realidad es que muchos cubanos sospechan que su comandante en jefe sufre de alguna o varias dolencias más graves. Nuevamente han circulado rumores de que tiene cáncer, o de que ha sufrido un infarto, un derrame o una trombosis, o que tiene la enfermedad de Alzheimer o el mal de Parkinson.

Varios visitantes extranjeros que pasaron algún tiempo con Fidel en el 2001 han hablado acerca de su deterioro mental, de su dificultad para concentrarse y de extrañas divagaciones verbales. Algunos relatan haber quedado impresionados por el deterioro físico que ha sufrido en los últimos años. La piel se le ha vuelto cetrina; se ha encorvado y no ve bien. Ahora arrastra los pies en lugar de dar sus características zancadas.

Actualmente, la frecuencia y la duración de sus apariciones en público han disminuido, así como los viajes al extranjero; vive una vida inusualmente sedentaria. Todavía se las arregla para pronunciar discursos, pero por lo general lo hace sentado y con frecuencia se pierde en algún extraño soliloquio. Mientras tanto, detrás de escena, Raúl asume un rol cada vez mayor y probablemente ya esté actuando como una especie de regente, encargado de filtrar, interpretar o equilibrar las instrucciones de Fidel a sus subordinados.

Fue en el punto más álgido de la crisis, a principios de la década de los noventa, cuando Raúl empezó a afirmarse al parecer con la misma determinación que demostró en Houston en 1959. Sin embargo, ahora era más flexible, cauteloso y menos dado que Fidel a certidumbres de tipo ideológico. Impresionado con el modelo económico-político de la China, Raúl ha promovido, aunque sin éxito, la adopción de reformas que descentralicen o abran el mercado. Se las arregló para hacer que su hermano aceptara, probablemente de mala gana, establecer vínculos entre el establecimiento militar cubano y el estadounidense, y de que permitiera que algunos oficiales cubanos de alto rango tuvieran ganancias administrando sectores importantes de la economía.

El momento más álgido para los hermanos Castro ocurrió en 1993 cuando, en julio, la violencia callejera arrasó un suburbio de La Habana y algunos meses después otra localidad vecina. El disturbio más violento se produjo un poco después en La Habana, en agosto de 1994. Miles de manifestantes se tomaron las calles alrededor del malecón, gritando "Libertad" y "Abajo Fidel"[8].

Raúl y sus generales temían por la estabilidad social y pensaban que podrían peligrar el control y el mando militares. Raúl no podía permitir que la institución que había construido durante toda su vida adulta se viniera abajo, y la manera más segura de que esto ocurriera sería verse obligado a darle a la tropa la orden de reprimir sangrientamente las protestas, como había sucedido en la plaza de Tiananmen. También sabía que si la policía no restablecía prontamente el orden, Fidel iba a insistir en instar a los militares a llegar hasta el fin. Pero las Fuerzas Armadas no están entrenadas para el control de una muchedumbre así, y nunca han disparado contra civiles. La mayoría de los militares dudaría en cumplir una orden de este tipo.

La situación en las calles era tan grave que Raúl tuvo que advertirle al pueblo que no se tolerarían más disturbios. Anunció que los militares estaban dispuestos a preservar el orden. Les advirtió a "los enemigos de la revolución... calcular mejor las cosas" puesto que contaba con "cañones más que suficientes y otras armas para defender esta tierra". Éste era "Raúl el Terrible" haciendo un tajante desafío, pero el resultado fue que sus amenazas socavaron el escaso apoyo popular de que aún gozaba[9].

Típicamente, también, Fidel buscaba alivio para las crisis internas provocando otra crisis con los Estados Unidos. Después de las revueltas de 1994, indujo una tercera migración marítima; esta vez cerca de cuarenta mil balseros se dirigieron desde la costa norte de Cuba hacia la Florida, provistos con sólo unos cuantos remos y envases de agua potable.

Cientos de miles más se hubieran arriesgado a hacer la travesía en cualquier armatoste que flotara, de no ser porque se logró un acuerdo con los Estados Unidos, mediante el cual se permitía el flujo legal de cerca de veinte mil inmigrantes por año. Algunos han descrito esta situación como un chantaje demográfico cubano. El acuerdo, todavía vigente, aligeró un poco la presión del régimen y una vez más le permitió a Fidel darle un aspecto positivo a una crisis interna.

Raúl ha evitado entrar en discusiones públicas sobre las migraciones de 1965, 1980 y 1994, por lo que es razonable inferir su desacuerdo. Su opinión en esos momentos bien pudo haber sido tal y como el general Rafael del Pino señala y es que los oficiales militares más honorables consideraron que la crisis del Mariel había sido un "circo romano". Del Pino y otros oficiales creen que mientras ellos trataban de preservar la estabilidad, Fidel estimuló la inestabilidad de la isla y fomentó una crisis innecesaria con los Estados Unidos.

Los observadores que estaban en Miami en los noventa no fueron los únicos en convencerse de que le quedaba poco tiempo al régimen. Yo también llegué a la misma conclusión. En agosto de 1993 presidí una reunión de trabajo con un grupo de especialistas en Cuba, de la CIA y otras agencias de inteligencia, cuyo objeto era producir una serie de valoraciones. Allí se concluyó que existía "una alta probabilidad de que el gobierno de Fidel Castro cayera en el curso de unos pocos años"[10].

Todavía creo que estábamos en lo cierto y que la balanza de las probabilidades se inclinaba ligeramente en su contra. Luego supe que algunos de los más altos oficiales cubanos habían llegado a la misma conclusión. Uno de ellos admitió más tarde, en una conversación privada con un oficial veterano del gobierno estadounidense, que creían que Cuba estaba a "sólo unos seis meses del colapso económico". Se estaban preparando para una hiperinflación e inestabilidad generalizadas[11].

La situación era tan extrema que, para mantenerse en el poder, Fidel estaba dispuesto a comprometer los hasta entonces sagrados principios de la Revolución. Ante la inminencia de una revuelta, aceptó que lo único que lo salvaría y lograría salvar la Revolución era el flujo constante de moneda dura desde el extranjero. Sólo había dos formas realistas de atraer un flujo suficiente de moneda extranjera: el turismo a gran escala y las remesas en dólares de la diáspora cubana.

El turismo, que significaba abrir las puertas de Cuba a los extranjeros, era una píldora amarga y peligrosa. Por décadas había existido el dogma de que las olas de turistas traerían consigo la contaminación y la desestabilización de la sociedad cubana revolucionaria. Fidel incluso se había vanagloriado de haber erradicado la prostitución, el juego y los vicios mafiosos asociados con el turismo de la era de Batista. Ahora, si se permitía nuevamente el ingreso de multitudes de visitantes, se echaría para atrás lo que se había logrado. Las drogas y la industria del sexo volverían a proliferar. El crimen se incrementaría y, sobre todo, los cubanos se verían expuestos a ideas y actitudes contrarias a la revolución.

Desde entonces, el turismo ha crecido hasta llegar a ser una de las principales fuentes de ingreso, y con él han venido las tan temidas consecuencias. Pero la política del régimen de una especie de discriminación del turismo ha sido insidiosa y potencialmente desestabilizadora. Al cubano promedio le están vedados los bares, hoteles, playas y restaurantes para turistas extranjeros o para la élite del régimen. El pueblo resiente amargamente esta segregación, de manos de quienes por tanto tiempo han inculcado y repetido la propaganda de una sociedad supuestamente igualitaria.

La decisión del régimen de legalizar las monedas extranjeras en julio de 1993 también ha contribuido a provocar una fuerte tensión social. Hasta entonces era un crimen que un cubano poseyera dólares estadounidenses, pero el gobierno necesitaba incentivar a los cubanos que están en el extranjero para que subsidiaran a sus parientes de la isla. Se permitió este flujo de dólares hacia Cuba, pero con unos impuestos muy fuertes y con la condición de que el dinero debía ser gastado en las tiendas del gobierno, las cuales cobran precios exorbitantes por los alimentos y otros productos esenciales. Esta dolarización ha hecho que sea legal que los cubanos presten servicios a los extranjeros, y que reciban propinas. Se ha creado entonces una corriente de empresas individuales y de oferta de servicios en las calles.

El crimen, el consumo de drogas y la prostitución han florecido a medida que más y más cubanos, en lugar de un oficio más convencional, se dedican a asediar a los turistas extranjeros en busca de moneda dura. Hay médicos y físicos conduciendo taxis. Científicos e ingenieros desempleados atienden en los restaurantes para obtener propinas. La matrícula universitaria ha bajado hasta llegar a ser la mitad de lo que era en 1990. ¿De qué sirve un título universitario —se preguntan muchos jóvenes— cuando hay tan pocos empleos y cuando, prestando servicios a los extranjeros, se puede conseguir un salario diez o cien veces mayor que el que paga el gobierno?

Supuestamente, en Cuba se había erradicado la discriminación racial. De hecho, actualmente es más grave, pues a los cubanos de origen africano se les discrimina laboralmente en el sector turístico. Y dado que, comparativamente, son pocos los cubanos negros que tienen parientes que viven en el extranjero, los de la isla tienen menos probabilidades de recibir remesas en moneda extranjera. Quedan entonces confinados a las penurias de la economía del peso.

El resultado es un sistema de castas. Algunos economistas extranjeros afirman que ya desde los primeros años de este nuevo siglo, la distribución de la riqueza y del ingreso es más desigual en Cuba que en cualquier otro país de América Latina. Irónicamente, el único país donde supuestamente se había erradicado para siempre la desigualdad, es ahora la nación donde puede encontrarse una desigualdad por lo menos tan grande como la que existía antes de la revolución.

En Cuba coexisten dos economías paralelas. Los ricos y la burocracia del régimen tienen acceso a la moneda dura y por lo tanto a bienes y servicios que no están a disposición de las masas. Los pobres deben arreglárselas como puedan para subsistir con sus devaluados pesos, y deben soportar largas colas de racionamiento y la escasez de casi todos los productos básicos. La animosidad entre estos dos grupos es cada vez mayor y seguramente aumentará cuando Fidel deje el poder y Raúl se vea enfrentado a problemas graves que no tienen solución fácil ni rápida.

La revolución está, literalmente, en ruinas. Según un estudio de la Universidad de Miami, se estima que, sólo en La Habana, trescientos edificios colapsan anualmente y cerca de cien mil residentes viven en estructuras inseguras[12]. El deterioro de las vías, los sistemas de comunicación, el alcantarillado y las tuberías de agua y otras infraestructuras de importancia básica ha alcanzado niveles críticos. La descomposición se ha extendido a todos los niveles del sector civil. Aun más, muchos de los funcionarios del gobierno y del Partido Comunista admiten, en conversaciones privadas, que el sistema ya falló. Éstos son los problemas que Raúl está por heredar y no tendrá otra alternativa que intentar aliviarlos como pueda.

Lo más probable es que a Fidel lo suceda un régimen pretoriano controlado por Raúl y sus generales, pero lo difícil es saber por cuánto tiempo. Ya se han venido adelantando los preparativos para una sucesión ágil, y los oficiales de segunda y tercera línea tienen todos los incentivos para mantenerse unidos, aunque sólo sea una estrategia para conservar sus prebendas.

No es probable que la élite civil, ya sea individualmente o a través de alianzas, logre desafiar a los militares, mientras éstos permanezcan unidos. El Partido Comunista y las organizaciones populares son frágiles cascarones cuya importancia se ha debilitado bajo los hermanos Castro. Los grupos de oposición, promotores de los derechos humanos y de la democracia, están dispersos y son todavía muy pequeños. Por lo tanto, en un corto plazo no habrá quien se enfrente a los raulistas. La principal amenaza para la estabilidad será cualquier falla de cálculo de los nuevos líderes al lidiar con un pueblo cada vez más impaciente y deseoso de cambio.

Con un personal de cerca de cincuenta o sesenta mil individuos, el sector militar es el más poderoso, competente e influyente de Cuba. Es también el más rico. La mayoría de las empresas turísticas, y otras, se hallan bajo el control de diversos oficiales de alto rango, activos o retirados, y son manejadas desde el cuarto piso del Ministerio de Defensa. El general Casas, yerno de Raúl y segundo al mando del ministerio, maneja estas actividades lucrativas, aparentemente sin ningún control externo. Sus empresas retienen el 60 por ciento de las ganancias del turismo y los dos tercios de las ventas al por menor en moneda dura[13]. También otros ministerios y agencias del gobierno se hallan bajo la dirección de oficiales de alto rango.

Raúl ha sido el arquitecto de estas adaptaciones de la misión de los militares en Cuba. Al igual que con las concesiones que Fidel hizo para permitir el turismo extranjero y la dolarización, Raúl no se hace ilusiones ni menosprecia el riesgo que implica otorgar a los oficiales militares acceso a tan importantes flujos financieros. Pero ante el colapso de la economía, llegó a la conclusión de que no había alternativa, si se pretendía que la institución militar sobreviviera y se mantuviera la revolución. No obstante, el costo ha sido tan grande para la institución que ya no es prudente asumir que el alto mando permanecerá unido cuando el régimen enfrente sus primeras pruebas de envergadura.

La moral, la disciplina y el alguna vez fuerte sentido de propósito nacional se han visto erosionados por el resentimiento y los celos entre oficiales. Las desigualdades van a la par con las de la sociedad civil; por lo tanto, algunos, favorecidos por Raúl y su plana mayor, se enriquecen a medida que tienen acceso a la moneda dura, mientras que otros deben contentarse con vivir al margen en la economía del peso. Los oficiales jóvenes, los que están apostados en las provincias lejanas a los centros turísticos y el cuadro militar que no hace parte de esta burocracia de prebendas, se hallan en el lado empobrecido de este espectro. Es posible entonces que, entre las fuerzas militares, los más tradicionalistas estén no sólo consternados sino enfurecidos al ver que la institución, alguna vez fuente de orgullo, se ha convertido ahora en un semillero de conspicuo consumismo.

El caso de uno de los coroneles de Raúl nos sirve para ilustrar lo que ocurre. Este oficial controla un enorme y atractivo edificio de apartamentos situado no lejos de la misión diplomática estadounidense, en el vecindario del Vedado, en La Habana. El coronel vive confortablemente en el *penthouse* del que dice ser dueño. Un antiguo diplomático estadounidense conoce el edificio y me lo describió. Tiene diez o doce pisos, más de treinta apartamentos y una refinada fachada art déco completamente restaurada. En una de las unidades vive un empresario británico, y paga al coronel una bonita suma mensual en moneda dura por el arriendo. El apartamento es similar a cualquier otro del edificio, con accesorios importados y costosos detalles arquitectónicos, y tiene un balcón en el cual pueden congregarse hasta treinta o cuarenta personas. Todos los demás lujosos apartamentos están aparentemente arrendados a extranjeros, quienes también pagan al coronel en moneda dura.

A los cubanos pobres que vivían en el edificio antes de que éste fuera remodelado los desalojaron mediante una

estratagema que podría llamarse aburguesamiento neorre-
volucionario. Seguramente estos inquilinos no pudieron
resistirse a un coronel de élite armado y bien conectado;
tuvieron que empacar sus pertenencias y salir, sin mayores opciones, en un país con un déficit de 1,6 millones de
unidades habitacionales. No es difícil imaginar el resentimiento y, por ende, la inestabilidad social que este tipo
de comportamiento arbitrario puede producir en una era
posterior a la de Fidel.

Sólo a unos pocos oficiales se les ha dado de baja por
corrupción. A un general y dos coroneles se les despidió
hace unos años por un escandaloso fraude. Por lo demás,
la tolerancia impera en el ministerio y aun Raúl tolera
casi todo, excepto un enriquecimiento escandalosamente
evidente. No se han establecido normas de conducta en
este sentido y poco se sabe sobre la gestión de los militares,
sobre la forma como se seleccionan, controlan o vigilan,
sobre cuánto duran sus cargos empresariales o qué requisitos deben cumplir para obtenerlos. No es sorprendente,
entonces, que estas empresas pretorianas tengan fama de
ser ineficientes, y de no tener la capacidad para competir
en un entorno de mercado libre.

Las ganancias a corto plazo que Raúl ha logrado al
otorgar este tipo de sinecuras pueden convertirse en una de
las peores desventajas o peligros para la estabilidad cuando
esté en el poder. Al permitir un estándar más alto de vida a
un grupo de oficiales privilegiados ha garantizado su lealtad,
¿pero por cuánto tiempo será esto cierto al acostumbrarse
ellos al fruto, antes prohibido, del capitalismo? Casi todo
lo que Raúl ha hecho para colocar oficiales en el sector

de la economía de la moneda dura tiene implicaciones perjudiciales. Si hay un conflicto entre estos generales y coroneles, la supervivencia del régimen raulista se vería inmediatamente amenazada, y varios acontecimientos destruirían los ya frágiles sistemas de control y mando.

Mas la posibilidad más peligrosa tiene que ver con el mismo Raúl. ¿Qué pasaría si él muere antes que Fidel? Raúl es cinco años más joven pero se sabe que es alcohólico. En muchas ocasiones, la tensión producida por el peso de sus responsabilidades ha sido tal que puede haber afectado su salud en forma duradera. Periódicamente surgen rumores sobre supuestas graves enfermedades de Raúl, en parte porque a menudo pasan largos períodos sin que aparezca en público. En diciembre de 1991, los insistentes rumores de que había muerto obligaron a Raúl a hablar ante la prensa para desmentirlos.

"Cada cierto tiempo —dijo a los reporteros—, surge el rumor de que he muerto. Durante los Juegos Panamericanos incluso llegó a decirse que me conservaban en un refrigerador"[14].

A diferencia de su hermano, Raúl tiene un agudo sentido del humor, a veces negro. En esta ocasión se rió con los reporteros y les aseguró que su salud era buena y que se mantenía en forma corriendo varios kilómetros al día.

El 3 de junio de 2006 cumplió setenta y cinco años, pero si llegara a morir antes que su hermano, el plan de sucesión sería caótico. Inevitablemente se daría una lucha por el poder, sobre la cual Fidel tendría muy poco o ningún control. El escenario de mayor inestabilidad se produciría si Raúl muriera en un momento en el cual el buen juicio de Fidel estuviera severamente afectado, bien sea por la edad o por una enfermedad. El régimen de los hermanos Castro quedaría al borde de la desintegración.

La muerte de Raúl enfrentaría simultáneamente a las tres líneas de sucesión más fundamentales del país: en el Partido Comunista, el gobierno y el Ministerio de Defensa. Fidel se vería sometido a intensa presión a medida que los ansiosos rivales se peleen entre sí y maniobren para obtener su favor. De igual manera, Fidel no querría nombrar un nuevo ministro de Defensa que luego estuviera en capacidad de dar un golpe de Estado. Según la Constitución cubana, el Consejo de Estado tendría que reunirse para nombrar los reemplazos de Raúl en el gobierno, pero este órgano estatal siempre ha estado bajo la égida de los hermanos Castro y, sin la intervención de éstos, podría verse paralizado por la indecisión y las peleas internas.

Si los generales permanecieran unidos, su opinión prevalecería, pero como Raúl no estaría presente como mediador, las inquinas existentes estallarían abiertamente. Los observadores extranjeros que conocen los altos mandos militares creen que no hay un consenso interno sobre quién sucedería a Raúl como jefe de Defensa. Por rango, sería el general de tres estrellas Colomé, pero se considera que el duro y taciturno ministro del Interior se desempeña mejor en el cargo que actualmente ocupa. El general Casas estimularía aun más la polarización, dado el tinte de corrupción que colorea sus actividades empresariales[15].

Nunca ha habido un plan de contingencia para la sucesión, ni se ha planteado candidato alguno de tercer nivel. No existe otro líder, militar, del gobierno o del partido, que se acerque a la talla de los hermanos Castro y pueda por lo tanto reclamar para sí el derecho a esta sucesión. Los dos hermanos se las han arreglado para que nadie logre llegar a ser un contrincante del mismo nivel que pueda suceder a uno u otro de ellos. Esta estrategia cumplió su cometido por varias décadas, garantizando así las respectivas hegemonías de los Castro. Pero ahora que la sucesión es un evento cercano, se ha convertido en una bomba de tiempo a punto de estallar.

El escenario de la plaza de Tiananmen también puede estimular una escisión entre los militares. Aun si estuviera en juego la supervivencia de la revolución, muchos comandantes de tropa no estarían dispuestos a abrir fuego contra los manifestantes civiles. Existen, sin embargo, otras tropas paramilitares, así como las llamadas tropas especiales o de élite, que primero fueron a Angola, en 1975, y que estarían dispuestas a cumplir este tipo de orden. Pero ello sería la fórmula más segura para que estallara una guerra civil, e incitaría a los comandantes leales y disidentes a las unidades a luchar entre sí.

Es una perspectiva de pesadilla, tanto para Cuba como para los Estados Unidos. Cualquier ruptura masiva del orden en la isla, inevitablemente conduciría a una migración marítima, también masiva, hacia la Florida. Parte de la comunidad en exilio probablemente regresaría con la esperanza de desestabilizar aun más al régimen. Habría llamados de individuos con influencia política pidiendo la intervención internacional o, específicamente, la del gobierno estadounidense. Y si llegara a intensificarse el número de muertos en Cuba o durante la migración por mar, no existiría otra alternativa viable fuera de la intervención militar. Sería el peor resultado posible tanto para Cuba como para los Estados Unidos.

El temor de que se produzca una crisis de tal naturaleza es probablemente una de las razones básicas detrás del cabildeo, hasta ahora sin éxito, de Raúl y de los altos mandos militares para que se establezcan vínculos con la institución militar estadounidense. Lo que desean es la legitimidad que puedan otorgarles estos contactos. Calculan que podría mejorar su posición ante el pueblo cubano. Y lo que es más importante, usarían los contactos sostenidos con el Pentágono para crear la sensación de que un régimen sucesor raulista es inevitable y la mejor alternativa para los intereses estadounidenses. Ofrecen una perspectiva de cooperación a través del estrecho de la Florida en la lucha contra el narcotráfico, en el control de la inmigración a los Estados Unidos y en otras áreas de interés mutuo.

Yo conozco a varios funcionarios activos y en retiro del Pentágono, así como algunos especialistas y académicos que están a favor de establecer este tipo de cooperación mutua. Sin embargo, el gobierno de Bush se opone, con la creencia de que estos intercambios entre una institución militar y otra favorecerían la posibilidad de una sucesión pretoriana y disminuirían la posibilidad de que, después de Fidel, se dé una transición hacia la democracia en Cuba. Por lo tanto, los únicos contactos regulares que existen entre las dos instituciones militares son las conversaciones "vecinales" que se dan mensualmente en Guantánamo, y en las cuales participan el comandante de la base estadounidense y un general cubano. En estas reuniones se discuten asuntos de interés local, tales como la colaboración en caso de desastres o incendios, y cuyo objetivo fundamental es evitar o minimizar la posibilidad de que se produzcan incidentes fronterizos.

Estas conversaciones llegaron a un nivel más alto a principios de 2002, cuando Guantánamo se estaba preparando para la encarcelación de los terroristas de Al Qaeda. Al gobierno cubano se le informó anticipadamente sobre la decisión de utilizar la base para el mencionado propósito, así como sobre lo que era de esperar que las autoridades militares del área cumplieran. Querían evitar sorpresas desagradables. Unos días después, La Habana emitió una declaración favorable y luego, para sorpresa de casi todos los observadores extranjeros, Raúl dijo a los reporteros que si los detenidos de Al Qaeda lograban escapar hacia territorio cubano, él mismo se aseguraría de devolverlos a las autoridades estadounidenses en Guantánamo.

Éste no ha sido el único indicio de un cambio en la actitud de Raúl hacia los Estados Unidos en los últimos años. Consecuentemente, yo creo que una vez en el poder y ya por derecho propio, su prioridad será mejorar rápidamente las relaciones entre los dos países.

Probablemente utilizaría intermediarios para tantear el interés estadounidense y al mismo tiempo haría declaraciones conciliadoras, sin la virulencia antinorteamericana de su hermano. De hecho, Raúl ya ha suavizado considerablemente su retórica sobre los Estados Unidos. Probablemente estima que, secundado por los generales, su régimen podría sobrevivir a largo plazo sólo si puede superar el *impasse* bilateral que ya ha durado más de cuatro décadas y media. Hay indicios que señalan en esta dirección aunque, mientras Fidel viva, Raúl no expresará su interés abiertamente.

A diferencia de su hermano, a Raúl no le interesa la búsqueda ególatra de fama y gloria internacionalista. No está a la caza de conflictos o confrontaciones como lo ha estado Fidel desde que era niño. Sus preocupaciones están más orientadas hacia las penurias económicas que afligen al pueblo cubano y de hecho ha sido, dentro del régimen, un defensor influyente de la liberalización de la economía. Probablemente sería un líder más flexible y compasivo que Fidel. Alina Fernández, la hija de Fidel, lo conoce muy bien y lo define como "el práctico, entre los hermanos".

El antinorteamericanismo de Raúl fue durante varias décadas un hecho innegable, pero quizás nunca tuvo el mismo carácter intrínseco que el de Fidel. Cuando Raúl estaba al mando de sus propias fuerzas de guerrilla en 1958, secuestró cerca de cuatro docenas de estadounidenses, entre civiles y militares, que hacían parte del personal estacionado en Guantánamo. Tratando de estimular la noción de que el antinorteamericano era Raúl, Fidel difundió el mito de que su hermano había actuado solo. Un año más tarde, en abril de 1959 en Houston, durante la única visita de Raúl a los Estados Unidos, su hosco comportamiento contribuyó a alimentar esta creencia. Y la fascinación de Raúl con todo lo soviético por décadas hizo que fuera considerado como la vanguardia de la línea dura cubana. Pero su visión del mundo cambió radicalmente cuando desapareció la Unión Soviética.

Ya para 1977, cuando se publicó el libro de entrevistas espontáneas hechas a cuarenta y un generales cubanos, el pensamiento de Raúl sobre los Estados Unidos había evolucionado. El hecho de que ese libro se hubiera publicado fue, en sí mismo, un adelanto, considerando la paranoia de Fidel y el nivel de reserva de los altos mandos de las Fuerzas Armadas. Pero aun más inusual es el hecho de que cada uno de los generales se abstuvo de utilizar la retórica antinorteamericana, en un momento en que Fidel la emprendía regularmente contra los Estados Unidos. Evidentemente, el libro fue orquestado y editado en la oficina de Raúl e intentaba confirmar los indicios ya existentes de que el alto mando quería que las relaciones con los Estados Unidos fueran mejores, independientemente de lo que Fidel estuviera diciendo.

Este asunto del intento de un acercamiento con Washington se constituiría en la desviación más monumental de Raúl con respecto al legado de Fidel. Implicaría que Raúl se desligara de la sombra de Fidel para afianzar su propia figura. Sería una política que contaría con el apoyo de los militares y con el apoyo mayoritario de los líderes civiles y especialmente con el del pueblo cubano. El principal objetivo de Raúl sería abrir el camino para un proceso de reducción o terminación del embargo económico impuesto por los Estados Unidos. Y yo sospecho que, a diferencia de Fidel, Raúl estaría dispuesto a negociar de buena fe y sin una agenda de prioridades encubiertas.

Es imposible decir hasta qué punto estaría Raúl dispuesto a ceder en un proceso de reconciliación; pero de cualquier forma, a la luz de la posición que tomó en el asunto de los detenidos de Al Qaeda en Guantánamo, posiblemente se inclinaría a entrar en una franca cooperación antiterrorista con los Estados Unidos, posibilidad que Fidel siempre ha considerado un anatema. Más aún, Raúl probablemente estaría dispuesto a renunciar, en forma inequívoca, al uso de la violencia en las relaciones internacionales de Cuba, y quizás también aceptaría expulsar a los terroristas y criminales que la justicia estadounidense busca por ofensas capitales.

Al hacer todo esto, se llegaría a una etapa que desembocaría rápidamente en un proceso de normalización. La Ley Helms-Burton, que el presidente Clinton firmó en 1996, mediante la cual se endureció el embargo económico a Cuba, perdería soporte en el Congreso de los Estados Unidos y llegaría a abolirse o modificarse a la luz de las nuevas circunstancias. Si se formalizan los intercambios entre las instituciones militares de los dos países, es posible que se estreche la cooperación en asuntos de inmigración y lucha contra el tráfico de drogas. Seguramente se perdería el apoyo popular y del Congreso al embargo, y las restricciones de viajar a la isla serían levantadas.

Mas la intención de Raúl posiblemente sea la de ganar la aceptación implícita de los Estados Unidos y establecer en Cuba un régimen de línea dura, más al estilo de China. Raúl es consciente de que si permitiera una apertura política, su régimen podría verse abrumado por las crecientes exigencias populares de un gobierno participativo. Esto causaría una descompresión política que la élite civil y los militares no estarían dispuestos a tolerar por el temor justificado de perder la mayoría de sus prerrogativas. Por lo tanto, el régimen raulista optaría por mantener bajo control estas expectativas populares.

Pero esto no sería tarea fácil. Las exigencias de cambio, que han estado reprimidas, podrían desbordarse. Ya hay actualmente una pequeña minoría disidente heroica que insistentemente habla y cuestiona al régimen. Una vez muerto Fidel, su número crecería de forma exponencial. Los cubanos también quieren viajar, estudiar y vivir en el extranjero. Quieren tener libertad para leer lo que les plazca, para disfrutar de los medios de comunicación y entretenimiento de los cuales se dispone en casi cualquier otro país del mundo, y quieren poder expresarse sin temor. Más y más cubanos quieren tener propiedades, ya sea de vivienda o negocio, y desean verse libres de toda intimidación o escucha furtiva de sus conversaciones por parte de los servicios de seguridad omnipresentes del gobierno. Las nuevas generaciones, que no han conocido otra cosa que el rigor y los sacrificios de los años revolucionarios, son quienes más fervientemente anhelan el cambio.

Alrededor de las necesidades y deseos que acabamos de exponer convergen diversos movimientos y grupos disidentes y de derechos humanos. Todos son grupos pacifistas. Son los Mahatma Ghandi y Martin Luther King de Cuba, que buscan un cambio democrático pacífico. Aun cuando en la isla no tienen acceso a los medios, sí empiezan a ser conocidos por medio de una publicidad de transmisión oral.

En Cuba ya varios ciudadanos valientes han abierto, en sus casas, diversas bibliotecas independientes que prestan libros no subversivos. Hay una cuadrilla pequeña de reporteros independientes que está a la caza de cualquier dosis de libertad de expresión que se permita. Por el momento se dedican a crear historias sociales y literarias que divulgan por teléfono o por correo. También existe un grupo de valientes activistas de derechos humanos que aboga ante el régimen por la libertad de los prisioneros políticos. El Proyecto Varela de Oswaldo Paya, que opera completamente dentro de la ley cubana, ha recogido miles de firmas de ciudadanos comunes en apoyo de una apertura democrática.

Cuando estas voces independientes cobraron resonancia real en la primavera de 2004, Fidel reaccionó con ferocidad. Setenta y cinco individuos fueron arrestados y condenados sumariamente, con penas de hasta veintiocho años de cárcel. Entre ellos uno de los más importantes poetas del país, libreros, reporteros y economistas independientes y varios líderes del Proyecto Varela. La policía confiscó y quemó libros, y destruyó máquinas de fax. Un activista fue declarado culpable de enviar información sobre derechos humanos a Amnistía Internacional. Un librero independiente fue enviado a prisión por compartir una copia de la Declaración Universal de los Derechos Humanos.

En síntesis, la permanencia de sólo unos pocos meses o muchos años del régimen raulista dependería en buena parte de la habilidad de Raúl y de sus asociados para lidiar con una sociedad civil independiente cuyas opiniones empiezan a unificarse. Sin las excepcionales habilidades de liderazgo y sin la credibilidad de que goza Fidel dentro del pueblo, Raúl se vería forzado a lograr un justo equilibrio. Él tendría que dar pasos tangibles para mitigar rápidamente el descontento público y elevar el estándar de vida de las masas, pero sin abrir las válvulas ni en demasía o demasiado pronto. Además, tendría que comunicarse con el pueblo mejor de lo que lo ha hecho en el pasado, y ser hábil para enfrentar las crisis. Todo esto podría resultarle una tarea demasiado grande.

Para poder conservar el poder por un largo período, tendría que cambiar esa imagen de "Raúl el Terrible" que Fidel impuso con su consentimiento desde comienzos de 1950 y que está tan arraigada en el pueblo. Si vuelve a hacer uso en las calles de esa fuerza brutal que amenazó con imponer en 1994, su gobierno no tendrá posibilidades de subsistir. Aunque es cierto que las fuerzas militares poseen suficientes cañones para mantener el orden, no podrá desplegarlos o utilizarlos contra la población civil, pues una matanza en las calles o plazas significaría el fin de su régimen y del de cualquier otro sucesor que lo intentara.

Quizás en sus años de ocaso, este complejo y reprimido hermano logre encontrar su propia imagen política independiente. Quizás emerja entonces el verdadero Raúl, ya libre de las inflexibles exigencias de Fidel, que no admiten compromiso alguno. Su hermana Juanita y otros que lo conocen están convencidos de que una vez libre de la necesidad de acatar los dictados y de plegarse a la lealtad a Fidel, Raúl se convertirá en la persona que verdaderamente es. Según Huber Matos, el antiguo líder guerrillero que luchó al lado de los hermanos Castro, "los traumas de Raúl son el resultado de ser hermano de Fidel".

Entonces, quizás, la muerte de Fidel será la catarsis de Raúl.

Notas

Prólogo

1 NIE 85-2-60, *The Situation in Cuba*, 14 de junio de 1960.

Introducción

1 Joseph North, "Raul Castro Tells Our Reporter of Cuba's Revolutionary Aims", *The Worker,* 1 de febrero de 1959, p. 7.

2 Nikita Khrushchev, *Khrushchev Remembers,* Little Brown, 1970, p. 489.

3 Aleksandr Fursenko y Timothy Naftali, *One Hell of a Gamble,* Norton, 1997, p. 14.

4 Rufo López Fresquet, *My Fourteen Months with Castro,* World Publishing Company, 1966, pp. 110-111; y Philip Bonsal, *Castro, Cuba, and the United States,* University of Pittsburgh Press, 1971, pp. 64-65.

5 Teresa Gurza, "Cuba: Past, Present, Future of Socialist Revolution", *El Día,* 19 de septiembre de 1975. JPRS N° 65966, 20 de octubre de 1975.

6 Teresa Casuso, *Cuba and Castro,* Random House, 1961, p. 216.

7 Jeffrey J. Safford, "The Nixon-Castro Meeting of 19 April 1959", *Diplomatic History,* vol. 4 (otoño de 1980).

8 Entrevista con Ernesto Betancourt, Washington, D.C., 27 de marzo de 2003.

9 Entrevista con Barbara Gordon, Washington, D.C., 11 de abril de 2002.

10 Hugh Thomas, *Cuba, The Pursuit of Freedom,* Harper and Row, 1971, p. 1211.

11 Jeffrey M. Elliot y Mervyn M. Dymally, *Fidel Castro: Nothing Can Stop the Course of History,* Pathfinder Press, 1986, p. 23.

12 Herminio Portell-Vila, "Quien mal anda, mal acaba", *Bohemia Libre,* 1 de enero de 1961, p. 88.

13 Neill Macaulay, *A Rebel in Cuba,* Quadrangle Books, 1970, p. 14.

14 Carlos Franqui, *Family Portrait with Fidel,* Vintage Books, 1985, p. 30.

15 Bonsal, op. cit., p. 36.

16 Entrevista con Huber Matos, Miami, 24 de febrero de 1986.

17 FBIS, 22 de enero de 1959.

18 Rolando Bonachea y Nelson Valdés, *Revolutionary Struggle: The Selected Works of Fidel Castro,* The MIT Press, 1972, p. 285.

19 "Excerpts from the Appearance of Fidel Castro Before the Press", U.S. Department of State, American Embassy, La Habana, 13 de marzo de 1959.

20 Entrevista a Ernesto Betancourt.

21 Harold Scarlett, *The Houston Post,* 29 de abril de 1959, p. 1.

22 Betancourt, op. cit.

23 Thomas, op. cit., p. 1228.

24 Bonsal, op. cit., p. 108.

25 Richard Bissell, *Reflections of a Cold Warrior,* Yale University Press, 1996, p. 154.

26 Revolución, 29 de enero de 1959.

27 Entrevista con Jaime Costa, Miami, Florida, 25 de febrero de 1986.

28 Gianni Mina, *An Encounter with Fidel,* Ocean Press, 1991, p. 230.

29 Pablo Díaz González, "La travesía histórica del *Granma*", Bohemia, 3 de diciembre de 1961, p. 46.

30 Ernesto Che Guevara, *Episodios de la guerra revolucionaria,* La Habana, 1967, p. 9.

31 René Rodríguez, "From Tuxpan to Las Coloradas", *Granma English Weekly,* 6 de diciembre de 1981.

32 Entrevista con Alcibíades Hidalgo, Miami, Florida, 6 de agosto de 2004.

33 Ibíd.

34 Tomás Borge, *Face to Face with Fidel Castro,* Ocean Press, 1992, p. 143.

35 Thomas, op. cit., p. 1087.

36 Entrevista con Lucas Morán Arce, San Juan, Puerto Rico, 27 de febrero de 1986.

Capítulo 1

1 Robert Quirk, *Fidel Castro,* W. W. Norton, 1993, p. 4.

2 Alina Fernández, *Memorias de una hija de Fidel Castro,* Plaza y Janés Editores S.A., Madrid, 1997, p. 11.

3 Estoy agradecido con Juan Tomás Sánchez de la Asociación de Cultivadores de Caña de Azúcar de la Florida, y con el Dr. José Álvarez, profesor de Alimentos y Recursos Económicos de la Universidad de la Florida, por haberme facilitado sus descripciones de la zafra cubana.

4 Alina Fernández, *Castro's Daughter: An Exile's Memoir of Cuba*, St. Martins, Press, 1998, p. 80.

5 Entrevista con Barbara Gordon, Washington D.C., 11 de abril de 2002.

6 Rafael Díaz Balart, entrevista por Adriana Bosch, en *American Experience*, PBS, 2 de junio de 2003.

7 Leycester Coltman, *The Real Fidel Castro*, Yale University Press, 2003, p. 5.

8 Harvey Cox, *Fidel and Religion: Castro Talks on Revolution and Religion with Frei Betto*, Simon and Schuster, 1987, p. 115. Ésta es la entrevista autobiográfica más extensa que Fidel haya concedido jamás.

9 Norberto Fuentes, *La Autobiografía de Fidel Castro* (vol. 1), Ediciones Destino, Barcelona, 2004, p. 110.

10 *Fidel and Religion*, op. cit., p. 98.

11 Entrevista con Juanita Castro, Miami, Florida, 24 febrero de de 1986.

12 *Fidel and Religion*, op. cit., pp. 128 y 138.

13 Entrevista con Armando Llorente, S.J., Miami, Florida, 25 de febrero de 1986.

14 Entrevista con José Ignacio Rasco, Coral Gables, Florida, 24 de febrero de 1986.

15 Lee Lockwood, *Castro's Cuba, Cuba's Fidel*, Vintage, 1967, pp. 16-17.

16 Ibíd., p. 184.

17 Georgie Anne Geyer, *Guerrilla Prince*, Little Brown and Company, 1991, p. 23; entrevista con Lucas Morán Arce, San Juan, Puerto Rico, 27 de febrero de 1986.

18 Juana Castro, "My Brother is a Tyrant and He Must Go", *Life*, 28 de agosto de 1964, p. 27.

19 Entrevista con Manuel Romeu, Hato Rey, Puerto Rico,

27 de febrero de 1986. Teresa Casuso, *Cuba and Castro*, Random House, 1961, p. 131, repite básicamente la misma versión.

20 "Entrevista con *Musawwar's* Reporter", documento no confidencial, Embajada de los Estados Unidos, Cairo, 11 de febrero de 1966.

21 Alina Fernández, *Castro's Daughter*, op. cit., p. 5.

22 Teresa Casuso, "I Saw Castro Change", *Look*, 21 de noviembre de 1961, p. 128.

23 Entrevista de Frei Betto, op. cit., p. 170.

24 Gerardo Rodríguez Morejón, *Fidel Castro: Biografía*, P. Fernández y Cía., La Habana, 1959, pp. 221, 223.

25 Entrevista con Alina Fernández, Miami, Florida, 10 de noviembre de 2004.

26 Juan O. Tamayo, *"Castro's Family"*, Miami Herald, 8 de octubre de 2000.

27 Entrevista con Lucas Morán Arce, op. cit.

28 Mario Parajón, "Fidel y Raúl vistos por Juanita", *El Mundo*, La Habana, 9 de enero de 1959, p. A7.

29 Elliott y Dymally, op. cit., p 213.

30 Ibíd., p. 23.

31 Anne Louise Bardach, *Cuba Confidential*, Vintage Books, 2002, p. 59.

32 Parajón, op. cit.

33 Tomás Borge, *Face to Face with Fidel Castro*, Ocean Press, 1992, p. 38.

34 Bardach, op. cit., p. 59.

35 FBIS, 27 de marzo de 1991.

Capítulo 2

1 La carta reposa en el archivo de la familia Pino.

2 Georgie Anne Geyer, *Guerrilla Prince: The Untold Story of Fidel Castro,* Little Brown & Co., 1991, p. 25.

3 Serge Raffy, *Castro el Desleal,* Santillana Ediciones Generales, 2004. Su hallazgo lo confirma Katiuska Blanco en *Todo el Tiempo de los Cedros,* Casa Editora Abril, La Habana, 2003, una historia y genealogía autorizadas por las familias Castro y Ruz.

4 Alina Fernández, *Castro's Daughter,* St. Martin's Press, 1998, p. 7.

5 Las dos fotos están incluidas en Fidel Castro, *Fidel, My Early Years,* Ocean Press, 1998.

6 Carlos Franqui, *Diary of the Cuban Revolution,* The Viking Press, 1976, p. 2.

7 *Fidel, My Early Years,* op. cit., p. 39.

8 Ibíd., p. 44.

9 Franqui, op. cit.

10 Entrevista con el padre Armando Llorente, Miami, Florida, 25 de febrero de 1986. Teresa Casuso, *Cuba and Castro,* Random House, 1961, p. 131, escribió algo parecido sobre Fidel, al mencionar "alguna oculta herida relacionada con su niñez que nunca había sanado".

11 Harvey Cox, *Fidel and Religion: Castro Talks on Revolution and Religion with Frei Betto,* Simon & Schuster, 1987, p.110.

12 Franqui, op. cit., p. 88.

13 *Fidel: My Early Years,* op. cit., p. 44.

14 Geyer, op. cit., p. 51.

15 Franqui, op. cit., pp. 3 y 7.

16 Leycester Coltman, *The Real Fidel Castro,* Yale University Press, 2003, p. 49.

17 Raúl Castro, entrevista en la revista *Moncada,* 27 de febrero de 1987.

18 Entrevista a Norberto Fuentes, Coral Gables, Florida, 12 de noviembre de 2004.

19 Pedro Álvarez Tabio y Otto Hernández, "From Llanos del Infierno to Epifanio Díaz' Farm (V)", *Granma Weekly Review,* enero de 1982, p. 3.

20 Alcibíades Hidalgo, *An Enigma Named Raúl,* presentación en el Center for Strategic and International Studies, Washington, 20 de marzo de 2003.

21 *Granma Weekly Review,* op. cit., p. 4.

22 Entrevista con Norberto Fuentes.

23 Franqui, op. cit., p. 4.

24 Entrevista con Ramón Mestre, Coral Gables, Florida, 25 de febrero de 1986; y entrevista con Armando Llorente, op. cit.

25 *Fidel and Religion,* op. cit., p. 120.

26 Juana Castro, "My Bother is a Tyrant and He Must Go", *Life,* 28 de agosto de 1964, p. 27.

27 Franqui, op. cit., p. 5.

28 Carta de la familia Castro en el archivo de los Pino; Franqui, op. cit., p. 84.

29 Blanco, op. cit., p. 528, cita el registro oficial del bautismo el 19 de enero de 1935, indicando que el nombre registrado de Fidel era Fidel Hipólito Ruz González.

30 *Fidel and Religion,* op. cit., 108.

31 Cheques cancelados en el archivo de la familia Pino.

32 Raffy, op. cit., p. 616, y Blanco, op. cit.

33 La fotocopia de este diploma figura en Blanco, op. cit, en una página no numerada.

34 Archivo de la familia Pino.

Capítulo 3

1 Entrevista con José Ignacio Rasco, Coral Gables, Florida, 24 de febrero de 1986.

2 Tad Szulc, entrevista con Juan Rovira, 27 de octubre de 1984, Tad Szulc Collection, Cuban Heritage Collection, Bibliotecas de la Universidad de Miami.

3 Entrevistas con el padre Quevedo, Aibonito, Puerto Rico, 28 de febrero de 1986, y el padre Feliz, San Juan, Puerto Rico, 28 de febrero de 1986.

4 Entrevista a Rasco, op. cit.

5 Lee Lockwood, *Castro's Cuba, Cuba's Fidel*, Vintage, 1967, p. 23.

6 Conferencia de prensa de Fidel Castro, FBIS, 27 de abril de 2000.

7 Hay una sustancial referencia al *New Deal* en una carta que Fidel escribió en la prisión de la Isla de Pinos el 15 de abril de 1954. Reflejaba una mezcla de aprecio por el impacto de las reformas de esta política de Roosevelt pero también los instintos autoritarios y contra el libre comercio, así como su incomprensión de la crisis del *court packing*. "La prosperidad que siguió, después de años de dominio de la pobreza, no fue producto del azar o del famoso juego libre de la oferta y la demanda, sino el resultado de medidas sólidas valientemente tomadas por el gobierno. Atacó el espíritu conservador atrincherado en la Corte Suprema; tenía que salir legalmente de unos pocos ancianos, pensionándolos. Dado el carácter, la mentalidad y la historia de los Estados Unidos, Roosevelt en realidad hizo cosas maravillosas". Carlos Franqui, *Diary of the Cuban Revolution*, The Viking Press, 1976, p. 76.

8 Entrevista de Szulc con Juan Rovira, op. cit.

9 Franqui, op. cit.

10 Entrevista con Luis Aguilar, Coral Gables, Florida, 22 de octubre de 2002.

11 Gianni Mina, *An Encounter with Fidel,* Ocean Press, 1991, p. 171.

12 FBIS, 27 de marzo de 1991.

13 Entrevista telefónica con Juan Grau, Ciudad de México, 10 de diciembre de 2004.

14 Hugh Thomas, *Cuba: The Pursuit of Freedom,* Harper and Row, 1971, p. 876.

15 Alberto Bayo, *Mi Aporte a la Revolución Cubana,* Impresa Ejército Rebelde, La Habana, 1960, p.21.

16 Norberto Fuentes, *La autobiografía de Fidel Castro,* Ediciones Destino, Barcelona, 2004, pp. 84-89.

17 Roger Miranda y William Ratliff, *The Civil War in Nicaragua,* Transaction Publishers, 1993, p. 52.

18 Leycester Coltman, *The Real Fidel Castro,* Yale University Press, 2003, p. 221.

19 Georgie Anne Geyer, *Guerrilla Prince,* Little Brown, 1991, pp. 32-33.

20 "Exclusivo: Diario de Campaña de Raúl Castro", Revolución, 26 de enero de 1959, p. 4.

21 Entrevista con Alina Fernández, Miami, Florida, 10 de noviembre de 2004.

22 Entrevista con Raúl Castro por Mario Vásquez Rana, *El Sol de México,* La Habana, Prensa Latina, 21 de abril de 1993.

23 Testimonio de Juanita Castro, Washington D.C., Comité de Actividades Antinorteamericanas de la Cámara, 11 de junio de 1965.

24 Entrevistas con Bernardo Benes, Surfside, Florida, 30 de enero de 2002, y Manuel Romeu, Hato Rey, Puerto Rico, 27 de febrero de 1986.

Capítulo 4

1 Lee Lockwood, *Castro's Cuba, Cuba's Fidel,* Vintage Books, 1969, p. 156.

2 Alfredo "el Chino" Esquivel, entrevista de Adriana Bosch en *American Experience,* PBS, Miami, sin fecha exacta, 2003.

3 Robert Quirk, *Fidel Castro,* W. W. Norton, 1923, p. 22.

4 Quirk, op. cit., p. 16; Pardo Llada, op. cit., p. 86; y Alina Fernández, *Castro's Daughter,* St. Martin's Press, 1998, pp. 43 y 54, donde escribió que "se sentaba cómodamente en el sofá y me pedía que le hiciera la manicura".

5 Ver, por ejemplo, Lockwood, p. 72.

6 Discurso en la Universidad de La Habana, 4 de septiembre de 1995, en Fidel Castro, *Fidel, My Early Years,* Ocean Press, 1998, p. 82.

7 Quirk, op. cit., p. 72.

8 Entrevista de Tad Szulc con José Ignacio Rasco, Tad Szulc Collection, Cuban Heritage Collection, Bibliotecas de la Universidad de Miami; también Pardo Llada, *Fidel,* Plaza y Janés Editores Colombia, Ltda., Bogotá, 1976, p. 29.

9 Pardo Llada, op. cit., pp. 19-20.

10 Lionel Martin, *The Early Fidel,* Lyle Stuart, Inc., 1978, p. 46.

11 Gianni Mina, *An Encounter with Fidel,* Ocean Press, 1991, p. 36.

12 Entrevista con Esquivel, op. cit. Ver también Pardo Llada, op. cit., p. 38, y Georgie Anne Geyer, *Guerrilla Prince,* Little, Brown & Co., 1991, pp. 54-58.

13 *Fidel, My Early Years,* op. cit., p. 11.

14 Pardo Llada, op. cit., p. 11.

15 Luis Conte Agüero, *Fidel Castro: Psiquiatría y Política,* Ed.

Jus., México, 1968, p. 31, escribió que "Fidel no aceptaba las limitaciones de su país".

16 Quirk, op. cit., p. 18.

17 Geyer, op. cit., p. 61.

18 Pardo Llada, op. cit., p. 29.

19 Notas de la reunión de Fidel Castro con Herbert Matthews, Papeles de Herbert Matthews, Biblioteca de libros raros y manuscritos, Universidad de Columbia.

20 Stephen G. Rabe, *The Most Dangerous Area of the World: John F. Kennedy Confronts Communist Revolution in Latin America*, University of North Carolina Press, 1999, pp. 36-39.

21 Entrevista de Barbara Walters, en *Bohemia*, 1 de julio de 1977, traducción del Departamento de Registros Estenográficos del gobierno cubano, La Habana.

22 Discurso en la Universidad de La Habana, 4 de septiembre de 1995, en *Fidel: My Early Years*, p. 86.

23 Entrevista de Walters, op. cit.

24 Philip Bonsal, *Cuba, Castro, and the United States*, University.

Capítulo 5

1 Hugh Thomas, *Cuba: the Pursuit of Freedom*, Harper and Row, 1971, p. 891.

2 Peter Bourne, *Fidel*, Dodd, Mead & Co., 1986, p. 48.

3 Entrevista de Arturo Alape, septiembre de 1981, en *Fidel: My Early Years*, Ocean Press, 1998.

4 Carlos Franqui, *Diary of the Cuban Revolution*, The Viking Press, 1980, pp. 9-19; conferencia de prensa de Fidel Castro en Cartagena, Colombia, 13 de agosto de 1993, FBIS, 17 de agosto de 1993; y entrevista de Alape, op. cit.

5 Entrevista con Enrique Ovares por Jaime Suchlicki, Miami, 24 de mayo de 1967, en Suchlicki, *University Students and Revolution in Cuba,* 1920-1968, University of Miami Press, 1969, p. 54.

6 Entrevista de Alape, op. cit., p. 125.

7 Conferencia de prensa en Cartagena, op. cit.

8 Entrevista a Ovares, op. cit.

9 Gerardo Gallegos, *El Bogotazo,* monografía sin fecha.

10 K. S. Karol, *Guerrillas in Power,* Hill & Wang, 1970, p. 122.

11 Lionel Martin, *The Early Fidel,* Lyle Stuart Inc., 1978, p. 64.

12 Ibíd., p. 38, citando un discurso de Fidel pronunciado en Chile el 19 de diciembre de 1971.

13 Betto, en *Fidel, My Early Years,* op. cit., p. 132.

14 Martin, op. cit., p. 72.

15 Karol, op. cit., p. 123.

16 Robert Quirk, *Fidel Castro,* W. W. Norton & Co., 1993, p. 29.

17 Pardo Llada, *Fidel,* Plaza y Janés Editores Colombia, Ltda., Bogotá, 1976, p. 42.

18 Documentos en el archivo de la familia Pino.

19 Pardo Llada, op. cit., p. 62.

20 Archivo de la familia Pino.

21 Georgie Anne Geyer, *Guerrilla Prince,* Little Brown & Co., 1991, p. 100.

22 Entrevista con Rafael Díaz Balart por Adriana Bosch, Miami, 2 de junio de 2003, *American Experience,* PBS; y Geyer, op. cit.

23 Coltman, op. cit, p. 56. También Geyer, p. 100; entrevista a Rafael Díaz Balart, op. cit.; y Pardo Llada, op. cit. p. 41.

24 Quirk, op. cit., p. 33.

25 Carlos María Gutiérrez, "Una conversación con Fidel", *Marcha,* Montevideo, Uruguay, 18 de agosto de 1967. *Punto Final,* Chile, 1-15 de septiembre de 1967, también publicó este artículo.

26 Ibíd.

Capítulo 6

1 Rufo López Fresquet, *My Fourteen Months with Castro,* World Publishing Co., 1966, p. 49.

2 Luis Conte Agüero, *Fidel Castro, Vida y Obra,* Editorial Lex, La Habana, 1959, p. 10.

3 Entrevista con Raúl Castro de Mario Vásquez Rana, *El Sol de México,* La Habana, Prensa Latina, 21 de abril de 1993.

4 Testimonio de Juanita Castro ante el Comité de Actividades Antinorteamericanas de la Cámara de Representantes de los Estados Unidos, Washington, 11 de junio de 1965.

5 Juana Castro, "My Brother is a Tyrant and He Must Go", *Life,* 28 de agosto de 1964, p. 28.

6 Teresa Gurza, "Cuba: Pasado, presente, futuro de la Revolución Socialista", *El Día,* 19 de septiembre de 1975, JPRS 65966, 20 de octubre de 1975.

7 Vásquez Rana, entrevista a Raúl Castro, op. cit.

8 Raúl Castro, "VIII Aniversario del 26 de julio", *Verde Olivo,* 16 de julio de 1961, p. 4.

9 Jesús Montane, en Carlos Franqui, *Diary of the Cuban Revolution,* The Viking Press, 1976, p. 54.

10 Papeles de Herbert Matthews, Biblioteca de libros raros y manuscritos, Universidad de Columbia.

11 Aleksandr Fursenko y Timothy Naftali, *One Hell of a Gamble,* W. W. Norton, 1997, p. 54.

12 Autor desconocido, "La juventud en la lucha por sus derechos", *Pravda*, 24 de marzo de 1953, no. 83, p. 3.

13 Jules Dubois, *Fidel Castro*, Bobbs-Merrill, 1959, p. 274.

14 *El Día*, op. cit.

15 Lee Lockwood, *Castro's Cuba, Cuba's Fidel*, Vintage Books, 1969, p. 163.

16 Nikolai Leonov, *Likholete*, Moscú, 1994, p. 29. Traducciones al inglés de Alexei Porfirenko.

17 Lester Rodríguez, "La acción del palacio de justicia", *Verde Olivo*, 25 julio de 1971, p. 11.

18 Ibíd.

19 Peter Bourne, Fidel: *A Biography of Fidel Castro*, Dodd Mead & Co, 1986, p. 82.

20 Hilda Gadea, *Ernesto: A Memoir of Che Guevara*, Doubleday, 1972, p. 98.

21 *El Día*, op. cit.

22 Fursenko y Naftali, op. cit.; y entrevista con Timothy Naftali, Nueva York, 16 de noviembre de 2004.

23 Fursenko y Naftali, op. cit., p. 11.

24 Jon Lee Anderson, *Che Guevara: A Revolutionary Life*, Grove Press, 1997, pp. 194-195.

25 Ernesto Che Guevara, *Episodes of the Revolutionary War*, Guairas, 1967, p. 23.

26 Alberto Bayo, *Mi Aporte a la Revolución Cubana*, Imp. Ejército Rebelde, La Habana, 1960, pp. 83-91.

27 Tad Szulc, *Fidel, A Critical Portrait*, William Morrow & Co., 1986, p. 360.

28 *Revolución*, 26 de enero de 1959.

29 "Dialogue with a Deputy of the Enemy", transcripción de la "Entrevista a Fidel Castro por el congresista Stephen Solarz", La Habana, 6 de julio de 1981.

30 Entrevista con Norberto Fuentes, Coral Gables, Florida,
    12 de noviembre de 2004.

Capítulo 7

1 J. Niles Riddel, "National Security and National Compet-
   itiveness: Open Source Solutions", conferencia en el First
   International Symposium, 2 de diciembre de 1992.

2 Teresa Casuso, "I Saw Castro Change", *Look*, 21 de noviembre de 1961, p. 125.

3 Despacho de la embajada en Cuba al Departamento de
   Estado, 18 de febrero de 1959, en Mark Falcoff, *The Cuban
   Revolution and the United States,* U.S. Cuba Press, 2001, p.
   83.

4 Juanita Castro, discurso en una reunión del Information
   Council of the Americas, en Nueva Orleans, 18 de enero de
   1965, en la Theodore Draper Collection, Hoover Archives,
   Universidad de Stanford.

5 Fidel Castro, *My Early Years,* Ocean Press, 1998, p. 141.

6 Papeles de Herbert Matthews, Biblioteca de libros raros y
   manuscritos, Universidad de Columbia.

7 Entrevista de Barbara Walters, en *Bohemia,* 1 de julio de 1977,
   traducción del Departamento de Registros Estenográficos
   del gobierno cubano, La Habana, julio de 1977.

8 Tad Szulc, Fidel: *A Critical Portrait,* William Morrow, 1986,
   p. 39.

Capítulo 8

1 Charles O. Porter, "Una entrevista con Fidel Castro",
   Northwest Review, otoño de 1963, p. 82.

2 Gianni Mina, *An Encounter with Fidel,* Ocean Press, 1991,
   p. 12.

3   Entrevista telefónica con Betty Whitehurst, 7 de diciembre de 2004.

4   I. F. Stone, "Prefatory Note", en *Che Guevara, Guerrilla Warfare,* Vintage Books, 1969, p. viii.

5   Andrés Suárez, *Cuba: Castroism and Communism,* 1959-1966, MIT Press, 1967, p. 52.

6   Carlos Franqui, *Family Portrait with Fidel,* Vintage Books, 1985, p. 54.

7   Entrevista con Huber Matos, Miami, Florida, 24 de febrero de 1986.

8   Jean-Paul Sartre, *Sartre on Cuba,* Ballantine Books, 1961, p. 44.

9   Ibíd., pp. 134-135.

10 Entrevista con Domingo Amuchastegui, Miami, Florida, agosto 2004.

11 Charles Shaw, "A Visit to Raul Castro's Rebel Hideout in Cuba", *The Sunday Bulletin,* Filadelfia, 3 de agosto de 1958.

12 Entrevista con Alina Fernández, Miami, Florida, 10 de noviembre de 2004.

13 Ibíd.

14 Estoy agradecido con el profesor Harold Shukman del St. Antony's College de la Universidad de Oxford por su ayuda en la interpretación de Lenin.

15 "Playboy Interview: Fidel Castro", *Playboy,* agosto de 1985, p. 58.

16 Lee Lockwood, *Castro's Cuba, Cuba's Fidel,* Vintage Books, 1969, p. 6.

17 Evan Thomas, *The Very Best Men,* Simon and Schuster, 1995, p. 208.

18 Entrevista de Jas Gawronski, *La Stampa,* FBIS, 28 de diciembre de 1993.

19 Sally Quinn, *The Washington Post*, 27 de marzo de 1977.

20 Jeffrey M. Elliot y Mervyn M. Dymally, *Fidel Castro: Nothing Can Stop the Course of History*, Pathfinder Press, 1986, p. 202.

21 Ex funcionarios del gobierno cubano residentes ahora en Miami.

22 Mina, op. cit., p. 245.

23 Rolando Bonachea y Nelson Valdés, *Revolutionary Struggle*, MIT Press, 1972, p. 372.

24 Anatoly Dobrynin, *In Confidence*, Random House, 1995, p. 85; Leycester Coltman, *The Real Fidel Castro*, Yale University Press, 2003, p. 220.

25 John Gerassi (ed.), *Venceremos; The Speeches and Writings of Ernesto Che Guevara*, Simon and Schuster, 1968, p. 35.

26 Lockwood, op. cit., p. 74.

27 Herminio Portell Villa, *Dallas Morning News*, 25 de julio de 1963, citado por Ward M. Morton, *Castro as Charismatic Hero*, Occasional Publications Number Four, The University of Kansas, enero de 1965, p. 7.

28 Rafael del Pino, *General del Pino Speaks*, Cuban American National Foundation, 1987, p. 12.

29 Florentino Aspillaga, entrevista por Georgie Anne Geyer, 14 de abril de 1988, sitio no revelado en Virginia, Georgie Anne Geyer Collection, Hoover Institution Archives, Stanford University.

30 El análisis de Granada se basa en un trabajo anterior mío, "Castro and the World: The Dilemmas and Anxieties of Cuba's Aging Leader", en *Cuban Foreign Policy: The New Internationalism*, Jaime Suchlicki y Damián Fernández (eds.), Universidad de Miami, 1985.

31 Sally Quinn, op. cit.

32 Carlos Franqui, *Diary of the Cuban Revolution,* Viking Press, 1980, p. 73.

33 Entrevista de Barbara Walters, en *Bohemia,* 1 de julio de 1977, traducción del Departamento de Registros Estenográficos del gobierno cubano, La Habana, julio de 1977.

34 Heberto Padilla, *Self Portrait of the Other,* Farrar, Straus, Giroux, 1990, p. 20.

35 K. S. Karol, *Guerrillas in Power,* Hill and Wang, 1970, p. 467.

36 Elliott y Dymally, op. cit., p. 219.

37 Entrevista de Walters, op. cit.

Capítulo 9

1 National Intelligence Estimate, 85-1-75, *Cuba's Changing International Role,* 16 de octubre de 1975.

2 Peter Kornbluh y James G. Blight, "Dialogue with Castro: A Hidden History", *The New York Review of Books,* 6 de octubre de 1994.

3 FBIS, 23 de diciembre de 1971.

4 Henry Kissinger, *Years of Renewal,* Simon and Schuster, 1999, p. 816.

5 Cuban American National Foundation, *Castro's Puerto Rican Obsession,* Publication 21, 1987, p. 18.

6 Edmund Mahony, "'Aguila Blanca': The Wells Fargo Robbery", *The Hartford Courant,* 11 de noviembre de 1999.

7 Edmund Mahony, "A Rocket Attack, An FBI Revelation", *The Hartford Courant,* 12 de noviembre de 1999; también Jorge Masetti, *In the Pirate's Den: My Life as A Secret Agent for Castro,* Encounter Books, 1993, pp. 75-77.

8 Edmund Mahony, "Wells Fargo Reward Soars", *The Hartford Courant,* 8 de diciembre de 2004.

9 Edmund Mahony, "Clemency Granted Despite Havana Connection", *The Hartford Courant,* 7 de noviembre de 1999.

10 Robert A. Pastor, "Puerto Rico as an International Issue", en Richard J. Bloomfield (ed.), *Puerto Rico: The Search for a National Policy,* Westview Press, 1985, p. 116.

11 Masetti, op. cit.

12 Entrevista de Barbara Walters, en *Bohemia,* 1 de julio de 1977, traducción del Departamento de Registros Estenográficos del gobierno cubano, La Habana, julio de 1977.

13 Bill Gertz, "DIA Fears Cuban Mole Aided Russia, China", *Washington Times,* 1 de febrero de 2003.

14 FBIS, 22 de julio de 1993.

Capítulo 10

1 Citado en Piero Gleijeses, *Conflicting Missions,* University of North Carolina Press, 2002, p. 316.

2 Entrevista con Alcibiades Hidalgo, Miami, Florida, 10 de noviembre de 2004.

3 FBIS, 4 de septiembre de 1979.

4 Gleijeses, op.cit., pp. 212-213.

5 Rafael del Pino, *General Del Pino Speaks,* The Cuban American National Foundation, 1987, p. 15.

6 FBIS, 18 de septiembre de 1973.

7 Stuart I. Rochester y Frederick Kiley, *Honor Bound: American Prisoners of War in Southeast Asia,* 1961-1973. Naval Institute Press, 1999, pp. 394-409.

8 National Intelligence Estimate, 85-1-75, *Cuba's Changing International Role,* 16 de octubre de 1975.

9 *Foreign Relations of the United States,* Vol. VI, p. 383, Cable

de 23 de enero de 1959, de la embajada en La Habana, al Departamento de Estado.

10 Jorge Masetti, *The Pirate's Den*, Encounter Books, 1993, pp. 49-56.

11 Ibíd., pp. 66-67; y Claribel Alegría y Darwin Flakoll, *Death of Somoza*, Curbstone Press, 1996, pp. 131-135.

12 Florentino Aspillaga, entrevista por Georgie Anne Geyer, 14 de abril de 1988, lugar confidencial, Colección Georgie Anne Geyer, Hoover Archives, Stanford University.

13 Bruce D. Porter, *The USSR in Third World Conflicts*, Cambridge University Press, 1984, p. 34.

14 Jorge Domínguez, *To Make a World Safe for Revolution*, Harvard University Press, 1989, p. 105.

15 Fidel Castro, entrevista con Robert McNeil, FBIS, 20 de febrero de 1985.

16 Wayne Smith, *The Closest of Enemies*, W. W. Norton, 1987, pp. 206-207.

17 Entrevista con Manuel Sánchez Pérez, FBIS, 2 de enero de 1986.

18 Del Pino, op. cit.

Capítulo 11

1 Andres Oppenheimer, *Fidel's Final Hour*, Simon & Schuster, 1992, p. 77.

2 Entrevista con Alcibíades Hidalgo, 10 de noviembre de 2004, Miami, Florida.

3 Ibíd.

4 Entrevista con Huber Matos, 24 de febrero de 1986, Miami, Florida.

5 FBIS, 13 de julio de 1989.

6 Philippe Clarence y Jacobo Machover, "It Isn't Always

Necessary to Tell the Truth", *The Globe,* 10 de noviembre de 1989.

7 Entrevista con Hidalgo.

8 FBIS, junio y julio de 1989.

9 Ibíd.

10 FBIS, 11 de julio de 1989.

11 Pedro Álvarez Tabio y Otto Hernández, "From Llanos del Infierno to Epifanio Diaz' Farm (II)", *Granma Weekly Review,* abril de 1981, p. 5.

12 A. B. Montes, "The Military Response to Cuba's Economic Crisis", Agencia Nacional de Inteligencia y Centro para el Estudio de la Inteligencia de la CIA, agosto de 1993.

13 "An Assessment of the Ochoa's Affair in Cuba", Consejo Nacional de Inteligencia, 13 de julio de 1989.

14 FBIS, 19 de julio de 1989.

15 Entrevista con Hidalgo.

16 Luis Báez, *Secretos de Generales,* Losada, Barcelona, 1966, pp. 21-32; y Jon Lee Anderson, *Che, a Revolutionary Life,* Grove Press, 1997, p. 54.

17 Báez, op. cit.

18 Ibíd., pp.123 y 567.

19 Ibíd., p. 31.

20 Ibíd., p. 25.

21 Lee Lockwood, *Castro's Cuba, Cuba's Fidel,* Vintage Books, 1969, p. 170.

22 "Entrevista con el ministro de las Fuerzas Armadas", publicada nuevamente en *Granma,* 11 de enero de 1987.

23 Entrevista de Barbara Walters, en *Bohemia,* 1 de julio de 1977, traducción de la Oficina de Registros Estenográficos del gobierno cubano, La Habana, julio de 1977.

24 Entrevista de Herbert Matthews con Fidel Castro, 2 de

mayo de 1996, Papeles de Herbert Matthews, Biblioteca de libros raros y manuscritos, Universidad de Columbia.

25 Simone de Beauvoir, "¿Cuál es la situación de la Revolución Cubana?", *France Observateur,* París, 7 de abril de 1960.

26 Heberto Padilla, *Self-Portrait of the Other,* Farrar, Starus, Giroux, 1990, p. 143.

27 Testimonio de Orlando Castro Hidalgo, "Communist Threat to the United States Through the Caribbean", 16 de octubre de 1969, U. S. Senate, Subcommittee to Investigate the Administration of the Internal Security Act and Other Internal Security Laws of the Committee on the Judiciary, p. 427.

28 Markus Wolf, *Man Without a Face,* Random House, 1977, pp. 310 y 312-314.

29 Ibíd., p 311.

30 *Secretos de Generales,* op. cit.

31 A. B. Montes, op. cit.

Capítulo 12

1 Gianni Mina, *An Encounter with Fidel,* Ocean Press, 1991, p. 249.

2 FBIS, 5 de agosto de 1994.

3 Cuba: *The Outlook for Castro and Beyond,* National Intelligence Estimate, 93-30, agosto de 1993.

4 FBIS, 31 de enero de 1991.

5 FBIS, 23 de diciembre de 1991.

6 FBIS, 2 de mayo de 1991.

7 FBIS, 5 de abril de 1991.

8 *Economist,* 3 de septiembre de 1994.

9 FBIS, 5 de agosto de 1994.

10 National Intelligence Estimate, op. cit.

11 Entrevista con un funcionario veterano del gobierno de
    los Estados Unidos, quien supo de esto gracias a un alto
    funcionario del gobierno de Cuba, en 1994.

12 Eric Driggs, "Deteriorating Living Conditions in Cuba",
    Institute for Cuban and Cuban American Studies, Univer-
    sity of Miami, 14 de octubre de 2004.

13 *Cuba Facts,* número 9, marzo de 2005, Institute for Cuban
    and Cuban American Studies, University of Miami.

14 FBIS, 20 de diciembre de 1991.

15 Parte de las discusiones y otros sobre las Fuerzas Armadas
    se derivan de mi estudio *The Cuban Military and Transition
    Dynamics,* Institute for Cuban and Cuban American Studies,
    University of Miami, 2003.

Agradecimientos

En la medida en que los lectores encuentren vitales a Fidel y a Raúl Castro en estas páginas, estoy en deuda con muchos miembros de su familia, ex amigos y compañeros de estudios, maestros, colegas y conocidos que accedieron a ser entrevistados. Ernesto Betancourt fue el primero y al que con más frecuencia consulté. La hija de Fidel, Alina, y su hermana Juana Castro, fueron especialmente generosas. También estoy en deuda con Luis Aguilar, Domingo Amuchastegui, Bernardo Benes, Luis Conte Agüero, Norberto Fuentes, Barbara Gordon, Juan Grau, Alcibíades Hidalgo, Huber Matos, Ramón Mestre, Lucas Morán Arce, Fidel Pino Martínez, José Ignacio Rasco, Manuel Romeu, y los padres Armando Llorente, Quevedo y Fuentes. Algunas personas que conocieron a los hermanos Castro en la Habana y en Oriente, también me ayudaron en forma importante.

Muchos amigos, antiguos estudiantes y colegas viejos y nuevos colaboraron generosamente con mis esfuerzos. Éstos incluyen a Ignacio Álvarez, José Álvarez, Carlos y Rosa Battle, Adriana Bosch, Peter Corsell, Hans de Salas-del Valle, Sergio Díaz-Briquets, Luis Fortuño, Georgie Anne Geyer, Andy Gómez, Eduardo Gómez, John Hamre, Meaghan Marshall, Timothy Naftali, Jorge Pérez López, Alexei Porfirenko, Natasha Porfirenko, Dr. Jerrold Post, William Ratliff, Sally Roessler, Henry Rowen, Juan T. Sánchez, Thomas Sanderson, Harry Shukman, Jaime Suchlicki, Juan Tamayo, Maria Urizar, Marc Wachtenheim, Kevin Whitaker, Betty Whitehurst, Abby Yochelson y Luis Zúñiga.

Especiales agradecimientos doy a Maria Welau por las muchas formas esenciales en las que me ayudó, y a Raúl F. Pino por su generosa ayuda al suministrarme copias de documentos y correspondencia relacionados con la familia Castro.

Muchos dedicados y creativos archivistas y bibliotecarios de varias divisiones de la Biblioteca del Congreso, y de los Archivos Hoover de la Universidad de Stanford, la Biblioteca Butler de la Universidad de Columbia, la Cuban Heritage Collection de la Universidad de Miami y la Biblioteca Lauinger de la Universidad de Georgetown me ayudaron en demasiadas formas como para mencionarlas todas aquí.

Entre mis muchos mentores de la CIA en los años sesenta y del National Intelligence Council debo señalar a tres por la profunda influencia que tuvieron en mí. Me enseñaron cómo escribir, cómo pensar crítica y analíticamente, y cómo servir imparcialmente los intereses nacionales. Ellos son Archer Bush, Harold Ford y Richard Lehman.

Mi agente, Sterling Lord, y Robert Guinsler de Sterling Lord Literistics nunca perdieron la confianza en este proyecto. Aprecié mucho su constante apoyo y ánimo. Gabriella Pierce, mi editora, me ofreció sólidos consejos con prudente buen juicio.

Pero lo más importante es que nunca hubiera podido escribir este libro sin el amor y el apoyo de mi esposa, Jill, y de mis hijos Jerry y John. Jill fue siempre la primera en comentar todas las palabras y durante muchos años ha soportado con paciencia mi fascinación por Cuba y los hermanos Castro. ¡Éste es un libro tan suyo como mío!